Das Wohnungswesen im Dienste der Regionalpolitik

AF828109

Europäische Hochschulschriften

Publications Universitaires Européennes
European University Papers

Reihe V

Volks- und Betriebswirtschaft

Série V Series V
Sciences économiques et politiques
Economics

Bd./Vol. 167

PETER LANG
Bern · Frankfurt am Main · Las Vegas

Hans Schiffmann

Das Wohnungswesen im Dienste der Regionalpolitik

Grundlagen und Anwendungsbeispiel Östliches Berner Oberland

PETER LANG
Bern · Frankfurt am Main · Las Vegas

Druck ab reprofertigem Manuskript

© Verlag Peter Lang, Bern 1977
Nachfolger des Verlages
der Herbert Lang & Cie AG, Bern

Alle Rechte vorbehalten. Nachdruck oder Vervielfältigung, auch auszugsweise, in allen Formen wie Mikrofilm, Xerographie, Mikrofiche, Mikrocard, Offset verboten.

ISBN 3-261-02980-3

Auflage 300 Ex.

Druck: Lang Druck AG, Liebefeld/Bern

VORWORT

Auf Problemstellung und Inhalt der vorliegenden Arbeit wird in der Einleitung näher eingegangen. An dieser Stelle bleibt mir daher nur die angenehme Pflicht, allen zu danken, die zum Gelingen der Studie beigetragen haben. In grosser Dankbarkeit gedenke ich meines früheren Lehrers und Vorgesetzten, Herrn Prof. Dr. Paul Stocker, auf dessen Anregung hin das praxisbezogene Thema behandelt worden ist. Nach seinem allzu frühen Hinschied im August 1973 fand sich Herr Prof. Dr. Walter Hess freundlicherweise bereit, die Dissertation weiter zu betreuen und zu begutachten. Besonderer Dank gebührt deshalb auch ihm für seine mir jederzeit gewährte Hilfe sowie für die vorzügliche Zusammenarbeit während meiner Assistentenzeit am Volkswirtschaftlichen Institut der Universität Bern. Ebenso möchte ich meiner lieben Gattin danken, die mir bei der Anfertigung des druckreifen Manuskripts mit Rat und Tat zur Seite gestanden ist. Schliesslich gilt mein Dank der Dr.-Curt-Rommel-Stiftung, die durch einen grosszügigen Publikationsbeitrag die Veröffentlichung der vorliegenden Dissertation wesentlich erleichtert hat.

Der Verfasser

INHALTSVERZEICHNIS

VERZEICHNIS DER SCHAUBILDER

VERZEICHNIS DER ÜBERSICHTSTAFELN

VERZEICHNIS DER TABELLEN

VERZEICHNIS DER GRAFIKEN

VERZEICHNIS DER KARTEN

ABKÜRZUNGSVERZEICHNIS

Art.	Artikel
Aufl.	Auflage
BB	Bundesbeschluss
Bd.	Band
BG	Bundesgesetz
BIGA	Bundesamt für Industrie, Gewerbe und Arbeit
BRB	Bundesratsbeschluss
Bst.	Buchstabe
CEA	Confédération Européenne de l'Agriculture
E.	Einwohner
erw.	erweitert
ETHZ	Eidgenössische Technische Hochschule Zürich
gedr.	gedruckt
H.	Heft
Jg.	Jahrgang
N	Nationalstrasse
N.F.	Neue Folge
o.J.	ohne Jahr
o.O.	ohne Ort
ORL	Orts-, Regional- und Landesplanung
stat.	statistisch
VZ	Volkszählung
W	Wohnung
WEG	Wohnbau- und Eigentumsförderungsgesetz (vom 4. Oktober 1974)
ZW	Zweitwohnung

I EINLEITUNG

11 Problemstellung

Als Folge eines tiefgreifenden Strukturwandels in Wirtschaft und Gesellschaft hat sich in den hochentwickelten Industriestaaten der westlichen Welt das Wohlstandsgefälle zwischen den Agglomerationsräumen einerseits und den sogenannten wirtschaftlichen Randgebieten anderseits zusehends verstärkt. Von diesem Phänomen ist auch die Schweiz nicht verschont geblieben. Die massgeblichen Träger der politischen Willensbildung versuchen denn auch, diesem Sachverhalt vermehrt ihre Aufmerksamkeit zu schenken. Die zunehmende Beachtung der regional ungleichgewichtigen Entwicklung und die Bereitschaft zu entsprechenden korrigierenden Eingriffen kommen unter anderem in der wachsenden Bedeutung der Regionalpolitik (1) und in den Diskussionen um raumordnungspolitische Leitbilder zum Ausdruck. Eine leitbildgerechte Gestaltung der nationalen Teilräume setzt indessen eine Vielzahl zweckdienlicher Instrumente voraus. Hinsichtlich der regionalpolitischen Steuerungsmittel bestehen zwar hierzulande bereits einige konkrete Ansätze; von einem eigentlichen Durchbruch des diesbezüglichen Gedankengutes an allen wirtschaftspolitischen Fronten kann jedoch noch nicht gesprochen werden. Solange aber verbindliche politische Entscheide über einen umfassenden Instrumenteneinsatz fehlen, bleiben die Chancen einer Leitbildverwirklichung sehr gering (2). Aus diesem Grunde ist es von allgemeinem Interesse, einen möglichen Instrumentenbereich - nämlich das Wohnungswesen - auf seine regionalpolitische Verwendbarkeit und Wirksamkeit hin zu überprüfen.

Der hohe Aktualitätsgrad der in die vorliegende Studie eingehenden Problemkreise Regionalpolitik und Wohnungswesen lässt sich in mehreren Richtungen und auf verschiedenen Ebenen belegen:

- Bezüglich der Intensität, mit welcher die beiden Fragenkomplexe auf politischer und parlamentarischer Ebene angegangen werden, vermitteln insbesondere die bundesrätlichen Regie-

---

1) Der erhöhte Stellenwert der Regionalpolitik im Rahmen der Wissenschaftspolitik manifestiert sich beispielsweise darin, dass seit 1975 Bestrebungen im Gange sind, die Regionalpolitik zum Gegenstand eines nationalen Forschungsprogramms zu machen.
2) Vgl. Fischer, G., Leitbilder in Raumplanung und Wirtschaftspolitik, in: Wirtschaftspolitische Mitteilungen, Jg. XXX (1974), H. 12, S. 10.

rungsrichtlinien den erforderlichen Aufschluss (3). Die unter den Stichwörtern "Raumplanungsgesetzgebung", "Wohnungsbau" und "Regionale Entwicklungspolitik" anvisierten Vorkehren gehen weit über die diesbezüglichen Bestrebungen vorangegangener Legislaturperioden hinaus (4).

- Hinsichtlich aktueller regionalpolitischer Vorkehren ist insbesondere die 1974/75 erfolgte Verabschiedung und Inkraftsetzung des Bundesgesetzes über Investitionshilfe für Berggebiete zu erwähnen. Mit diesem Erlass nimmt sich der Bund - zielstrebiger denn je - der wirtschaftlich schwachen Regionen an und fördert über die Gewährung von Investitionskrediten den Ausgleich zwischen den unterschiedlich entwickelten nationalen Teilräumen.

- Eines der gewichtigsten Geschäfte der Legislaturperiode 1971/75 dürfte das Raumplanungsgesetz gewesen sein; in diesem Zusammenhang wurde bisweilen vom Gesetz des Jahrzehnts gesprochen. Die öffentliche Hand sollte damit das Instrumentarium erhalten, um die in der Bundesverfassung verankerten Ziele der zweckmässigen Nutzung des Bodens und der geordneten Besiedlung des Landes zu erreichen. Da die Stimmbürger im Juni 1976 die Vorlage mit einem schwachen Mehr an ablehnenden Stimmen verwarfen, bleibt die definitive Ordnung der Raumplanung auf Gesetzesstufe eine noch zu lösende Aufgabe.

- Ebenso prägte die wohnungsmarktpolitische Diskussion die erste Hälfte der siebziger Jahre. Die Stimmbürger hatten sich unter zwei Malen zur verfassungsmässigen Verankerung des Wohnungswesens an der Urne zu äussern. Zwar lehnte der Souverän das Volksbegehren für das Recht auf Wohnung ab, doch anerkannten Volk und Stände im März 1972 die Wohnungsmarktpolitik als selbständige Daueraufgabe des Bundes.

- Das 1974 verabschiedete Wohnbau- und Eigentumsförderungsgesetz soll den verfassungsmässigen Auftrag der Wohnbauförderung zwecks Verbilligung der Wohnkosten sowie der Förderung des Erwerbs von Wohnungs- und Hauseigentum erfüllen. In der gegenwärtigen konjunkturellen Abschwungphase verkörpern wohnbaupolitische Erlasse überdies eine zusätzliche Grundlage für Massnahmen gegen Beschäftigungseinbrüche. Mit der wachsenden

---

3) Vgl. Bericht des Bundesrates an die Bundesversammlung über die Richtlinien der Regierungspolitik in der Legislaturperiode 1971 - 1975 (vom 13. März 1972), in: Bundesblatt, 124. Jg. (1972), Bd. I, S. 1025 - 1088, hier insbesondere S. 1053 - 1060.

4) Vgl. Bericht des Bundesrates an die Bundesversammlung über die Richtlinien der Regierungspolitik in der Legislaturperiode 1968 - 1971 (vom 15. Mai 1968), in: Bundesblatt, 120. Jg. (1968), Bd. I, S. 1204 - 1248.

Bedeutung der öffentlichen Anstrengungen für den preisgünstigen Wohnungsbau und die Wohnungserneuerung erweist sich die vermehrte Beachtung regionalwirtschaftlicher Gesichtspunkte als besonders wünschenswert.

Die skizzierten aktualitätsbezogenen Ansatzpunkte der Regional- und Wohnungspolitik stehen bei den nachfolgenden Erörterungen im Vordergrund. In der Studie soll insbesondere abgeklärt werden, welchen Stellenwert ein Wohnungskonzept für die wirtschaftlichen Randregionen im Hinblick auf die regionale Entwicklungspolitik einnimmt. In diesem Zusammenhang stellt sich die Frage, ob das Wohnungswesen im allgemeinen in den Dienst der Regionalpolitik gestellt werden kann und ob im besonderen die Wohnbaupolitik aus regionalpolitischer Sicht einen beeinflussbaren Faktor (Instrumentvariable) darstellt.

12 Aufbau der Arbeit

Die vorliegende Arbeit umfasst neben den einleitenden Bemerkungen (Ziffer 1) die folgenden Teile:

Unter Ziffer 2 werden Wesen und Bedeutung der Regionalpolitik sowie der gesellschaftliche Stellenwert des Wohnungswesens erörtert. Des weitern gelangt die gegenseitige Verflochtenheit dieser beiden in die Untersuchung einbezogenen Bereiche zur Darstellung. Der abschliessende Hypothesenkatalog verkörpert den Orientierungsrahmen für den empirischen Teil der vorliegenden Studie.

Das nächste Kapitel (Ziffer 3) befasst sich mit den für die Durchdringung des Wohnungswesens in wirtschaftlichen Randregionen erforderlichen Grundlagen. So werden die Bestrebungen um ein regionales Wohnungskonzept in den Rahmen der gesamtwirtschaftlichen Entwicklungspolitik für das Berggebiet gestellt und die entsprechenden Vorkehren charakterisiert. Eine Analyse der wohnbaupolitischen Massnahmen aus der Sicht der wirtschaftlichen Randregionen orientiert über frühere Aktionen und die heute bestehenden Interventionsmöglichkeiten. Das Kernstück des dritten Teils bildet die Entwicklung eines generellen Wohnungskonzepts für wirtschaftliche Randregionen, d.h. die Festlegung von Zielen im Wohnungswesen und der zu deren Verwirklichung geeigneten Massnahmen.

Im umfangreichsten Kapitel (Ziffer 4) gelangen die gewonnenen Erkenntnisse am Anwendungsbeispiel Oestliches Berner Oberland zur Ueberprüfung. Die Wahl des Oestlichen Berner Oberlandes lässt sich aus verschiedenen Gründen rechtfertigen. Einmal liegt die über 40 000 Einwohner zählende Region sehr zentral im schweizerischen Berggebiet, und ihre Siedlungen sind von 560 bis 1650 Meter über Meer in allen Höhenlagen anzutreffen; zudem bildet sie von der Regionalisierung her geradezu eine Idealregion (5). Wie andere entwicklungswillige Bergregionen, welche die aufgrund des Bundesgesetzes über Investitionshilfe gewährte Finanzhilfe beanspruchen wollen, muss das Oestliche Berner Oberland ein regionales Entwicklungskonzept und in dessen Rahmen auch ein Wohnungskonzept erarbeiten. Die dortigen Wohnverhältnisse werden deshalb in einer Lageuntersuchung eingehend analysiert und zusammen mit den einschlägigen Perspektiven den Zielen gegenübergestellt. Aus dieser Konfrontation ergeben sich dann die für ein Teilkonzept Wohnungswesen vorzuschlagenden Massnahmen. In einem Aktionsprogramm wird eine Dringlichkeitsordnung der zu verwirklichenden Vorkehren aufgestellt.

Die Studie schliesst (Ziffer 5) mit einer Gesamtwürdigung des Wohnungskonzepts Oestliches Berner Oberland und den sich daraus ergebenden Folgerungen bezüglich der regionalpolitischen Bedeutung des Wohnungswesens im allgemeinen und der Wohnbaupolitik im besonderen.

---

5) An idealen Regionalisierungsvoraussetzungen seien die topographische Geschlossenheit, die Existenz eines attraktiven Zentrums - Interlaken ist heute noch ein Begriff im internationalen Tourismus - und das bereits bestehende Zusammengehörigkeitsgefühl genannt.

21 Wesen und Bedeutung der Regionalpolitik

Die Tatsache, dass es sich bei der Regionalpolitik um einen Teilbereich der allgemeinen Wirtschaftspolitik handelt, gestattet die Uebertragung der diesbezüglichen generellen Erkenntnisse auf unser Problemgebiet. Jöhr und Singer halten für die Problemerfassung die Wahl zweckmässiger Begriffe für notwendig; desgleichen gliedern sie das wirtschaftspolitische Problem in die drei konstitutiven Elemente "die Zielsetzung, die Lage und die Frage, was zu tun sei" (1). Diese Grundelemente auf die Regionalpolitik übertragend, kommt Fischer zu den in Schaubild 1 schematisch dargestellten Bestandteilen des Untersuchungsgegenstandes (2). Aus dieser Uebersicht geht hervor, dass zuerst die

Schaubild 1: Die Grundelemente der Regionalpolitik

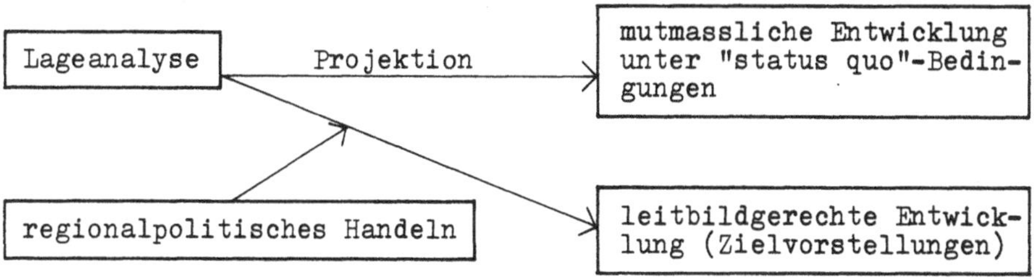

Quelle: Fischer, G., Regionalforschung, a.a.O., S. 13.

raumstrukturelle Lage und die mutmassliche Trendentwicklung abzuklären sind; hierauf ist eine Konfrontation der Ergebnisse der Lageanalyse mit den Zielvorstellungen der übergeordneten Leitbilder erforderlich, was bei starker Abweichung des Ist- vom Soll-Zustand zum Ergreifen regionalpolitischer Massnahmen führen muss. In der Folge seien die für die Problemdurchdringung notwendigen

---

1) Jöhr, W.A./Singer, H.W., Die Nationalökonomie im Dienste der Wirtschaftspolitik, 2. erw. Aufl., Göttingen 1964, S. 40.
2) Vgl. Fischer, G., Praxisorientierte Theorie der Regionalforschung. Analyse räumlicher Entwicklungsprozesse als Grundlage einer rationalen Regionalpolitik für die Schweiz (St. Galler wirtschaftswissenschaftliche Forschungen, Bd. 29), Tübingen 1973, S. 13 (im folgenden zitiert als: Fischer, G., Regionalforschung).

Schritte im einzelnen vorgestellt.

211 Begriffliches

Die Regionalpolitik als relativ junger Zweig der Wirtschaftswissenschaften verfügt noch über keine abgeschlossene Begriffsbildung. Um das Wesen der Regionalpolitik zu erkennen, sollen im folgenden die in den verschiedenen Definitionen enthaltenen Begriffsmerkmale dargelegt werden. Eine neuere Forschungsrichtung versteht die Regionalpolitik als "integrierten Bestandteil der Gesamtpolitik für Wirtschaft und Gesellschaft" (3). Regionalpolitik ist also mehr als nur regionale Wirtschaftspolitik (4). Das schliesst jedoch nicht aus, dass die Regionalpolitik vorwiegend unter einem ökonomischen Aspekt betrachtet werden kann. Verschiedene Autoren halten aber eine aprioristische Beschränkung der Regionalpolitik auf den ökonomischen Bereich der Raumordnungspolitik für wenig zweckmässig, weil "damit die mannigfachen Interdependenzen wirtschaftlicher und nichtwirtschaftlicher Art zwischen Wirtschaft, Gesellschaft und Raum weder umfassend erkannt und erklärt, noch wirksam gestaltend beeinflusst werden können" (5). Fischer setzt somit Regionalpolitik der Raumordnungspolitik gleich, wobei er die von der Arbeitsgruppe Kim ausgearbeitete Definition übernimmt (6).

---

3) Schneider, H.K., Ueber die Notwendigkeit regionaler Wirtschaftspolitik, in: Beiträge zur Regionalpolitik (Schriften des Vereins für Socialpolitik, N.F., Bd. 41), Berlin 1968, S. 3.
4) Vgl. Brösse, U., Ziele in der Regionalpolitik und in der Raumordnungspolitik. Zielforschung und Probleme der Realisierung von Zielen, Berlin 1972, S. 26.
5) Fischer, G., Regionalforschung, a.a.O., S. 10; vgl. auch Marx, D., Probleme der Zielformulierung und des Instrumenteneinsatzes einer gesamtwirtschaftlich orientierten Regionalpolitik, in: Jahrbuch für Sozialwissenschaft, Bd. 23 (1972), S. 155.
6) Die entsprechende Definition lautet wie folgt: "Die Raumordnungspolitik führt von der Raumplanung zur Raumordnung. Sie befasst sich mit der laufenden, praktischen Handhabung der von der Raumplanung konzipierten Massnahmen, das heisst mit den Massnahmen der Raumgestaltung, welche schliesslich der Verwirklichung der raumplanerischen Konzepte dienen sollen (Arbeitsgruppe des Bundes für Raumplanung, Raumplanung Schweiz. Aufgaben der Raumplanung und Raumplanungsorganisation des Bundes, Hauptbericht, o.O. 1970, S. 29; im folgenden zitiert als: Raumplanung Schweiz. Hauptbericht).

In der Praxis zeigt sich aber das Bedürfnis, die Regionalpolitik von der Raumordnungspolitik abzugrenzen (7). Nach Schaubild 2

Schaubild 2: Regionalpolitik als integrierter Bestandteil der Raumordnungspolitik

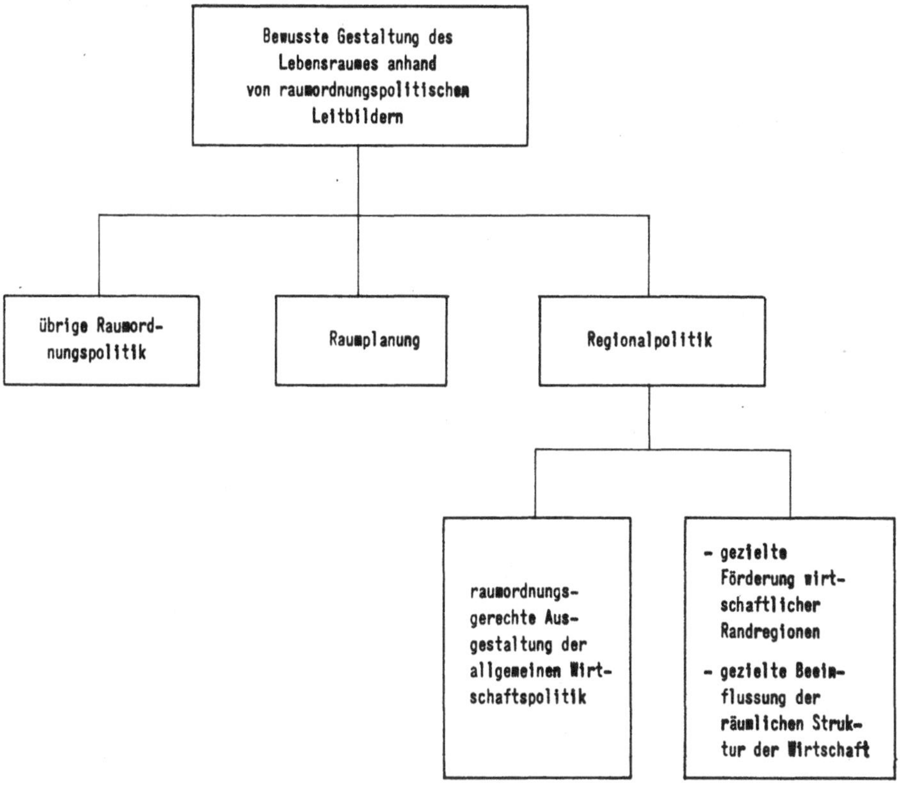

Quelle: Kanton Bern, Programm des Regierungsrates zur Förderung der Wirtschaft, in: Tagblatt des Grossen Rates des Kantons Bern, Jg. 1974, H. 1, S. 11/5.

---

7) Vgl. Botschaft des Bundesrates über Investitionshilfe für Berggebiete (vom 16. Mai 1973) in: Bundesblatt, 125. Jg. (1973), Bd. I, S. 1600 f.; Mühlemann, F., Die Zukunft der Berggebiete im Lichte der Leitbilder, in: Die Leitbilder und ihre Anwendung (Schriftenreihe zur Orts-, Regional- und Landesplanung, Bd. 16), Zürich 1973, S. 36.

umfasst die Regionalpolitik die Summe der wirtschaftspolitischen Massnahmen, die darauf ausgerichtet sind, in den einzelnen Teilräumen die gewünschte Entwicklung zu gewährleisten. Die Regionalpolitik - aus allgemeinen und gezielten Vorkehren bestehend - ist demnach ein Spezialgebiet der Wirtschaftspolitik, während die übrige Raumordnungspolitik gesellschaftliche Belange wie beispielsweise die Kultur- und Sicherheitspolitik sowie den Naturschutz zum Gegenstand hat. Die ordnende Raumplanung ihrerseits bezweckt die Schaffung einer gewünschten räumlichen Ordnung mittels normativer Massnahmen, insbesondere durch die Ausscheidung verschiedener Nutzungszonen. Bevor Regionalpolitik im Sinne einer bewussten Gestaltung von Lebensräumen betrieben werden kann, muss eine entsprechende Raumgliederung vorgenommen werden, denn "erst nach erfolgter Raumeinteilung ist die Stärke beziehungsweise Schwäche einer Region messbar, was dann den zielgerechten Einsatz des regionalpolitischen Instrumentariums ermöglichen kann" (8). Die Regionalisierung - die Einteilung des Raumes in Regionen - wird somit zur Voraussetzung jeglicher regionalpolitischen Aktivität.

212 Regionalpolitische Zielvorstellungen

Regionalpolitische Ziele können nicht losgelöst von übergeordneten Zielvorstellungen verstanden werden. Zu diesen obersten gesellschaftspolitischen Zielen zählt Giersch Freiheit, Frieden, Gerechtigkeit, Sicherheit und Wohlstand (9). Stocker gliedert das allgemeine Wohlfahrtspostulat in seine einzelnen Dimensionen auf und erhält die in Schaubild 3 schematisch dargestellte Konkretisierung. Obwohl es sich bei dieser Aufgliederung noch nicht um voll operable Zielformulierungen handelt, ist daraus doch deutlich ersichtlich, dass es im Rahmen der sich daran inspirierenden Politiken - sei dies nun die Wachstums-, die Konjunktur-, die Aussenwirtschafts-, die Sozial-, die Regional-, die Kultur-, die Umweltschutz- oder eine andere sogenannte "Bindestrich-Politik" (10) - immer nur um die Verwirklichung von Teilzielen gehen kann, die ihre letzte Begründung in der allgemeinen Wohlfahrtssteigerung finden müssen.

---

8) Markwalder, A., Die Regionalisierung in Theorie und Praxis. Grundlagen und Anwendungsbeispiel Westliches Berner Oberland, Diss. Bern 1973 (gedr. Bern 1974), S. 19.
9) Vgl. Giersch, H., Allgemeine Wirtschaftspolitik, Wiesbaden 1961, S. 68.
10) Neundörfer, L., Soziale Sicherung - Teil der Gesellschaftspolitik, in: F. Greiss u.a. (Hrsg.), Der Mensch im sozio-ökonomischen Prozess. Festschrift für Wilfried Schreiber zum 65. Geburtstag, Berlin 1969, S. 248.

Schaubild 3: Die gesellschaftspolitischen Ziele der staatlichen Aktivität als Ansatzpunkte der Wirtschaftspolitik

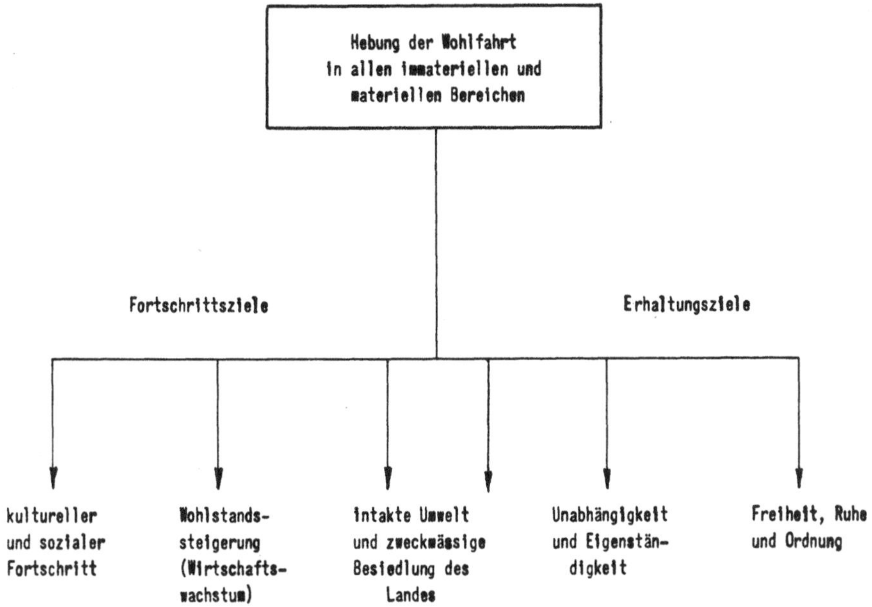

Quelle: Stocker, P., Zielkonflikte der schweizerischen Wirtschaftspolitik (vervielfältigtes Vortragsmanuskript), Bern 1970, S. 4.

Die Regionalpolitik kann nun aus dem Fortschrittsziel "Wohlstandssteigerung" und aus dem sowohl zur Gruppe der Fortschritts- als auch zur Gruppe der Erhaltungsziele zählenden Postulat "Intakte Umwelt und zweckmässige Besiedelung des Landes" abgeleitet werden. Hinter den in der Literatur wie auch in der Politik häufig vorgebrachten regionalpolitischen Zielen der interregionalen Wohlstandsharmonisierung sowie des

Ausgleichs zwischen Verdichtungs- und Entleerungsräumen (11) stehen somit Globalziele wie Gerechtigkeit, Wohlstandsmehrung und zweckmässige Besiedelung.

Fischer fasst die in der regionalpolitischen Literatur anzutreffenden Zielformulierungen zu drei Hauptgruppen zusammen (12):

- Sozialpolitisch motivierte Zielsetzungen verlangen einen interregionalen Ausgleich des Wohlstandsgefälles, um in allen Regionen gleiche oder ähnliche Lebensbedingungen zu gewährleisten. Es werden in diesem Zusammenhang etwa eine gewisse Einheitlichkeit der Lebensverhältnisse (13) und die Verbesserung der Lebensbedingungen für die Bevölkerung des Berggebietes (14) postuliert.

- Zielsetzungen, die ökonomische Gesichtspunkte ins Zentrum rücken, fordern eine wachstumsoptimale Faktorallokation im Raum. So stellt beispielsweise Giersch (15) die Frage in den Vordergrund, wie die ökonomisch optimale Allokation der Produktivkräfte im Raum, d.h. die Allokation, die ein maximales Sozialprodukt und/oder ein möglichst kräftiges Wachstum der Gesamtwirtschaft ermöglicht, zu konzipieren sei.

---

11) Entsprechende oberste regionalpolitische Zielsetzungen finden sich u.a. bei den folgenden Autoren: Giersch, H., Das ökonomische Grundproblem der Regionalpolitik, in: H. Jürgensen (Hrsg.), Gestaltungsprobleme der Weltwirtschaft. Festschrift für Andreas Predöhl, Göttingen 1964, S. 388; Jürgensen, H., Antinomien in der Regionalpolitik, in: Jahrbuch für Sozialwissenschaft, Bd. 14 (1963), S. 402; Lauschmann, E., Grundlagen einer Theorie der Regionalpolitik (Taschenbücher zur Raumplanung, Bd. 2), 2. Aufl., Hannover 1973, S. 265; Müller, J.H., Wirtschaftliche Grundprobleme der Raumordnungspolitik, Berlin 1969, S. 57 ff.; Schneider, H.K., a.a.O., S. 4; Marx, D., a.a.O., S. 145.
An wirtschaftspolitischen Verlautbarungen, die eine interregionale Wohlstandsharmonisierung verlangen, seien die folgenden schweizerischen Beispiele angeführt: Botschaft des Bundesrates über Investitionshilfe, a.a.O., S. 1594; Botschaft des Bundesrates über die Richtlinien der Regierungspolitik in der Legislaturperiode 1971 - 1975, a.a.O., S. 1053.

12) Vgl. Fischer, G., Regionalforschung, a.a.O., S. 25 f.

13) Vgl. Hansmeyer, K.H., Ziele und Träger regionaler Wirtschaftspolitik, in: Beiträge zur Regionalpolitik, a.a.O., S. 38.

14) So etwa Stocker, P., Regionalpolitik, unveröffentlichtes Vorlesungsmanuskript.

15) Giersch, H., Das ökonomische Grundproblem der Regionalpolitik, a.a.O., S. 387.

- Allgemein gesellschaftspolitisch orientierte Zielsetzungen streben die Gestaltung eines den Bedürfnissen und Ansprüchen der Menschen entsprechenden Lebensraumes an. Im Vordergrund steht nicht allein die wirtschaftliche Aktivität, sondern die Schaffung sogenannter "ausgeglichener, d.h. sich selbst tragender Funktionsräume" (16). Konkretisiert wird diese regionalpolitische Konzeption durch Bahlburg, der die drei folgenden mittelbaren Ziele daraus ableitet: "Schaffung ausreichender Möglichkeiten zur Erzielung von Arbeitseinkommen, Schaffung ausreichender Wohn- und Lebensverhältnisse, Schaffung ausreichender Erholungsmöglichkeiten ausserhalb des städtischen Lebensbereiches (17).

In der Schweiz fehlt es nicht an regionalpolitischen Zielvorstellungen. So wurde bereits im Hauptbericht zur Raumplanung Schweiz die Maxime der Dezentralisation auf nationaler und der Konzentration auf regionaler Ebene in den Grundsätzen sechs bis neun weiter konkretisiert (18). Des weitern hätte auch das in der Referendumsabstimmung gescheiterte Raumplanungsgesetz in den Dienst der Dezentralisation der Besiedelung mit regionalen und überregionalen Schwerpunkten gestellt werden sollen; überdies wurde damit ein Ausgleich zwischen den ländlichen und städtischen sowie den wirtschaftlich schwachen und wirtschaftlich starken Gebieten angestrebt. In diesem Zusammenhang ist festzuhalten, dass solche Grundsätze noch keinem eigentlichen

---

16) Marx, D., a.a.O., S. 157.
17) Bahlburg, M., Zur Regionalpolitik des "mittleren Weges", in: Raumforschung und Raumordnung, 30. Jg. (1972), S. 128.
18) Die entsprechenden Grundsätze lauten:
6. "Zwischen ländlichen und städtischen, zwischen wirtschaftlich schwachen und wirtschaftlich starken Gebieten ist mit finanz- und raumordnungspolitischen Mitteln ein sinnvoller Ausgleich anzustreben.
7. Entleerungsgebiete, insbesondere die von der Stagnation und der Abwanderung erfassten oder bedrohten Regionen, sind mit gezielten Massnahmen zu fördern und zu stärken. Diese Massnahmen sollen aufgrund regionaler, auf das Gesamtinteresse abgestimmter Entwicklungskonzepte getroffen werden.
8. Die zentralen Einrichtungen und Dienstleistungen sind auf regionale Sammelstandorte zu konzentrieren; diese aber sind über das ganze Land angemessen zu verteilen.
9. Das Wachstum der grossen Städte und Agglomerationen ist planmässig auf das Ziel einer gesunden Siedlungsstruktur hinzulenken. Entwicklungsachsen oder Systeme von Subzentren sind anzustreben; sie sind durch leistungsfähige öffentliche Verkehrsmittel zu erschliessen und zu verbinden." (Raumplanung Schweiz. Hauptbericht, a.a.O., S. 80 ff.

Leitbild (19) entsprechen, sondern eher als Direktiven bis zum Vorliegen eines politisch ausgemarchten Gesamtkonzeptes - wenn über ein solches je ein Konsens möglich ist - aufzufassen sind. Immerhin wurde seinerzeit bei der Beratung des Raumplanungsgesetzes die Auffassung vertreten, dass der Besiedlungsgrundsatz der dezentralisierten Konzentration in absehbarer Zeit nicht mehr zur Diskussion gestellt werden soll (20).

In diesem Zusammenhang ist noch von Interesse, welcher Stellenwert den durch das Institut für Orts-, Regional- und Landesplanung erarbeiteten Leitbildern für die Regionalpolitik zukommt (21). Die bundesrätliche Botschaft zum Raumplanungsgesetz sieht ihren Zweck lediglich darin, "Unterlagen zu liefern für die öffentliche Diskussion und damit für die politischen Weichenstellungen, die im Zuge der Erarbeitung der Richtpläne vorgenommen werden müssen" (22). Wittmann äussert sich sehr kritisch zu den ORL-Leitbildstudien, weil Untersuchungen über die volkswirtschaftlichen Kosten und Erträge der verschiedenen Leitbildvarianten fehlen (23), und auch Lendi hält dafür, dass die landesplanerischen Leitbilder kein nationales Entwicklungskonzept ersetzen (24). Erste Ansätze für ein solches sind im Entwurf des raumplanerischen Leitbildes CK-73 enthalten (25). Die darin präsentierten Vorstellungen über die Entwicklung und das künftige Aussehen unseres Landes sollen im Verlaufe der nächsten Jahre in gemeinsamer Anstrengung von Bund und Kantonen verdeutlicht werden. Das Leitbild CK-73 bringt eine Konkretisierung der erwähnten, übergeordneten Zielsetzungen, indem es eine Bevölkerungsverteilung anstrebt, die eine

---

19) "Leitbilder beschreiben künftige, auf bestimmte Ziele ausgerichtete Zustände (räumliche Ordnungen), welche durch zweckmässiges Handeln und Verhalten (Raumordnungspolitik) erreicht werden können." (Raumplanung Schweiz. Hauptbericht, a.a.O., S. 30).
20) Vgl. Amtliches Bulletin der Bundesversammlung. Ständerat, Frühjahrssession 1973, S. 108.
21) Vgl. Institut für Orts-, Regional- und Landesplanung, Landesplanerische Leitbilder der Schweiz. Schlussbericht (Schriftenreihe zur Orts-, Regional- und Landesplanung, Bd. 10 A/10 B/10 C), Zürich 1971.
22) Botschaft des Bundesrates zum Bundesgesetz über die Raumplanung (vom 31. Mai 1972), in: Bundesblatt, 124. Jg. (1972), Bd. I, S. 1499.
23) Vgl. Wittmann, W., Wohin geht die Schweiz? Strategien des Ueberlebens, München 1973, S. 135.
24) Vgl. Lendi, M., Vorwort, in: Die Leitbilder und ihre Anwendung, a.a.O., S. 5.
25) Vgl. Eidg. Justiz- und Polizeidepartement, Raumplanerisches Leitbild der Schweiz CK-73. Eine Grundlage für das Gespräch zwischen Bund und Kantonen, o.O. (Bern) 1973 (im folgenden zitiert als: Raumplanerisches Leitbild der Schweiz CK-73).

ausgewogene Entwicklung aller Landesteile gewährleistet. Anderseits sind die Siedlungen auf regionaler Ebene so anzuordnen, dass die Infrastruktur rationell eingesetzt werden kann. Damit sollte der Zustand eintreten, der zulässt, dass die Bevölkerung "auch in abgelegenen Regionen das Bedürfnis nach urbaner Lebensweise" befriedigen kann (26).

213 Raumstrukturelle Besonderheiten der Schweiz

Zur Erfassung und Erklärung teilräumlicher Strukturen geht man mit Vorteil von einem schematischen Bezugssystem aus, das die wichtigsten struktur- und entwicklungsbestimmenden Faktoren sowie deren gegenseitige Interdependenzen aufzeigt (27). Nach diesem in Schaubild 4 dargestellten Erklärungsmodell sind sowohl die allgemeinen Rahmenbedingungen (Technischer Fortschritt, Wirtschaftsordnung, Wertordnung) als auch die regionale Ausgestaltung gesellschaftlicher Schlüsselgrössen für die Entwicklung und Struktur des Raumes relevant. Während die allgemeinen Rahmenbedingungen aus teilräumlicher Sicht als Datum hingenommen werden müssen, sind Bevölkerung, Ressourcen, Unternehmungen, Infrastruktur und Volkseinkommen endogene Faktoren, deren Ausprägung von Region zu Region variiert und die in ihrer Gesamtheit das regionale Leistungspotential bilden.

Auf die raumstrukturellen Besonderheiten der Schweiz eingehend, kommt man zu der folgenden generellen Charakterisierung:

- Die Bevölkerung ist sehr ungleichmässig über den schweizerischen Raum verteilt. Neben ausgesprochenen Ballungsgebieten im Mittelland finden sich viele nur schwach besiedelte Gebiete im Jura und in den Alpen. Ueberdies hat der Bevölkerungsanteil der Alpen- und Juraregionen im Vergleich zum Unterland seit 1850 ständig abgenommen (28). Was die mutmassliche Trendentwicklung betrifft, sagt die Trendvariante der landesplanerischen Leitbilder eine weitere Konzentration der Bevölkerung auf nationaler Ebene voraus (29).

- Auch bezüglich der Altersstruktur sind eklatante Unterschiede zwischen Agglomerationen und wirtschaftlichen Randregionen zu verzeichnen: Erstere werden von überdurchschnittlich vielen jungen Erwerbstätigen im Alter von 20 bis 40 Jahren bewohnt, was auf die kräftige Zuwanderung jener Jahrgänge sowohl aus dem Ausland als auch aus dem inländischen Hinterland zurück-

---

26) Raumplanerisches Leitbild der Schweiz CK-73, a.a.O., S. 21.
27) Vgl. Fischer, G., Regionalforschung, a.a.O., S. 82 ff.
28) Vgl. Bickel, W., Die Volkswirtschaft der Schweiz. Entwicklung und Struktur, Aarau/Frankfurt a.M. 1973, S. 27.
29) Vgl. Institut für Orts-, Regional- und Landesplanung, Landesplanerische Leitbilder, Bd. I, a.a.O., S. 246.

Schaubild 4: Erklärungsmodell für die Raumstruktur

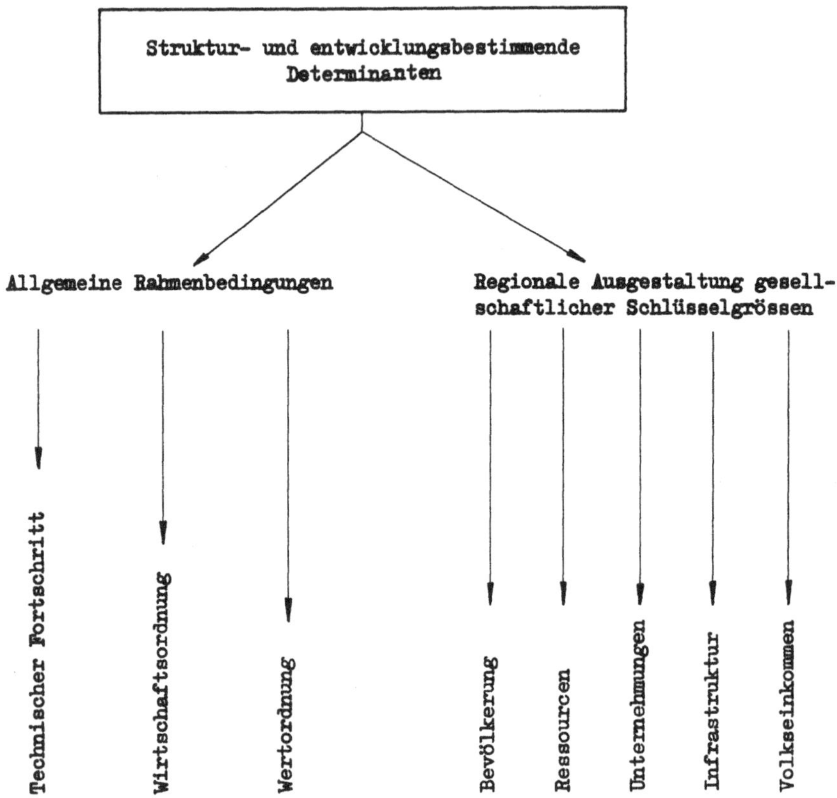

Quelle: nach Fischer, G., Regionalforschung, a.a.O., S. 83.

zuführen ist, letztere weisen eine typische Ueberalterung sowie in abnehmendem Masse eine Ueberjüngung der Bevölkerung auf. Die Bevölkerungspyramide ist in den Randgebieten zudem durch eine krasse Untervertretung der jüngeren weiblichen Jahrgänge verzerrt (30).

- Die schweizerische Bodenfläche wird regional sehr unterschiedlich genutzt. Je nach Fruchtbarkeit, Lagegüte und möglicher Bewirtschaftungsintensität fallen die Bodenpreise verschieden hoch aus. Insbesondere in den Agglomerationen sind diese in den letzten Jahren so stark gestiegen, dass für viele Haushalte der Erwerb von Boden nicht mehr möglich ist. Durch die inflationsbedingte Flucht in Immobilienwerte haben die Bodenpreise auch in wirtschaftlichen Randgebieten eine Erhöhung erfahren (31).

- Die Sparquote ist in den wirtschaftlichen Randregionen an sich zwar relativ gross, doch nimmt sich das absolute Volumen im Vergleich zu städtischen Verhältnissen bescheiden aus. Die oft geringe Attraktivität der Anlagemöglichkeiten und die gesteigerte Risikolage verkörpern keine besonderen Investitionsanreize, so dass der Kapitalzustrom aus den Ballungsgebieten vielfach unterbleibt. Dieser ungenügenden Durchblutung der Randregionen mit den volkswirtschaftlichen Kapitalströmen steht ein zusätzlicher Kapitalbedarf infolge des notwendigen Ausbaus der Infrastruktur und der anvisierten Kräftigung des Produktionsapparates gegenüber (32).

- Die Betriebe sind hinsichtlich Branchen und Betriebsgrösse höchst unregelmässig über die einzelnen Regionen verteilt. Während der grösste Teil der Industriebetriebe im Mittelland und im Jura angesiedelt ist, trifft man in den Grossstädten und in den Fremdenverkehrsgebieten zahlreiche Dienstleistungsbetriebe an. Die Landwirtschaftsbetriebe finden sich konzentriert im Voralpen- und Hügelgebiet sowie in gewissen Alpentälern (33). Was die Betriebsgrösse be-

---

30) Bezüglich der Altersstruktur in Agglomerationen und wirtschaftlichen Randregionen vgl. Stocker, P./Risch, P., Einkommenslage und Wirtschaftsstruktur des Kantons Bern. Wachstumspolitische Lageanalyse und Skizze eines Förderungsprogramms (Berner Beiträge zur Nationalökonomie, Bd. 7), Bern/Stuttgart 1968, S. 99 ff. und S. 143 ff.
31) Eine Uebersicht über die noch sehr lückenhafte Bodenstatistik gibt die folgende Broschüre: Redressement National (Hrsg.), Schweizerboden. Nutzung, Preise, Eigentum, Steuern. Zürich 1974.
32) Vgl. zu diesem Aspekt Stocker, P., Die regionalen Entwicklungsunterschiede als Problem der Konjunkturpolitik (vervielfältigtes Vortragsmanuskript), Bern/Basel 1973, S. 3 passim.
33) Zur räumlichen Verteilung der wirtschaftlichen Aktivitäten vgl. Institut für Orts-, Regional- und Landesplanung, Landesplanerische Leitbilder der Schweiz, Bd. I, a.a.O., S. 86 ff.

trifft, ist die Tatsache bemerkenswert, dass jedes vierte der 100 grössten Industrieunternehmen der Schweiz seinen Hauptsitz im Dreieck Zürich-Winterthur-Baden hat (34).

- In der Landwirtschaft ergeben sich aus klimatischen und topographischen Gründen sehr grosse Unterschiede in den Existenzbedingungen zwischen Berg- und Talgebiet. Die Betriebe im Berggebiet erreichen das nach Landwirtschaftsgesetzgebung zugesicherte Paritätseinkommen fast durchwegs nicht. Aus diesem Grunde muss mit einem weiteren Schrumpfungsprozess in der Berglandwirtschaft gerechnet werden, so dass die Landschaftspflege in weiten Teilen des Berggebietes sehr ernsthaft in Frage gestellt ist (35).

- Ebenfalls bietet das Verkehrswesen ein anschauliches Beispiel für das Phänomen der Raumdifferenzierung. Die oft langen Verkehrsstauungen zu den Stosszeiten sind Ausdruck der räumlichen Verdichtung in den Ballungsgebieten; ebensolche Verkehrsstockungen entstehen bei massenhaftem Aufbruch der Agglomerationsbewohner in die Erholungsgebiete. Die wirtschaftlichen Randregionen dagegen verzeichnen oftmals infolge zu niedriger Frequenzen eine unzureichende Erschliessung mit innerregionalen Verkehrsanlagen.

- Das wachsende Bedürfnis nach Zweitwohnungen lässt sich durch die unterschiedlichen Umweltbedingungen zwischen Ballungs- und Erholungsgebieten erklären. Die Verbesserung der Realeinkommen, die Verlängerung der Freizeit und die Steigerung der individuellen Mobilität gestatten der Agglomerationsbevölkerung vielfach ihr Bedürfnis nach Ruhe und Erholung in der Zweitwohnung zu befriedigen. Da sich der Bau von Zweitwohnungen auf Gegenden mit besonderem landschaftlichem Reiz konzentriert, sind erhebliche raumstrukturelle Wirkungen in dem Sinn zu erwarten, dass sich beispielsweise im Alpenraum neue Siedlungsschwerpunkte bilden (36). Es ist anzunehmen, dass dadurch auch der Charakter einer Landschaft grundlegend verändert wird.

- Die Zersiedelung der Schweiz ist bereits recht weit fortgeschritten. Sowohl die Einzugsgebiete der Grossstädte wie auch

---

34) <u>Schweizerische Bankgesellschaft</u> (Hrsg.), Die grössten Unternehmungen der Schweiz im Jahre 1973, Zürich 1974.

35) Eine quantitative Schätzung der nicht mehr landwirtschaftlich genutzten Bodenfläche findet sich bei <u>Surber, B./Amiet, R./Kobert, H.,</u> Das Brachlandproblem in der Schweiz (Bericht Nr. 112 der Eidg. Anstalt für das forstliche Versuchswesen), Birmensdorf 1973, S. 59.

36) Vgl. Zweitwohnungen als Wohlstandsphänomen. Bestandesaufnahme und Lenkungsmöglichkeiten, in: Neue Zürcher Zeitung, Nr. 380 vom 18.8.1974.

weite Teile des Mittellandes sind "verhäuselt". Der sich heute abzeichnende Trend geht dahin, dass die Grossstadtagglomerationen keine kompakten Städte, sondern immer mehr ins Umland hinauswachsende Streusiedlungen bilden. Folglich werden die Distanzen zwischen den verschiedenen Lebensbereichen Wohnen, Arbeiten, Versorgung und Erholung immer grösser, was mit einer Verschlechterung der Lebensbedingungen der Ballungsgebiete einhergeht (37).

- Grosse Unterschiede bestehen bezüglich der Verteilung des Volkseinkommens über den Raum. Zwar fehlen zurzeit noch offizielle kantonale oder sogar kommunale Einkommenszahlen, doch haben die bisherigen behelfsmässigen Schätzungen ein ausgeprägtes Wohlstandsgefälle innerhalb der Schweiz ergeben (38). Die Unterschiede treten noch stärker hervor, wenn als grober Ersatzindikator der Einkommenslage die Wehrsteuer-Kopfquote gewählt wird (39). Hier ist aber darauf hinzuweisen, dass Steuerdaten die effektive Wohlstandssituation nur sehr verzerrt widerspiegeln (40).

Das Fazit dieser Lageskizze präsentiert sich nicht besonders günstig: Die angeführten raumstrukturellen Faktoren weichen erheblich von den im vorangegangenen Kapitel dargelegten Zielvorstellungen ab, und auch in Zukunft steht bei freimarktlicher Lenkung vorerst kein wesentlicher Angleichungsprozess in Aussicht. Diese Divergenz ruft nach korrigierenden Eingriffen, von denen unter Ziffer 214 die Rede sein wird.

---

37) Vgl. Institut für Orts-, Regional- und Landesplanung, Landesplanerische Leitbilder, Bd. I, a.a.O., S. 247 und S. 268.
38) Vgl. Fischer, G., Berechnung und Vorausschätzung regionaler Volkseinkommenszahlen in der Schweiz 1950 - 1980 (Struktur- und regionalwirtschaftliche Studien des Schweizerischen Instituts für Aussenwirtschafts- und Marktforschung an der Hochschule St. Gallen für Wirtschafts- und Sozialwissenschaften, Bd. 3), St. Gallen 1969; Gaudard, G., Les disparités économiques régionales en Suisse, Fribourg 1973; Bächtold, V., Der Schweizer Markt. Analyse und Prognose (Teil IV: Regionales Volkseinkommen 1973), Bern 1975; Schweizerische Bankgesellschaft (Hrsg.), Die Schweiz in Zahlen, o.O. (Zürich) jährlich.
39) Vgl. Eidg. Steuerverwaltung, Eidg. Wehrsteuer 15. Periode (Steuerjahre 1969/70). Kopfquoten, Bern 1973.
40) Zur Problematik des Besteuerungserfolges als Indikator der Einkommenslage vgl. Stocker, P./Risch, P., a.a.O., S. 8 f.

Wie aus der Literatur hervorgeht, ist das regionalpolitische Instrumentarium nicht zum vornherein abgegrenzt. So führt Lauschmann aus, dass die Instrumente der Regionalpolitik grundsätzlich dieselben wie für die globale Wirtschaftspolitik seien (41). Storbeck betont die Vielfalt der in Frage kommenden Mittel, um die räumliche Ordnung im gewünschten Sinne zu gestalten (42), und Doerig hält dafür, dass alle gesellschafts-, wirtschafts- und verwaltungspolitischen Massnahmen des Staates sich direkt oder indirekt auf die Raumstruktur auswirkten (43). Vielfach werden wirtschaftspolitische Massnahmen primär nicht unter einem regionalpolitischen Blickwinkel getroffen, doch haben sie immer - ob gewollt oder ungewollt - räumliche Auswirkungen (44). Für die Gliederung der regionalpolitischen Handlungsalternativen stehen verschiedene Kriterien zur Verfügung. Jürgensen unterscheidet in Anlehnung an Egner zwischen Massnahmen der imparativen, der informativen und der konduktiven Regionalpolitik (45). Die imperative Regionalpolitik zeichnet sich durch eine eigentliche Planung der regionalen Wirtschaftsstruktur und durch die Festlegung der Standorte mittels zwingender Vorschriften aus; die informative Regionalpolitik dagegen gibt den Marktpartnern bloss Informationen über regional unterschiedlich genutzte Ressourcen. Die konduktive Regionalpolitik schliesslich umfasst die für die regionalpolitische Zielverwirklichung zur Verfügung stehenden direkten und indirekten Förderungsmassnahmen. Doerig bezeichnet die drei Massnahmengruppen als normative, informierende und aktivierende Raumordnungspolitik (46).

In der Schweiz liess der Bundesrat durch eine Expertenkommission für Fragen der Landesplanung ein Inventar der raumwirksamen Kompetenzen des Bundes erstellen (47). Der mehr als 60 Seiten um-

---

41) Vgl. Lauschmann, E., a.a.O., S. 288.
42) Vgl. Storbeck, D., Die wirtschaftliche Problematik der Raumordnung. Eine Untersuchung über Notwendigkeit, Ziele und Mittel der Raumordnung im System der Marktwirtschaft (Volkswirtschaftliche Schriften, H. 47), Berlin 1959, S. 150 ff.
43) Vgl. Doerig, H.U., Der staatliche Einfluss auf die regionale Verteilung von Bevölkerung und Wirtschaft, unter besonderer Berücksichtigung der zentral- und gliedstaatlichen Industriestrukturpolitik im Kanton St. Gallen, Diss. St. Gallen 1967 (gedr. Zürich 1968), S. 57.
44) Vgl. Storbeck, D., a.a.O., S. 139 ff.
45) Vgl. Jürgensen, H., Regionalpolitik, in: W. Ehrlicher u.a. (Hrsg.), Kompendium der Volkswirtschaftslehre, Bd. 2, 3. Aufl., Göttingen 1972, S. 281.
46) Vgl. Doerig, H.U., a.a.O., S. 64 passim.
47) Vgl. Bericht der Eidgenössischen Expertenkommission für Fragen der Landesplanung (vom 6. Oktober 1966), hrsg. vom Eidg. Departement des Innern, o.O. (Bern) 1967.

fassende Massnahmenkatalog zeigt, dass eigentlich bereits viele Ansätze zu regionalpolitischem Handeln vorhanden wären (48). Zudem verfügen auch die Kantone über zahlreiche raumwirksame Kompetenzen, insbesondere auf dem Gebiet der immateriellen Infrastrukturversorgung (Bildungs- und Gesundheitswesen). Die bestehenden Instrumente werden aber vielfach unkoordiniert eingesetzt und zu wenig in den Dienst der Regionalpolitik gestellt.

Im folgenden wird der Versuch unternommen, das regionalpolitische Instrumentarium sämtlicher Hoheitsträger der Schweiz schematisch zu erfassen. Wie aus Schaubild 5 hervorgeht, lassen sich die Massnahmen in solche der allgemeinen und der speziellen Regionalpolitik unterteilen. Die Mitberücksichtigung regionalpolitischer Anliegen im Rahmen der allgemeinen Wirtschaftspolitik zeitigte Vorkehren wie etwa den regional differenzierten Baubeschluss (49) und die Tarifannäherung der Bahnunternehmungen in benachteiligten Landesgegenden (50); ebenfalls können die unter Ziffer 33 zur Darstellung kommenden wohnbaupolitischen Massnahmen grundsätzlich zum generellen Instrumentarium gezählt werden, da ihr Einsatz bisher zum überwiegenden Teil unter einem sozialpolitischen Blickwinkel erfolgt ist.

Die Massnahmen der speziellen Regionalpolitik dagegen werden schwergewichtig im Hinblick auf die regionalpolitischen Ziele "interregionaler Ausgleich" und "dezentralisierte Konzentration" getroffen. Als weitaus wichtigste Entfaltungsbereiche sind die gesamtwirtschaftliche Förderung des Berggebietes, der Finanzausgleich und die anzustrebende Steuerharmonisierung sowie die regionale Struktur- und Entwicklungspolitik (51) zu nennen. Was die speziellen Massnahmen betrifft, besteht hinsichtlich deren Trägerschaft und des Bezugsraums keine Einheitlichkeit. So handelt es sich bei der gesamtwirtschaftlichen Förderung des Berggebietes im wesentlichen um eine Bundesaufgabe, der Finanzausgleich fällt sowohl in die Zuständigkeit des Bundes als auch der Kantone, während sich die regionalpolitisch orientierte Wirtschaftsförderung vornehmlich auf kantonaler

---

48) So gilt ungefähr ein Drittel der heutigen Bundesausgaben als räumlich wirksam; vgl. Flückiger, H., Der Bund und das Leitbild "CK-73", in: Raumplanung Schweiz. H. 3 und 4, 1975, S. 19.

49) Vgl. Bundesbeschluss über Massnahmen zur Stabilisierung des Baumarktes (vom 20. Dezember 1972), Art. 2; aufgehoben durch BRB vom 25. November 1974.

50) Vgl. Bundesbeschluss über die Annäherung von Tarifen konzessionierter Bahnunternehmungen an jene der schweizerischen Bundesbahnen (vom 5. Juni 1959), Art. 1.

51) Zu den Möglichkeiten und Grenzen einer staatlichen Strukturpolitik in der Schweiz vgl. Allemann, H., Konjunkturpolitik und strukturelle Anpassung, in: Neue Zürcher Zeitung, Nr. 218 vom 20./21.9.1975.

Schaubild 5: Das regionalpolitische Instrumentarium der Schweiz im Ueberblick

Gesamtheit der regionalpolitisch relevanten Massnahmen

Generelle Massnahmen

Mitberücksichtigung der regionalpolitischen Belange im Rahmen der allgemeinen Wirtschaftspolitik, zum Beispiel im Bereich der Verkehrs-, Bildungs-, Konjunktur-, Agrar- und Sozialpolitik

Spezielle Massnahmen

Massnahmen, die insbesondere im Hinblick auf die regionalpolitischen Ziele "interregionaler Ausgleich" und "dezentralisierte Konzentration" getroffen werden

- Gesamtwirtschaftliche Förderung des Berggebietes
- Finanzausgleich und Steuerharmonisierung
- Regionale Struktur- und Entwicklungspolitik (Wirtschaftsförderung)
- Volkswirtschaftlicher Ausgleich zugunsten der Landwirtschaft für gemeinwirtschaftliche Leistungen

Ebene abspielt. Einzelne Instrumente - wie die Steuerharmonisierung und die Abgeltung der gemeinwirtschaftlichen Leistungen an die Landwirtschaft - stehen erst im Stadium der Ueberprüfung und Vorbereitung.

Der Anwendungsbereich der Berggebietsförderung erstreckt sich zwar aus den bekannten natürlichen Gegebenheiten heraus nur auf einen Teil des schweizerischen Territoriums, doch wird ihr gerade in unserem Land im Rahmen der regionalpolitischen Bemühungen eine ganz besondere Bedeutung zukommen. Die entsprechende Konzeption zielt darauf ab, durch die Verbesserung der Lebensverhältnisse eine angemessene Besiedelung im Berggebiet zu gewährleisten. Die daraus ableitbaren Oberziele postulieren die Hebung des verfügbaren Einkommens pro Kopf sowie die Verbesserung der regionalen Infrastruktur, der Konsummöglichkeiten und der Wohnverhältnisse. Auf die weitere Konkretisierung der Berggebietsförderung wird unter Ziffer 31 zurückzukommen sein.

22 Zur Bedeutung des Wohnungswesens

Nach den vorstehenden regionalpolitischen Erwägungen soll nun ebenfalls das Wohnungswesen in seinen vielfältigen Dimensionen charakterisiert werden. Die entsprechende Uebersicht umschliesst sowohl Begriffsbestimmungen als auch Ausführungen über die zentrale Stellung des Wohnens im Rahmen der Bedürfnisbefriedigung.

221 Begriffe und Wesen

Eine Wohnung ist nach DIN "die Summe der Räume, welche die Führung eines Haushaltes ermöglichen, darunter stets eine Küche oder ein Raum mit Kochgelegenheit." (52) Der Begriff Wohnungswirtschaft beinhaltet "alle ökonomisch-sozialen Tätigkeiten, die sich aus der Errichtung und Nutzung von Wohnungen ergeben" (53).

---

52) DIN 283, Abschnitt 1.1 (zit. nach Laage, G./Herr, M.W., Die Wohnung von heute für Ansprüche von morgen. Definition eines deutschen Wohnungsstandards (Schweizerische Zentralstelle für Baurationalisierung. Schriftenreihe zum Wohnungsbau, Nr. 2), Zürich 1972, S. 11). Aehnlich definiert das Eidg. Statistische Amt die Bauwohnungen; als zusätzliches Begriffsmerkmal kommt neben Wasserversorgung, Ausguss und WC ein Eingang vom gemeinsamen Treppenhaus oder direkt von aussen hinzu; vgl. Eidg. Statistisches Amt, Eidgenössische Volkszählung 1970, Bd. 9, Gemeinden, Gebäude und Wohnungen, Statistische Quellenwerke der Schweiz, Reihe Ah 9, H. 518, S. 7 (im folgenden zitiert als: Stat. Quellenwerke der Schweiz, H. 518).

53) Seidenfus, H.St., Sektorale Wirtschaftspolitik, in: W. Ehrlicher u.a. (Hrsg.), Kompendium der Volkswirtschaftslehre, Bd. 2, 3. Aufl., Göttingen 1972, S. 252.

Die Wohnungsnachfrage besteht in der Gesamtzahl an Wohnungen, die von den Wirtschaftssubjekten eines Landes (Haushalte, Familien, Einzelpersonen) in einem bestimmten Zeitpunkt zu gegebenen Preisen für die Deckung der Wohnbedürfnisse begehrt werden, während unter dem Wohnungsangebot die zu einem bestimmten Zeitpunkt besetzten und leerstehenden Wohnungen - also der Wohnungsbestand - verstanden wird. Unter Wohnungsmarkt versteht man das Zusammentreffen von Angebot und Nachfrage nach Wohnungen (54). Im Vergleich zu den Modellannahmen der vollkommenen Konkurrenz haften dem Wohnungsmarkt recht viele Unvollkommenheiten an. Wohnungen sind kein homogenes Gut, überdies haben sie je nach Komfort, Lage und Grösse usw. einen sehr unterschiedlichen Marktwert. Die Markttransparenz - insbesondere auf seiten der Wohnungsnachfrager - lässt in vielen Fällen zu wünschen übrig; zudem dauert die Wohnungsproduktion recht lange, und die bereits erstellten Wohnungen sind keineswegs beliebig teilbar. Einmal im Wohnungsbau investiertes Kapital bleibt während der ganzen Lebensdauer des Objekts gebunden (55).

Der Wohnungsbedarf impliziert bereits bestimmte wohnungs- und sozialpolitische Wertvorstellungen über die Wohnungsnutzung. Man kann den Wohnungsbedarf als die Anzahl Wohnungen definieren, die zur Herstellung oder Erhaltung einer im Sinne bestimmter Normen optimalen Wohnungsversorgung notwendig sind (56).

Das Ungenügen der freimarktlichen Wohnungsversorgung hat indessen spätestens seit dem Ersten Weltkrieg zu staatlichen Interventionen auf dem Wohnungsmarkt geführt (57). Unter staatlicher Wohnungspolitik versteht Münch "die bestimmten Zielen dienende

---

54) Vgl. Angelini, T., Entwicklungsperspektiven des schweizerischen Wohnungsbaus (Eidg. Forschungskommission Wohnungsbau/Der Delegierte für Wohnungsbau, Schriftenreihe Wohnungsbau 27 d), St. Gallen/Bern 1974, S. 2 f.

55) Zu den Strukturmerkmalen des Wohnungsmarktes vgl. Gehrig, L., Die öffentliche Wohnbauförderung in einer marktwirtschaftlichen Ordnung, Diss. St. Gallen 1964 (gedr. Winterthur 1965), S. 28 ff.; Gurtner, P., Alternativmodelle der Wohnbauförderung. Ein Systemvergleich zwischen der Objekt- und der Subjekthilfe (Eidg. Forschungskommission Wohnungsbau/Der Delegierte für Wohnungsbau. Schriftenreihe Wohnungsbau 24 d), Bern 1973, S. 249 ff.

56) Vgl. Duwendag, D., Methoden und Determinanten einer Wohnungsbedarfs-, Kosten- und Mietprognose für die Bundesrepublik Deutschland bis 1975, Münster (Westf.) 1970, S. 17 ff.; Weber, A., Methoden und Probleme einer Wohnungsbedarfsprognose für die Stadt Bern sowie eine summarische Bedarfsvorausschätzung bis 1980. Diplomarbeit an der Rechts- und wirtschaftswissenschaftlichen Fakultät der Universität Bern (vervielfältigt), Bern 1972, S. 18 ff.

57) Vgl. Kleps, K., Wohnungsmarktpolitik in der Schweiz (Berner Beiträge zur Nationalökonomie, Bd. 9), Bern/Stuttgart 1969, S. 1.

Beeinflussung der Wohnraumerstellung und/oder -verteilung durch obrigkeitliche Massnahmen" (58). Kleps verwendet in diesem Zusammenhang den synonymen Begriff Wohnungsmarktpolitik. Ein Unterbegriff ist die Wohnungsbaupolitik, die den "Inbegriff aller Massnahmen" darstellt, "die geeignet sind, die besten Voraussetzungen für eine in bezug auf Art, Umfang und Standort angestrebte Entwicklung des Wohnungsbaues zu schaffen"(59). Die Wohnungsbaupolitik ihrerseits lässt sich in Wohnungsneubaupolitik und Wohnungssanierungspolitik unterteilen. Während die Wohnungsneubaupolitik die Förderung von Neuwohnungen anstrebt, bezweckt die Wohnungssanierungspolitik die Erhaltung und Verbesserung des bereits vorhandenen Wohnungsbestandes. Im folgenden werden unter Wohnbaupolitik die öffentlichen Förderungsmassnahmen zur Neuwohnungsproduktion und zur Wohnungserneuerung verstanden.

Der Begriff Wohnungswesen umschliesst nach Kleps neben den wirtschaftlichen gleichermassen auch die kulturellen, sozialen, rechtlichen, technischen und hygienischen Aspekte des Wohnens (60). Etwas weniger umfassend wird das Wohnungswesen von Breuer verstanden, der "einerseits alle Massnahmen, die die Schaffung neuer Wohnungen zum Ziele haben, anderseits diejenigen Massnahmen, die sich auf Erhaltung, Bewirtschaftung, Verteilung und Nutzung des vorhandenen Wohnungsbestandes beziehen" darunter subsumiert (61). Mit Uebersichtstafel 1 wird versucht, einen schematischen Ueberblick über das Wohnungswesen aus gesamtgesellschaftlicher Sicht zu geben. Wie bereits in der Definition des Wohnungswesens ausgeführt, befassen sich neben der Oekonomie noch andere Disziplinen mit dem Wohnen. Die verschiedenen Fachgebiete - von der Architektur bis zum Recht - haben im Wohnungswesen unterschiedliche Funktionen zu erfüllen. Ebenso vielfältig sind die Funktionsträger und ihre Motivation.

222 Das Wohnen als menschliches Elementarbedürfnis

Es ist eine allgemein bekannte Tatsache, dass das Wohnen ein menschliches Elementarbedürfnis darstellt, das in seiner Dring-

---

58) Münch, D., Ziele, Massnahmen und Ergebnisse staatlicher Wohnungsmarktpolitik in Europa (Institut für Siedlungs- und Wohnungswesen der westfälischen Wilhelms-Universität Münster, Sonderdruck 41), Münster (Westf.) 1967, S. 15.
59) Schneider, M., Wohnungsbaupolitik, in: Handwörterbuch der Raumforschung und Raumordnung, 2. Aufl., Hannover 1970, Sp. 3821.
60) Vgl. Kleps, K., a.a.O., S. 2.
61) Breuer, H., Wohnungswesen, in: Handwörterbuch der Raumforschung und Raumordnung, 2. Aufl., Hannover 1970, Sp. 3833.

Uebersichtstafel 1: Das Wohnungswesen als mehrdimensionaler Gegenstand

Funktion im Wohnungswesen / Fachgebiet	Funktionsbereich	Funktionsträger	Funktionsmotiv
Architektur/Ingenieurwissenschaften	Technische Planung und Leitung des Wohnungsbaus	Architekt/Ingenieur	Auftrag
Hygiene	Schaffung gesunder Wohnverhältnisse	Gesundheitspolizei	Volksgesundheit
Orts- und Regionalplanung	Integration der Wohnung in Gesamtplan	Planer	Zweckmässige Bodennutzung
Privatrecht	Rechtsinstitute des Privatrechts, insbesondere Grundeigentum, Baurecht, Miete	Juristische Berufe	Rechtssicherheit
Staatliche Wohnungspolitik	Förderung des Wohnungsbaus und der Wohnungserneuerung/Mieterschutz	Behörden	Soziale Gerechtigkeit
Oekonomie	Marktgesteuerte Produktion/Verteilung der Wohnungen	Wohnungsanbieter/Wohnungsnachfrager	Ertragsmaximierung/Kostenminimierung
Gesellschaft	Wohnen	alle	Wohnbedürfnis

lichkeit und Wichtigkeit zusammen mit der Ernährung und der Bekleidung an erster Stelle steht. Die vorrangige Bedeutung, welche dem Wohnen im menschlichen Leben zukommt, lässt sich in verschiedenen Dimensionen ausdrücken.

Einen ersten Hinweis gibt die Belastung der Haushaltrechnungen mit Aufwendungen für Wohnzwecke. Während in den dreissiger Jahren die Durchschnittsfamilie beinahe einen Viertel der Einnahmen für das Wohnen im engern Sinn (Miete, Heizung und Beleuchtung) auszugeben hatte, bezifferte sich anfangs der siebziger Jahre die entsprechende Quote auf rund 15 Prozent (62). Dieser Sachverhalt weist darauf hin, dass es sich beim Wohnen um ein Existenzbedürfnis handelt; denn mit zunehmendem Einkommen wird die entsprechende Belastung kleiner, und es bleiben mehr Mittel für die Befriedigung anderweitiger Bedürfnisse übrig. Das soll aber nicht heissen, dass Wohnungen zu den inferioren Gütern zählen. Somit kann die Nachfrage nach Wohnungen auch nicht völlig preisunelastisch sein (63).

Die Bedeutung der Wohnung kommt ebenso darin zum Ausdruck, dass der Mensch in unserem Klima mehr als die Hälfte des Lebens in einer Wohnung verbringt (64). Gewiss gibt es in dieser Beziehung grössere Unterschiede zwischen den verschiedenen sozioökonomischen Gruppen. So wird eine Hausfrau in städtischen Verhältnissen sich mit grösster Wahrscheinlichkeit mehr in der Wohnung aufhalten als ein Landwirt im Mittelland; allein ein Dach über dem Kopf braucht jedermann. Eine grosse Bedeutung kommt der Wohnung ebenfalls als Produktionsstätte für die Haushaltführung zu. Obwohl die hier produzierten Güter und Dienstleistungen nur zu einem kleinen Teil ins Sozialprodukt eingehen, sind sie Voraussetzungen für das individuelle Wohlbefinden.

Von besonderer Wichtigkeit ist die Wohnung für die räumliche Standortbindung und Verwurzelung. Das Wohnen an einem bestimmten Ort prägt das Verhalten und die Einstellungen eines Menschen. So stellt Bächtold für die Stadt Bern fest, dass die meisten Quartierbewohner ihr Quartier ausgesprochen günstig beurteilen und dass von ihnen nur selten der Wunsch geäussert wird, in eine andere Stadt oder auf das Land umzuziehen (65). Die Wohnung

---

62) Vgl. Bundesamt für Industrie, Gewerbe und Arbeit, Handbuch der schweizerischen Sozialstatistik 1932 - 1971 (Sonderheft Nr. 85 der Volkswirtschaft), Bern 1973, S. 257; Statistisches Jahrbuch der Schweiz 1974, S. 352.
63) Zur Diskussion über Mietpreiselastizitäten der Wohnungsnachfrage vgl. Kleps, K., a.a.O., S. 25.
64) Vgl. Baasch, K., Probleme der Wohnhygiene in der Stadt Zürich, Diss. Zürich 1970 (gedr. Zürich 1970), S. 1 ff.
65) Vgl. Bächtold, R., Der moderne Wohnungs- und Siedlungsbau als soziologisches Problem, Diss. Freiburg i.Ue. 1964 (gedr. Basel 1964), S. 106 f.

bildet somit einen Faktor der relativen Stabilität im steten Wandel der Lebensverhältnisse (66). Aus naheliegenden Gründen stellt die amtliche Statistik in der Schweiz auf den Begriff der Wohnbevölkerung ab (67). Die Bevölkerungszahl wird also mit Hilfe des elementaren Tatbestandes Wohnen räumlich gegliedert, denn das Wohnen scheint auf längere Sicht die zuverlässigste und aussagekräftigste menschliche Daseinsgrundfunktion in Verbindung mit einem bestimmten Raum zu sein. Ebenso liesse sich an den Begriffen "Wohnort" und "Einwohner" die zentrale Stellung der Wohnfunktion erläutern.

Schliesslich ist die Wohnung für die Familie als soziale Institution von grundlegender Bedeutung. Sie ist einerseits "eine von der Umwelt abschliessbare Hülle und als solche Voraussetzung für die Herausbildung einer Sphäre der Intimität", anderseits auch "der Raum der wichtigsten Lebensvollzüge der Familie als soziales Gebilde" (68). In diesem Zusammenhang ist auch auf das Grundrecht der Unverletzlichkeit der Wohnung hinzuweisen, das "die ureigenste menschliche Intim- und Privatsphäre vor Störungen" schützen soll (69). Die Herausbildung eines eigentlichen Grundrechts zum Schutz der Wohnung unterstreicht deren wichtige Stellung als Hort eines gesunden Familienlebens.

23 Das Wohnungswesen als Ansatzpunkt der Regionalpolitik

In diesem Kapitel wird versucht, das Wohnungswesen als Ansatzpunkt der Regionalpolitik zu analysieren. Zunächst wird gezeigt, dass man das Wohnungswesen nicht isoliert von andern Funktionen zu betrachten hat, sondern als integrierten Bestandteil der gesamten Regionalpolitik. Es folgt eine Uebersicht über die ökonomischen Wirkungen, die vom Wohnungswesen ausgehen. Damit soll auch die in der Problemstellung aufgeworfene Frage, ob das Wohnungswesen aus regionaler Sicht einen beeinflussbaren Faktor darstellt, abgeklärt werden. Schliesslich kommen die Ergebnisse empirischer Untersuchungen über die Bedeutung der Wohnung für die Wohnsitzwahl zur Darstellung.

---

66) Vgl. Lowinski, L., Grundlagen, Zielsetzungen und Methoden der Wohnungspolitik in der sozialen Marktwirtschaft, Köln-Braunsfeld 1964, S. 61 ff.

67) In Artikel 5, Absatz 2 der Verordnung über die Durchführung der eidgenössischen Volkszählung 1970 (vom 1. Juli 1970) wird sie folgendermassen umschrieben: "Zur Wohnbevölkerung einer Gemeinde gehört jede Person, die sich im Gemeindegebiet mit der Absicht dauernden Verbleibens aufhält oder aufzuhalten gedenkt."

68) Lowinski, L., a.a.O., S. 67.

69) Steiner, H., Das Grundrecht der Unverletzlichkeit der Wohnung, Diss. Bern 1959 (gedr. Zürich 1959), S. 75.

231 Regionalpolitisch relevante Zusammenhänge im Bereich des Wohnungswesens

Nach Partzsch lassen sich die wichtigsten Ansprüche der Gesellschaft in bezug auf den Raum mit dem in Schaubild 6 gezeigten Schema charakterisieren (70). Die vielfältigen menschlichen

Schaubild 6: Die Daseinsgrundfunktionen

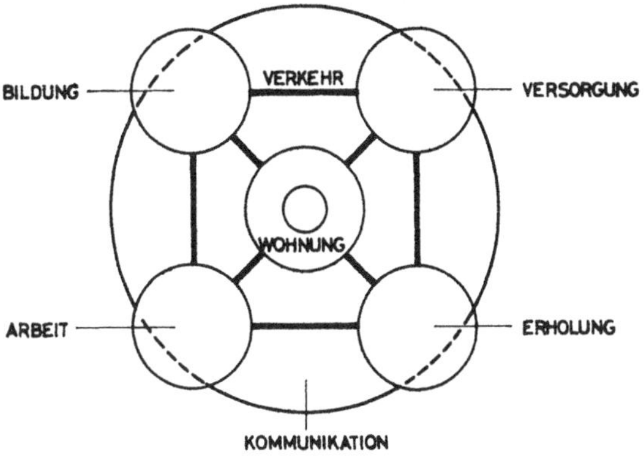

Quelle: Partzsch, D., a.a.O., Sp. 429 f.

Aktivitäten werden auf sechs Grundfunktionen reduziert, deren Interaktionen das tägliche Leben in seiner räumlichen Dimension verkörpern. Bemerkenswert ist die zentrale Stellung der Wohnung. Ihre optimale Lage befindet sich zwischen den beiden Erfordernissen Nähe zu den andern Daseinsbereichen einerseits, so dass eine schnelle, preiswerte und bequeme Erreichbarkeit möglich ist, und Distanz anderseits, damit man von Immissionen - beispielsweise der Bereiche Arbeit und Verkehr - unversehrt wohnen kann. Die Präferenzen für die eine oder andere Seite haben sich im Verlaufe der Zeit gewandelt. So wurden bis vor kurzem dank der massiven Steigerung der Verkehrsleistungen die Distanzen zwischen Wohnen und Arbeit immer grösser. Erst in

---

70) Vgl. Partzsch, D., Daseinsgrundfunktionen, in: Handwörterbuch der Raumforschung und Raumordnung, 2. Aufl., Hannover 1970, Sp. 424 ff.

jüngster Zeit wird vermehrt wieder die Rückkehr zur Einheit Wohnen-Arbeit-Freizeit-Versorgung angestrebt (71).

Das Beziehungsgeflecht zwischen den Grundfunktionen lässt aich auch in der Siedlungsstruktur feststellen, die von Borries als "die Art und Weise der räumlichen Verteilung der Wohnsiedlungen und der Produktionsstandorte" (72) definiert. Die Erklärung der in Wirklichkeit sehr unterschiedlichen Verteilung der Wohnungen über den Raum erfolgt bei den meisten Siedlungstheorien über die Standortbedingungen für Unternehmungen. Dem Wohnungswesen wird somit vorerst keine selbständige Rolle in der Herausbildung von Siedlungsschwerpunkten zuerkannt. Vielmehr wird angenommen, dass parallel zu konzentriert an günstigen Standorten heranwachsenden Arbeitsplätzen eine massive Ballung der Bevölkerung einhergeht, die wegen des Subsistenzcharakters der Wohnung zum forcierten Wohnungsbau führen muss. Dieser Ansatz verweist das Wohnungswesen in den Bereich der Folgeleistungen, die keine eigene raumbildende Kraft haben (73).

Andere Schlussfolgerungen hinsichtlich der regionalpolitischen Relevanz des Wohnungswesens ergeben sich durch dessen Einbezug in die Infrastruktur. Zwar gehört es nicht zu den klassischen Bereichen der Infrastruktur, wie sie etwa Jochimsen definiert (74); doch enthält das Wohnungswesen einige Merkmale der Infrastruktur wie beispielsweise einen hohen Kapitalkoeffizienten und die öffentliche Kontrolle (75). Das Wohnungswesen lässt sich somit auch unter dem Gesichtspunkt seines Infrastrukturcharakters abhandeln. Aus dieser Sicht ist der Wohnungsbau nicht Folgeleistung anderer Determinanten der Siedlungsstruktur, sondern er vermag diese als gestaltbarer Standortfaktor auch massgeblich zu beeinflussen (76). Wie die übrigen Infrastruktureinrichtungen hat auch der Wohnungsbau teilweise Vorleistungscharakter für den Rest der Wirtschaft. Die Nutzung des Wohnraums

---

71) An dieser Stelle sei insbesondere an die verschiedenenorts eingeführten Wohnschutzzonen erinnert. Das Ziel solcher Bestrebungen besteht in der Erhaltung eines Gleichgewichts zwischen Wohnungen und Arbeitsplätzen in zentrumsnahen Quartieren.
72) von Borries, H.W., Oekonomische Grundlagen der westdeutschen Siedlungsstruktur (Veröffentlichungen der Akademie für Raumforschung und Landesplanung, Bd. 56), Hannover 1969, S. 1.
73) Vgl. in diesem Sinne etwa von Borries, H.W., a.a.O., S. 52 ff.
74) Vgl. Jochimsen, R., Theorie der Infrastruktur. Grundlagen der marktwirtschaftlichen Entwicklung, Tübingen 1966, S. 103.
75) Vgl. Jansen, P.G., Infrastrukturinvestitionen als Mittel der Regionalpolitik (Beiträge zur Raumplanung, Bd. 3), Gütersloh o. J., S. 15 ff.
76) Vgl. Fischer, G., Regionalforschung, a.a.O., S. 240.

geht zwar nicht direkt in den Produktionsprozess ein, doch ist Wohnen - rein ökonomisch betrachtet - unter Berücksichtigung der Wohnfunktionen für die Regeneration der Arbeitskraft eine allgemeine Vorleistung der Produktion (77). Ueberdies ist die synchrone Steigerung des Wohnungsangebotes gleichsam eine notwendige Bedingung für die Schaffung von Arbeitsplätzen. Die aus dem natürlichen Wachstum und/oder aus regionalen Wanderungen hervorgehenden zusätzlichen Arbeitskräfte müssen mit Wohnraum versorgt werden. Somit bilden bereits in grosser Zahl vorhandene Wohnungen einen Standortvorteil für Unternehmungen, die eher personalintensiv sind. Etwas anders präsentiert sich das Verhältnis zwischen Wohnung und Arbeitsplatz bei den meisten Selbständigerwerbenden, insbesondere bei den Landwirten. Hier ist in der Regel die Wohnungsselbstversorgung anzutreffen, indem die Wohnung einen untrennbaren Bestandteil der landwirtschaftlichen Gebäude bildet. Die Wohnungen entstehen also gleichzeitig mit den Arbeitsplätzen, so dass allfällige Interventionen im Wohnungssektor nicht in erster Linie auf die Vermehrung der Wohnungen, sondern vor allem auf die Instandsetzung und Modernisierung der bestehenden Wohnbauten abzielen müssen.

232 Regionalpolitisch bedeutsame Wirkungen des Wohnungssektors

Fischer unterteilt die Effekte von Infrastrukturinvestitionen einerseits in solche der Erstellungsphase, anderseits in solche der Nutzungsphase (78). Im Bereich des Wohnungswesens lassen sich demzufolge während der Erstellung die folgenden drei Wirkungen beobachten:
Der Einsatz von Subventionen in der Wohnungsmarktpolitik zeitigt finanzpolitische Effekte, die in den Dienst der Regionalpolitik gestellt werden können. Es ist denkbar, dass die Subventionierung eine regionale Umverteilungswirkung zur Folge hat, indem eine wirtschaftlich schwache Region im Vergleich zur Durchschnittsregion die Subventionen in stärkerem Mass auszulösen vermag und/oder weniger an öffentlichen Mitteln beizusteuern hat. Die Erstellung von Wohnbauten braucht Boden, der einer anderen Nutzung während längerer Dauer entzogen wird. Dieser Bodennutzungseffekt ist regionalpolitisch von einiger Bedeutung in dem Sinn, als die Grundrente infolge der sehr differenzierten Nachfrage nach Boden regional verschieden hoch ausfällt. Ein hoher Preis der Bodennutzung wird den Wohnungsbau reduzieren, da andere Nutzungsarten höhere Erträge abwerfen. Es lässt sich deshalb sagen, dass die unterschiedlichen Grundrenten ebenfalls verschiedene Wohnformen implizieren, die ihrerseits die regionale Verteilung der Bevölkerung wieder beeinflussen. Durch den Wohnungsbau entstehen Einkommen, die infolge von Multiplikatorwirkungen insgesamt mehr als die autonome Aus-

---

77) Vgl. Jochimsen, R., a.a.O., S. 107.
78) Fischer, G., Regionalforschung, a.a.O., S. 242 f.

gabenerhöhung zunehmen können. Entscheidend für die Stärke dieses Einkommenseffektes wird sein, dass die Ausgaben in der Region getätigt werden (79). In einem ersten Schritt zur Bestimmung des Einkommenseffekts von Investitionen im Wohnungswesen müssten die Baukosten in die verschiedenen Baukostengruppen gegliedert werden, da der jeweilige Regionsaussenhandelsanteil verschieden hoch ist.

Während der Nutzungsphase lassen sich insbesondere Anreizeffekte feststellen, weil Investitionen im Wohnungswesen die potentielle Anziehungskraft einer Region für private Haushalte verändern. Es ist bereits gezeigt worden, dass das Wohnen zu den grundlegenden Bedürfnissen der Gesellschaft gehört. Die Gunst oder Ungunst des Wohnens, das in starkem Masse die Lebenssituation eines Individuums beeinflusst, muss somit für die Wohnsitzwahl von grosser Bedeutung sein (80). Aus diesem Grunde beginnen praktische Versuche, die Wohnsitzfaktoren aufzulisten, regelmässig mit dem Faktor Wohnung (81).

Es sei an dieser Stelle darauf hingewiesen, dass aus regionalpolitischer Sicht insbesondere die vom Wohnungswesen ausgehenden Anreizeffekte interessieren. So enthält das unter Ziffer 343 darzulegende Wohnungskonzept hauptsächlich Massnahmen, welche die Wohnverhältnisse einer Region attraktiver machen.

233 Die Bedeutung der Wohnung für die Wohnsitzwahl im Lichte empirischer Untersuchungen

Im folgenden sollen die bisherigen Ausführungen über die regionalpolitische Relevanz des Wohnungswesens mit den Ergebnissen empirischer Untersuchungen konfrontiert werden. Während zwar einzelne Studien dem Faktor Wohnung bei der Wohnsitzwahl im allgemeinen eine ziemlich grosse Bedeutung beimessen, lassen Untersuchungen in wirtschaftlichen Randregionen darauf schliessen, dass die Wohnung beim Abwanderungsentscheid selten eine ausschlaggebende Rolle spielt.

Die Studienkommission für Preis-, Kosten- und Strukturfragen kommt zum Schluss, dass "die Möglichkeit, eine den persönlichen

---

79) Das entsprechende analytische Instrumentarium findet sich bei Jansen, P.G., a.a.O., S. 50 ff.
80) Einige generelle Ausführungen dazu finden sich bei Nydegger, A., Notstand Wohnen?, in: Bauen, Wohnen, Leben. St. Gallen 1974, S. 4.
81) So etwa Studienkommission für Preis-, Kosten- und Strukturfragen, Studien zur Regionalpolitik, Bericht zuhanden des Eidg. Volkswirtschaftsdepartements, Bern 1972, S. 26; Schröder, D., Strukturwandel, Standortwahl und regionales Wachstum (Prognos Studien 3), Stuttgart 1968, S. 116.

Vorstellungen entsprechende Wohnung zu einem vernünftigen Preis zu finden" im allgemeinen bei der Wohnsitzwahl sehr wichtig taxiert wird (82). Die auf einer Umfrage bei Personalchefs verschiedener Unternehmungen beruhende Untersuchung zählt als Vorteil der Agglomerationen im Bereich der Wohnung das grössere Auswahlspektrum auf, während in regionalen Zentren und auf dem Lande Vorteile in bezug auf die Wohnlage (Sonnlage, Ruhe), die tieferen Mietzinse und das noch eher realisierbare Eigenheim bestehen. Eine Studie über das Wanderungsverhalten in der Bundesrepublik Deutschland beziffert die wohnungsorientierten Motive auf ein Drittel aller Wanderungsbeweggründe (83). Je ein weiteres Drittel entfallen auf persönliche und berufliche Motive; dagegen scheinen Schulen und Freizeitanlagen eine geringere Rolle zu spielen. Für den Bereich der kleinräumigen Wanderungen wird der Wohnung also eine noch grössere Bedeutung beigemessen.

Zu andern Ergebnissen bezüglich der regionalpolitischen Bedeutung des Wohnens kommt Müller-Neuhof, der die Abwanderungsmotive im nordhessischen Zonenrandgebiet untersucht (84). Nur ein sehr geringer Prozentsatz der Abgewanderten nennt als Ursache der Abwanderung das Fehlen einer ausreichenden Wohnung. Dagegen wandern viele ab, weil sie keinen geeigneten Arbeitsplatz gefunden oder zu wenig verdient haben. Auch Leuenberger kommt zum Schluss, dass dem Faktor Wohnung als isoliertes Instrument zur Bindung der Bevölkerung im ländlichen Raum nicht entscheidende Bedeutung zukommen dürfte (85). Wenn die Wohnverhältnisse komparativ aber besonders ungünstig ausfallen, so können sie in Verbindung mit andern unvorteilhaften Wohnortfaktoren ins Gewicht fallen. Zu ähnlichen Ergebnissen kommen auch Bridel und

---

82) Studienkommission für Preis-, Kosten- und Strukturfragen, a.a.O., S. 86.

83) Vgl. Wieting, R.G./Hübschle, J., Struktur und Motive der Wanderungsbewegungen in der Bundesrepublik Deutschland (unter besonderer Berücksichtigung der kleinräumigen Mobilität), Untersuchung der Prognos AG im Auftrag des Bundesministers des Innern, Basel 1968, S. 91 passim.

84) Vgl. Müller-Neuhof, H., Ausmass, Ursachen und Auswirkungen der Abwanderung von Arbeitskräften aus dem nordhessischen Zonenrandgebiet. Möglichkeiten und Grenzen regionalstatistischer Analysen, Diss. Marburg 1969 (gedr. Clausthal-Zellerfeld 1970), S. 101 ff.

85) Vgl. Leuenberger, A.W., Die Region Oberes Emmental. Oekonomische Grundlagen für Regionalpolitik und Regionalplanung, Diss. Bern 1972 (gedr. Bern 1972), S. 121.

Hornung/Tanner (86). Sowohl im Schwarzenburgerland als auch im Oberen Emmental fehlen zwar vielfach geeignete Arbeitsplätze; dazu kommt aber ein ausgesprochener Mangel an Wohnungen, der Jungverheirateten und potentiellen Zuzügern keine andere Wahl lässt, als sich in den Agglomerationsgemeinden niederzulassen, obwohl ein tägliches Auspendeln an den Arbeitsplatz im nächsten Zentrum durchaus innerhalb zumutbarer Anmarschzeiten möglich wäre.

24 Ausgangshypothesen für den empirischen Teil

Bevor der empirische Teil in Angriff genommen werden kann, ist eine methodische Standortbestimmung für das weitere Vorgehen erforderlich. Der in der Erarbeitung eines Wohnungskonzepts - insbesondere für die Region Oestliches Berner Oberland - bestehende konkrete Auftrag enthält als anspruchsvollstes Element die Prognostizierung des zukünftigen **Wohnungsbedarfs.** In Anlehnung an Atteslander "haben wir es bei der Prognose mit der Voraussage von Konsequenzen zu tun, die sich aus bestimmten Situationen in der Zukunft ergeben. Dies ist nur möglich, wenn wir die entsprechende Theorie und die Situationsbedingungen kennen" (87). Nebst einer Bestandesaufnahme der Lagebedingungen müssen Hypothesen über das Wohnungswesen im Dienste der Regionalpolitik gebildet werden. Eine solche "Theorie" gestattet zusammen mit der Lageanalyse fundierte Voraussagen, die je nach dem Einsatz der zur Verfügung stehenden Eingriffsmöglichkeiten variieren können. Die Wahl der Massnahmen wird davon abhängen, welche der prognostizierten künftigen Situationen am ehesten den wirtschaftspolitischen Zielvorstellungen entspricht.

Die im folgenden kurz zu skizzierenden Hypothesen sind also ein unerlässlicher Bestandteil der praktischen Konzeptarbeiten. Die thesenartig formulierten Aussagen stellen teils eine Zusammenfassung bisheriger Ausführungen dar, teils gehen sie auf

---

86) Vgl. Bridel, B., Probleme der Infrastrukturversorgung. Empirische Untersuchung über die infrastrukturelle Versorgungslage der Planungsregion Schwarzwasser BE, Seminararbeit an der Rechts- und wirtschaftswissenschaftlichen Fakultät der Universität Bern (vervielfältigt), Bern 1972; Hornung D./Tanner, E., Bestrebungen zur Verbesserung der Wohnverhältnisse im Oberen Emmental. Analyse der getroffenen Massnahmen und der einwirkenden Träger. Schriftliche Arbeit an der Rechts- und wirtschaftswissenschaftlichen Fakultät der Universität Bern (vervielfältigt), Bern 1973.
87) Atteslander, P., Methoden der empirischen Sozialforschung (Sammlung Göschen, Bd. 4229), 2. Aufl., Berlin/New York 1971, S. 46 (Hervorhebung im Original).

Angelini und Duwendag zurück (88). Sie lassen sich unterteilen in generelle Thesen über das Wohnungswesen und in solche über dessen regionalpolitische Wirkungen.

Bezüglich des Wohnungswesens im allgemeinen stehen die folgenden Hypothesen im Vordergrund:

- Wohnen ist ein Existenzbedürfnis. Ein Mindestbedarf an Wohnungen besteht unabhängig von Einkommen und Preisen.

- Die Nachfrage nach Wohnungen ist von der Bevölkerungszahl, den Einkommen, den Wohnungspreisen und den Preisen der übrigen Güter abhängig.

- Das Angebot an Wohnungen ist langfristig eine Funktion der Nachfrageentwicklung.

- Die Wohnverhältnisse, das heisst die Art und Weise der Befriedigung des Wohnbedürfnisses, sind unter sonst gleichen Voraussetzungen vom Einkommen abhängig.

- Der Wohnungsbedarf im Sinne einer Standardversorgung liegt höher als die effektive Wohnungsnachfrage.

- Es ist Aufgabe der Wohnungspolitik, auf das Ziel einer politisch definierten Wohnungsbedarfsversorgung hinzuwirken.

- Das Bedürfnis nach Zweitwohnungen ist an sich weniger dringlich als das Bedürfnis nach Erstwohnungen. Der Wunsch, über eine Zweitwohnung zu verfügen, wird aber infolge längerer Freizeit, grösserer Mobilität und vermehrtem Ruhe- und Erholungsbedürfnis immer dringlicher.

In regionalpolitischer Hinsicht haben diese Grundannahmen folgende Konsequenzen:

- Der Einkommensrückstand in den wirtschaftlichen Randregionen bewirkt eine unterdurchschnittliche Wohnungsversorgung. Die qualitative Unterversorgung wird sich erst mit der Angleichung der Einkommensverhältnisse verbessern.

- Der im Vergleich zu den Ballungsgebieten geringere Nachfragedruck nach Boden und Wohnraum hat zur Folge, dass die Wohnungskosten in den Randgebieten tiefer liegen. Die bestehenden Kostenvorteile im Wohnungswesen heben die Attraktivität nur geringfügig, da die Wohnsitzgunst bezüglich der übrigen Existenzverhältnisse nicht befriedigen kann.

---

88) Für die Thesen über das Wohnungswesen im allgemeinen vgl. insbesondere Angelini, T., a.a.O., S. 5 ff.; Duwendag, D., a.a.O., S. 17 ff.

- Das freimarktliche Angebot an Erstwohnungen bleibt in den wirtschaftlichen Randregionen bescheiden. Die Wohnungsselbstversorgung nimmt dort einen so wichtigen Platz ein, dass die Wohnungsproduktion von dritter Seite vielfach uninteressant und riskant erscheint.

- Der künftige Wohnungsbedarf und -erneuerungsbedarf bestimmt sich nach den wohnungsmarktpolitischen Zielvorstellungen. Soziokulturelle Gegebenheiten wie die Tatsache der grösseren Naturverbundenheit der Bewohner wirtschaftlicher Randregionen rechtfertigen zum Teil etwas weniger anspruchsvolle Zielsetzungen als in den Agglomerationen.

- Die grössere Nachfrageintensität nach Wohnungen und das höhere Anspruchsniveau hinsichtlich der Wohnungsqualität in den Agglomerationen können zu einer überdurchschnittlich starken Beanspruchung der Wohnbaumassnahmen durch die Ballungsgebiete führen. Das Wohnungswesen muss deshalb vermehrt in den Dienst der Regionalpolitik gestellt werden.

- Die Nachfrage nach Zweitwohnungen wird weiter zunehmen; damit besteht die Tendenz, dass Erstwohnungen in Zweitwohnungen umgewandelt werden. Der sich in den wirtschaftlichen Randregionen ausweitende Zweitwohnungsmarkt hat über die steigenden Wohnkosten Rückwirkungen auf die einheimische Bevölkerung.

- Das Wohnungswesen kann einen Beitrag an die Stabilisierung der Wohnbevölkerung in den wirtschaftlichen Randgebieten leisten, wenn es gelingt, potentiellen Zuzügern Wohnungen anzubieten und die Wohnungen der Ortsansässigen in qualitativer Hinsicht zu verbessern, so dass die Wohnsituation den Vergleich mit den Agglomerationen aushält. Eine alleinige Förderung des Wohnungswesens verspricht aber keine nachhaltigen Entwicklungsimpulse, denn nur eine gesamtwirtschaftliche Förderungs- und Entwicklungspolitik kann erfolgreich sein.

Die Ausgangshypothesen verkörpern gleichsam den Orientierungsrahmen für die nun folgenden Untersuchungen am schweizerischen Beispiel. Mit Hilfe des eben skizzierten Problemrasters soll das Wohnungswesen in den wirtschaftlichen Randregionen auf seine regionalpolitische Relevanz hin analysiert werden. Die angeführten Thesen bilden somit die Voraussetzungen, unter denen ein Wohnungskonzept für die Bergregionen zu erarbeiten ist.

3 BEZUGSRAHMEN UND GRUNDLAGEN ZU EINEM WOHNUNGSKONZEPT FÜR WIRTSCHAFTLICHE RANDREGIONEN

Dieses Kapitel bezweckt eine übersichtsmässige Darstellung der in der schweizerischen Regional- und Wohnbaupolitik vorhandenen Bezugspunkte zu einem Wohnungskonzept für wirtschaftliche Randregionen. Zuerst werden Wohnungskonzepte in den grösseren Rahmen der gesamtwirtschaftlichen Entwicklungsbestrebungen des Bundes für das Berggebiet und der daraus hervorgehenden regionalen Entwicklungskonzepte zu stellen sein. In einem nächsten Schritt folgt eine Würdigung der wohnbaupolitischen Massnahmen aus regionalpolitischer Sicht. Schliesslich wird ein generelles Wohnungskonzept in seinen Komponenten dargelegt. Die diesbezüglichen Ziele und die weiteren Verfahrensschritte sind derart auszugestalten, dass sie einen optimalen Beitrag zur Verbesserung der Lebensbedingungen in den wirtschaftlichen Randgebieten leisten.

31 Das gesamtwirtschaftliche Entwicklungskonzept für das Berggebiet als Ausgangspunkt

Die gesamtwirtschaftliche Förderung des Berggebietes durch den Bund ist bereits im instrumentalen Ueberblick unter Ziffer 214 als wichtiger Entfaltungsbereich zur regionalen Angleichung der Lebensbedingungen erwähnt worden. Im Wissen darum, dass von dieser gesamtwirtschaftlichen Entwicklungskonzeption letztlich der Anstoss zu der vorliegenden Studie ausgegangen ist, sollen im folgenden kurz deren Entstehung, Wesen und Grundsätze nachgezeichnet werden.

311 Werdegang des gesamtwirtschaftlichen Entwicklungskonzepts

Die Schaffung des gesamtwirtschaftlichen Entwicklungskonzepts für das Berggebiet wurde durch die Motion Brosi/Danioth im Jahr 1966 eingeleitet. Der Vorstoss hielt zwar fest, dass die öffentliche Hand schon Wesentliches zur Erhaltung und Förderung der Bergbevölkerung geleistet habe, doch halte leider die starke Abwanderung unvermindert an. Der Bundesrat wurde eingeladen, "die Gesamtkonzeption des Bundes über die Entwicklungsförderung in diesen Gebieten darzulegen" und dahin zu wirken, "dass bei der Anwendung der bestehenden Gesetze und Verordnungen in verstärktem Masse der Grundsatz der gesamtwirtschaftlichen Förderung beachtet wird" (1). Die von 83 Mitunterzeichnern unterstützte Motion wurde in beiden Räten oppositionslos erheblich erklärt und vom Bundesrat angenommen. In seiner Antwort anerkannte Bundesrat Schaffner die Berggebietshilfe in Gegenden mit grosser Abwanderung als "langfristige Aufgabe mit staatspolitischen Aspekten" (2). In der Folge wurde die Behandlung dieses Vorstosses verwaltungsintern dem Delegierten für Konjunkturfragen anvertraut. Die aus dem Auftrag hervorgegangenen Studien von Flückiger (3) und von Planta/Müller (4) hatten einerseits die Lage in den Berggebieten festzustellen und die Wirksamkeit der bis 1967 zugunsten der Bergbevölkerung getroffenen Massnahmen zu prüfen, anderseits sollte insbesondere der erstgenannte Bericht Vorschläge für eine allfällige Neufassung der Massnahmen im Rahmen eines gesamtwirtschaftlichen Entwicklungskonzepts enthalten. Bei der in jener Expertise entworfenen Förderungskonzeption handelte es sich um ein Rahmenkonzept, in das die einzelnen Bereiche der Wirtschaftspolitik erst noch einzugliedern waren. Im Bericht zuhanden des Bundesrates stimmte indessen der Delegierte für Konjunkturfragen den meisten Anregungen der Expertise zu und ergänzte diese durch Vorschläge über das weitere Vorgehen (5). Der Bundesrat verabschiedete in seiner Sitzung vom 5. Mai 1971 den Bericht und gab damit grünes Licht für die nachstehend skizzierte Entwicklungskonzeption.

312 Ueberblick über die massnahmenbezogenen Pfeiler des gesamtwirtschaftlichen Entwicklungskonzepts

Das gesamtwirtschaftliche Entwicklungskonzept gliedert sich - wie Schaubild 7 zeigt - in zahlreiche Einzelmassnahmen, die sich aber insgesamt in einem synergetischen Verhältnis zueinander befinden. Die hinter den verschiedenen Massnahmen stehenden Erlasse sollen einzeln in Kraft treten. Da kein verbindlicher Zeitplan über die Verabschiedung aufgestellt worden ist, wird

---

1) Uebersicht über die Verhandlungen der Bundesversammlung, Frühjahrssession 1967, S. 16 f.
2) Unveröffentlichte Antwort des Bundesrates auf die Motion Brosi/Danioth.
3) Flückiger, H., Gesamtwirtschaftliches Entwicklungskonzept für das Berggebiet, Bern 1970.
4) von Planta, P./Müller, K., Die Förderung wirtschaftlich bedrohter Bergregionen durch eine aktive Entwicklungspolitik (Veröffentlichungen des Seminars für Agrarpolitik und Agrarrecht an der Hochschule St. Gallen für Wirtschafts- und Sozialwissenschaften, Bd. 6), Winterthur 1971.
5) Vgl. Eidg. Volkswirtschaftsdepartement, Gesamtwirtschaftliches Entwicklungskonzept für das Berggebiet. Würdigung der Expertise und Vorschläge zum weiteren Vorgehen (vervielfältigt), Bern 1971 (im folgenden zitiert als: Gesamtwirtschaftliches Entwicklungskonzept für das Berggebiet).

Schaubild 7: Das gesamtwirtschaftliche Entwicklungskonzept des Bundes für das Berggebiet
(ausgelöst durch die Motion Brosi/Danioth und gemäss BRB vom 5.5.1971)

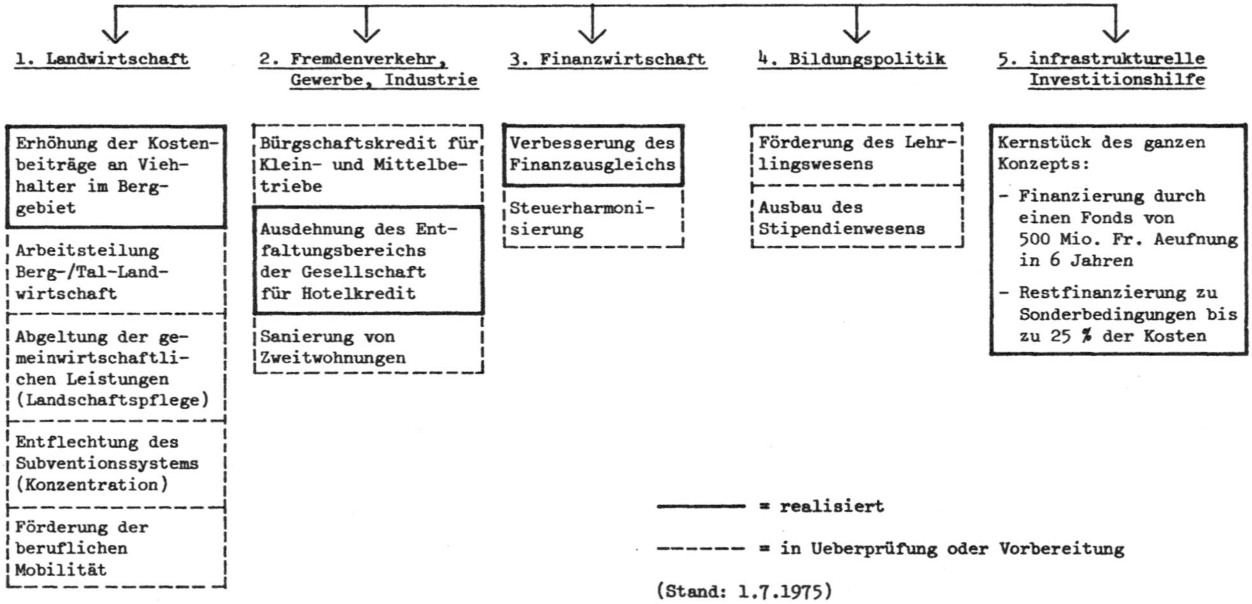

sich die volle Realisierung der anvisierten Massnahmen über eine längere Zeitdauer erstrecken. In Anbetracht der Tatsache, dass das Entwicklungskonzept schon verschiedentlich beschrieben und gewürdigt worden ist (6), sollen im folgenden nur zwei ausgewählte Bereiche, die für die vorliegende Studie von besonderer Bedeutung sind, näher charakterisiert werden.

Auf dem Gebiet des Wohnungswesens soll das gesamtwirtschaftliche Entwicklungskonzept die Sanierung von Zweitwohnungen mit Bundesmitteln bringen. Die damit bezweckte Vermietung solcher Wohnungen brächte einkommensschwächeren Familien ein willkommenes, längerfristig fliessendes Nebeneinkommen. Wie Schaubild 7 zeigt, sind die entsprechenden gesetzlichen Grundlagen immer noch im Stadium der Ueberprüfung und Vorbereitung. Ein diesbezüglicher parlamentarischer Vorstoss (7) wurde im Juni 1973 vom Bundesrat nur noch in der recht unverbindlichen Form eines Postulats entgegengenommen. Der bundesrätliche Sprecher führte wörtlich aus: "Die Verwirklichung dieses Begehrens, dem wir durchaus mit Sympathie und positiv gegenüberstehen, hängt natürlich von der Finanzlage und den finanziellen Möglichkeiten des Bundes ab. Es handelt sich hier um eine neue Aufgabe, und neue Aufgaben des Bundes können ja offenbar in Zukunft weniger leicht als bisher einfach isoliert beschlossen werden; sie sind im Rahmen der mittel- und längerfristigen Finanzplanung einzustufen. Es gilt, Prioritäten zu schaffen" (8). An diesem Beispiel wird ersichtlich, wie die gegenwärtige Finanzknappheit des Bundes die Realisierung einzelner Programmpunkte des gesamtwirtschaftlichen Entwicklungskonzepts verzögert. Das mit der Sanierung von Zweitwohnungen angestrebte Ziel, nämlich die Erhaltung des Wohnraums in Händen der Regionsbevölkerung, kann nur dann erreicht werden, wenn rasch entsprechende Massnahmen getroffen werden (9). Die

---

6) Vgl. insb. Stocker, P., Studie über die Wiederbelebung der Wirtschaft in den Berg-, Hügel- und Problemgebieten, in: 25. Generalversammlung der CEA. Berichte der Plenarversammlung und der Kommissionen (Veröffentlichungen der CEA, H. 47), Brugg 1973, S. 30 ff. (Im folgenden zitiert als: Stocker, P., CEA-Bericht); Botschaft des Bundesrates über Investitionshilfe für Berggebiete, a.a.O., S. 1596 ff.

7) Vgl. Motion Tschumi/Leu über die Wohnungssanierung im Berggebiet, in: Uebersicht über die Verhandlungen der Bundesversammlung, Frühjahrssession 1973, S. 38 und S. 46.

8) Amtliches Bulletin der Bundesversammlung. Nationalrat, Sommersession 1973, S. 426.

9) Gemäss den Richtlinien der Regierungspolitik in der Legislaturperiode 1975 - 1979 wird der Bundesrat den eigenössischen Räten 1976 den Entwurf zu einem Bundesgesetz über Kredithilfe an Ferienwohnungen im Berggebiet vorlegen; vgl. Bericht des Bundesrates über die Richtlinien der Regierungspolitik in der Legislaturperiode 1975 - 1979 (vom 28. Januar 1976), in: Bundesblatt, 128. Jg. (1976), Bd. I, S. 504.

Nachfrage nach Zweitwohnungen ist zurzeit so gross, dass sich nicht wenige finanzschwächere Regionsbewohner zum Verkauf des bäuerlichen Ferienwohnungsbestandes entschliessen, solange die öffentliche Hand nur die Erneuerung der von der Bergbevölkerung selber bewohnten Wohnungen unterstützt. Der wichtigste Pfeiler der regionalen Wirtschaftsförderung im Berggebiet ist die Infrastrukturpolitik. Die geringe Investitionskraft der wirtschaftlichen Randregionen hat eine infrastrukturelle Unterversorgung zur Folge. Obwohl Bund und Kantone bereits vor dem Inkrafttreten des Investitionshilfegesetzes zum Teil recht hohe Beiträge an Infrastrukturprojekte ausgerichtet hatten, bereitete die Restfinanzierung vielen Gemeinden fast unüberwindbare Schwierigkeiten. Diese Finanzierungslücke vermag die Investitionshilfe für Berggebiete nun zu schliessen, indem für die Restfinanzierung Kredite zu Sonderbedingungen bezüglich Amortisation und Verzinsung gewährt werden. Der mittels der neuen Investitionshilfe vorangetriebene Ausbau der Infrastruktur dient der Verbesserung der Standortattraktivität; insbesondere werden Investitionen auf den Gebieten der Verkehrserschliessung, der Versorgung und Entsorgung, der schulischen und beruflichen Ausbildung sowie der Erholung, des Gesundheitswesens, der Kultur und des Sports gefördert (10).

Die beiden Beispiele "Sanierung von Zweitwohnungen" und "Investitionshilfe" aus den recht zahlreichen Vorkehren zugunsten des Berggebietes mögen zeigen, dass alle Massnahmen letztlich die Verbesserung der Lebensverhältnisse in den Bergregionen bezwecken, damit eine weitere Entvölkerung der entsprechenden Gegenden unterbleibt.

313 Grundsätze der Berggebietsförderung

Grundsätze können als Anweisungen dafür gelten, wie das Handlungsermessen im Sinne der Ziele zu handhaben ist (11). Hinsichtlich der Berggebietsförderung legen sie somit einerseits den Entscheidungsspielraum der zu ergreifenden Massnahmen fest, anderseits bestimmen sie auch die Förderungsmethode. Es wird also in der jetzigen Phase der Hilfe an das Berggebiet der Versuch unternommen, von punktuellen Eingriffen früherer Aktionen zu einer konzeptionellen, im Hinblick auf die Zielerreichung optimalen Förderungspolitik überzugehen. Im folgen-

---

10) Vgl. Bundesgesetz über Investitionshilfe für Berggebiete (vom 4. Juli 1974), Art. 3.
11) Vgl. Raumplanung Schweiz. Hauptbericht, a.a.O., S. 30.

den seien die einzelnen Grundsätze kurz erläutert (12):

- Regionalisierung der Förderungspolitik

  Die bis anhin durchgeführten Lageuntersuchungen zeigen, dass Bergkantone in der Regel nicht als Ganzes förderungsbedürftig sind, sondern dass einzelne Regionen besonders stark unter der Entvölkerung und einem Entwicklungsrückstand leiden. Die postulierte Regionalisierung der Förderungspolitik ermöglicht eine bessere Berücksichtigung der spezifischen regionalen Besonderheiten und Entwicklungsvoraussetzungen. Somit wird die jeder globalen Politik inhärente Gefahr, alle Gebiete über den gleichen Leisten zu schlagen, gemildert.

- Gesamtwirtschaftliche Förderung

  Bis in die siebziger Jahre hinein waren die öffentlichen Massnahmen grösstenteils auf die Stützung der Landwirtschaft ausgerichtet. Obwohl die Berglandwirtschaft vielerorts immer noch den tragenden Wirtschaftszweig verkörpert, hat sich doch ihre relative Bedeutung verringert. Der Rückgang der Alpwirtschaft und die Aufgabe von Grenzböden zeigen mit aller Deutlichkeit (13), dass das Berggebiet zusätzlicher Beschäftigungsmöglichkeiten bedarf, wenn es nicht weiterhin Bevölkerung verlieren will. Zudem spielt bei der Extensivierung der Landwirtschaft der Nebenerwerb eine immer grössere Rolle. Die Würdigung dieser Sachverhalte führt zum Schluss, dass die landwirtschaftlichen, sozialen und gesellschaftspolitischen Probleme des Berggebietes nur mit der Förderung sämtlicher Wirtschaftszweige gelöst werden können.

- Wirtschaftlichkeit

  Bei diesem Grundsatz geht es um die Verwirklichung des ökonomischen Prinzips im Bereiche der Berggebietsförderung. Da die öffentlichen Mittel nur sehr beschränkt für diesen Zweck zur Verfügung stehen, soll damit eine möglichst nachhaltige Förderung erreicht werden. Das dürfte dann der Fall sein, wenn der Schwerpunkt der Förderungsanstrengungen in jenen Bereichen liegt, deren Entwicklungsvoraussetzungen und Zukunftsaussichten vergleichsweise gut erscheinen. Auch interregional

---

12) Die Grundsätze der Berggebietskonzeption finden sich erstmals in der Expertise Flückiger (a.a.O., hier insb. S. 342 ff.) und im anschliessenden Bericht des Eidgenössischen Volkswirtschaftsdepartementes an den Bundesrat (Gesamtwirtschaftliches Entwicklungskonzept für das Berggebiet, a.a.O., S. 2 f.); ebenso enthält die Botschaft zum Investitionshilfegesetz (a.a.O., S. 1594 ff.) eine recht eingehende Darstellung der Grundsätze und der diesbezüglichen Stellungnahmen im Vernehmlassungsverfahren.
13) Vgl. Surber, B./Amiet, R./Kobert, H., a.a.O., S. 19 passim.

sind die sogenannten komparativen Kostenvorteile zu nutzen, indem jede Region insbesondere die entwicklungsfähigsten Produktions- bzw. Erwerbszweige ausbaut.

- Konzentration des Aufwandes bei breiter Streuung des Nutzens

  In bewusster Abkehr von der bis anhin geltenden Subventionspraxis sollen die begrenzt zur Verfügung stehenden Mittel möglichst konzentriert eingesetzt werden. Es besteht die Absicht, die Förderung vor allem jenen Ortschaften zukommen zu lassen, welche als Regionszentren ein gewisses Einzugsgebiet haben, damit die in sogenannte zentrale Einrichtungen (14) zu investierenden Mittel möglichst vielen Regionsbewohnern zugute kommen können. Wie bereits unter Ziffer 212 erwähnt, geniesst der Grundsatz der dezentralisierten Konzentration allgemeine Anerkennung, und die entsprechende rechtliche Verankerung hätte übrigens auch im Raumplanungsgesetz erfolgen sollen. Mit der Investitionshilfe für Berggebiete wird ein weiterer Schritt in dieser Richtung getan.

Die eben charakterisierten Grundsätze sind als bewusste Abkehr vom bisher im Subventionswesen vielfach gehandhabten "Giesskannenprinzip" zu werten. Die Rationalisierung der Berggebietsförderung, d.h. die Befolgung der genannten Prinzipien, führt zu regionalen Entwicklungskonzepten, die im folgenden dargelegt seien.

32 Regionale Entwicklungskonzepte als Erfordernis der Berggebietsförderung

Die offizielle Gutheissung des gesamtwirtschaftlichen Entwicklungskonzepts und der eben erwähnten Grundsätze im Mai 1971 erforderte entsprechende Vorkehren auf regionaler Ebene. Man stand vor der Aufgabe, die aufgezeigten Grundsätze in praktikable Richtlinien für die Regionen umzusetzen. Regionale Entwicklungskonzepte sind somit das folgerichtige Resultat der neuen Förderungskonzeption.

321 Vom Wesen regionaler Entwicklungskonzepte

Unter einem regionalen Entwicklungskonzept versteht man ein in sich geschlossenes, die wesentlichsten Interventionsbereiche überdeckendes System von Zielvorstellungen und zu deren Ver-

---

14) Darunter sind "Einrichtungen für die Versorgung der Bevölkerung eines gewissen Einzugsgebietes mit wirtschaftlichen, sozialen, kulturellen und verwaltungsmässigen Leistungen" zu verstehen. (Institut für Orts-, Regional- und Landesplanung, Landesplanerische Leitbilder, Bd. III, a.a.O., S. 17 f.).

wirklichung geeigneten Massnahmen (15). Gestützt auf die Lageanalyse müssen die Regionen zur Kenntnis nehmen, was sie zu werden im Begriffe stehen und was sie werden können; im Entwicklungskonzept ist zu fixieren, was sie werden wollen (16). Die direkt betroffene Bevölkerung kann also in einem ersten Schritt selber entscheiden, wie die Entwicklung vor sich gehen soll. Massgebende Grundlagen sind einerseits die aus der Lageanalyse gewonnenen Potentiale, anderseits die Rahmenbedingungen, die sich aus den übergeordneten Zielen und Leitbildern des Bundes und der Kantone ableiten lassen. Schaubild 8 zeigt die Entfaltungsbereiche eines regionalen Entwicklungskonzepts, welches mehrere aufeinander abgestimmte Sachgebiete umfasst. Es ist im Prinzip unwesentlich, mit welchem der obgenannten Teilkonzepte bei der Gesamtkonzepterarbeitung und -realisierung begonnen wird. Jedenfalls verlangt die gegenseitige Verträglichkeit (Konsistenz), dass in den einzelnen Bereichen die Ziele und Massnahmen nicht unabhängig voneinander geplant und realisiert werden dürfen. Ein festgelegtes Bevölkerungsziel setzt beispielsweise ganz bestimmte Einkommensverhältnisse, ein entsprechendes Arbeitsplatzangebot und einen Versorgungsstandard mit Infrastruktureinrichtungen, Konsummöglichkeiten und Wohnraum voraus. Regionale Entwicklungskonzepte sind zudem im Sinne einer rollenden Planung periodisch zu überprüfen; das gilt insbesondere für die ihnen zugrundeliegenden Prognosen. Obwohl jeder Aussage über die Zukunft eine gewisse Unsicherheit innewohnt, stellen die aus einem konsistenten Ziel-Massnahmen-System bestehenden Entwicklungskonzepte im Vergleich zur bisherigen ad-hoc-Politik einen grossen Fortschritt dar.

322 Regionale Entwicklungskonzepte aus der Sicht der Berggebietsförderung

Die regionalen Entwicklungskonzepte im Berggebiet dienen nicht nur als Grundlage für die ordnenden Regionalplanungen, sondern sie sind zugleich eine der unabdingbaren Voraussetzungen für die Erlangung der bundesseitigen Investitionshilfe (17). Daher dürften jene Regionen, die auch die übrigen Voraussetzungen der Bundeshilfe - nämlich die Situierung im Berggebiet, die Förderungsbedürftigkeit sowie die Entwicklungsfähigkeit - erfüllen, die Erarbeitung von Konzepten unverzüglich in Angriff nehmen. Um diese Arbeiten zu kanalisieren und in gewünschte Bahnen zu lenken, musste der Bund im Interesse einer effizienten Förderungspolitik Anforderungen formulieren, denen die Konzepte zum mindesten zu genügen haben. Diese Aufgabe der

---

15) Vgl. Botschaft des Bundesrates über Investitionshilfe für Berggebiete, a.a.O., S. 1615.
16) Vgl. Stocker, P., CEA-Bericht, a.a.O., S. 34.
17) Vgl. Bundesgesetz über Investitionshilfe (vom 4. Juli 1974), Art. 17, Abs. 1.

Schaubild 8: Entfaltungsbereiche eines regionalen Entwicklungskonzepts
(schematische Darstellung)

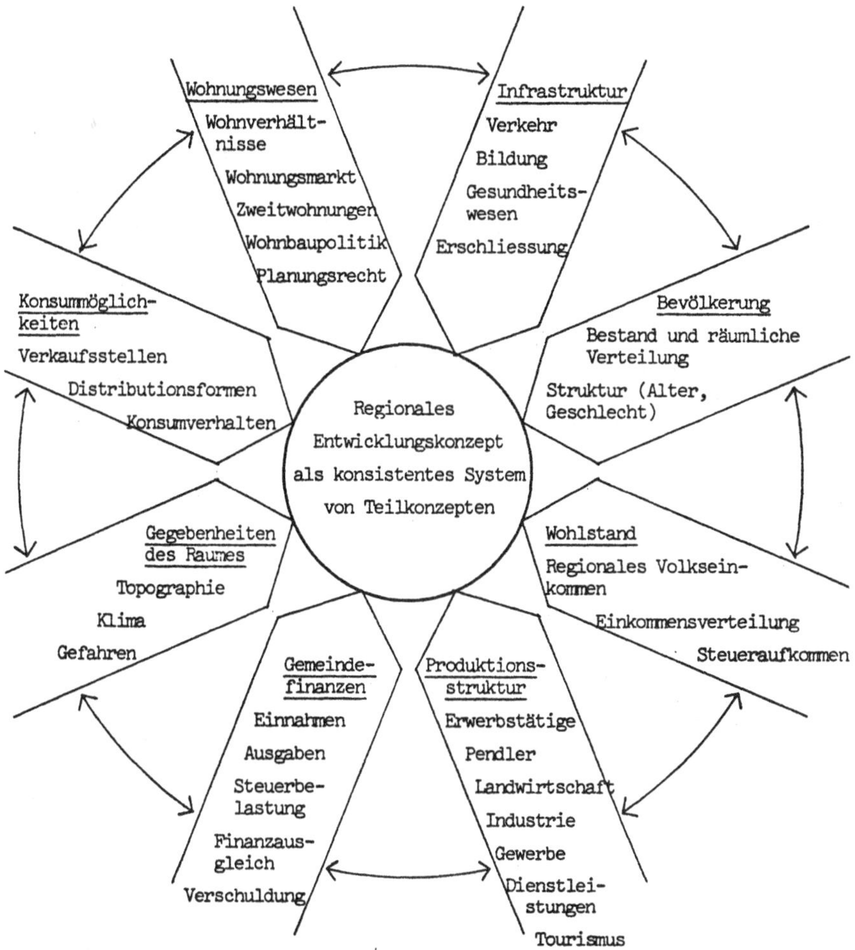

Quelle: nach Planungsverband Jungfrau/Planungsverein Oberer Brienzersee-Haslital, Region Oberland-Ost. Entwicklungsplanung, Bd. 2: Entwicklungskonzept, o.O. 1975, S. 22 (im folgenden zitiert als: Entwicklungsplanung Region Oberland-Ost, Bd. 2).

Konkretisierung der Grundsätze zu praktikablen Richtlinien wurde der Arbeitsgruppe Stocker übertragen, die mit den "Leitlinien zur Berggebietsförderung" (18) ein sogenanntes Handbuch für die kantonalen und regionalen Instanzen schuf. Gleichzeitig mit dem sich an politische Behörden richtenden "Drehbuch" gelangte ein Grundlagenbericht über die Berggebietsförderung zur Publikation (19).

Die Leitlinien lassen sich in vier Teile gliedern, von denen jeder einer Phase der Berggebietsförderung entspricht (20): Vorerst ist der Nachweis zu erbringen, dass das förderungswillige Gebiet die primären Förderungsvoraussetzungen erfüllt; diesen ersten Abklärungen hat die Erarbeitung eines regionalen Entwicklungskonzepts zu folgen; anschliessend müssen Vorkehren getroffen werden, um das Konzept auf allen Stufen in die Raumplanung umzusetzen und um dessen Realisierung insbesondere durch die Integration in die Finanzplanung sicherzustellen; schliesslich sind die Modalitäten und Bedingungen aufzuzeigen, die anlässlich der Einreichung und Behandlung von konkreten Investitionshilfegesuchen zur Anwendung gelangen sollen.

Laut Auskunft der mit dem Vollzug betrauten Zentralstelle für regionale Wirtschaftsförderung können im schweizerischen Berggebiet 45 bis 50 Regionen als entwicklungsfähige Gebiete im Sinne der Leitlinien bezeichnet werden. Darunter befinden sich auch 10 bernische Regionen, deren Entwicklungskonzepte gegenwärtig zum grössten Teil in Ausarbeitung stehen; das Obere Emmental verfügt bereits über ein abgeschlossenes und von Bund und Kanton genehmigtes Konzept (21). Die Arbeiten am Regionalentwicklungskonzept Oestliches Berner Oberland, dessen Teilkonzept Wohnungswesen das Anwendungsbeispiel der vorliegenden Studie verkörpert, sind 1975 bereits weit fortgeschritten.

Wie in Schaubild 8 ersichtlich ist, bildet das Wohnungswesen einen integrierten Bestandteil eines regionalen Entwicklungskonzepts. Das Oestliche Berner Oberland muss - wie jede entwicklungsfähige Grobregion - im Zuge der Fruktifizierung der Investitionshilfe das Bestehen eines Entwicklungskonzepts und mithin auch eines Wohnungskonzepts nachweisen. Wegen dieser

---

18) Arbeitsgruppe Stocker, Leitlinien für die Berggebietsförderung, o.O. (Bern), provisorische Fassung Januar 1973 (im folgenden zitiert als: Arbeitsgruppe Stocker, Leitlinien).
19) Arbeitsgruppe Stocker, Grundlagen zu den Leitlinien für die Berggebietsförderung, Bern 1972 (im folgenden zitiert als: Arbeitsgruppe Stocker, Grundlagen).
20) Vgl. Arbeitsgruppe Stocker, Leitlinien, a.a.O., S. 2.
21) Vgl. Planungsverband Region Oberes Emmental, Entwicklungskonzept, o.O. 1974 (im folgenden zitiert als: Regionales Entwicklungskonzept Oberes Emmental).

generellen Verpflichtung, regionale Wohnungskonzepte auszuarbeiten, sollen im folgenden die wichtigsten wohnbaupolitischen Vorkehren auf Bundesebene dargestellt und aus der Sicht der Berggebietsförderung gewürdigt werden. Mit diesem Vorgehen wird gleichsam eine Uebersicht über die im Wohnungssektor zur Zielverwirklichung verfügbaren Massnahmen erstellt.

33 Wohnbaupolitische Massnahmen aus der Sicht der Berggebietsförderung

Das für das Teilkonzept Wohnungswesen in Betracht fallende Instrumentarium der Wohnbaupolitik ist von der Grundstruktur zum überwiegenden Teil für die Erreichung sozial- und agrarpolitischer Ziele konzipiert worden. Einerseits produziert die öffentliche Hand Wohnungen in eigener Regie, anderseits fördern Bund, Kantone und Gemeinden den privaten Wohnungsbau unter verschiedenen Rechtstiteln. Das gesamtwirtschaftliche Entwicklungskonzept soll überdies bezüglich der Sanierung von Zweitwohnungen eine Ausweitung der bestehenden Massnahmen bringen. Im folgenden werden insbesondere die bundesseitigen Förderungsvorkehren für den privaten Wohnungsbau erörtert (22) und auf ihre regionalpolitische Relevanz hin geprüft.

331 Zu den Wohnbauförderungsaktionen des Bundes von 1942 bis 1974

Die Förderung des Wohnungsbaus durch den Bund setzte - nach einem Unterbruch in den Krisenjahren - im Jahr 1942 in einer Zeit grosser allgemeiner Wohnungsnot wieder ein. Bei diesem wohnbaufördernden Erlass stand die Bekämpfung der Wohnungsnot durch eine rasche Erhöhung des Wohnungsangebotes im Vordergrund. Während der nachfolgenden Förderungsetappen erhielten beschäftigungspolitische und insbesondere sozialpolitische Gesichtspunkte eine grössere Bedeutung. Regionalpolitische Aspekte standen immer etwas im Hintergrund. Sie bestanden hauptsächlich in einer Entlastung der finanzschwachen Kantone durch erhöhte Bundesbeiträge, was gewisse indirekte Finanzausgleichswirkungen zeitigte. Mit Uebersichtstafel 2 wird der

---

22) Eine detaillierte Darlegung der bundesseitigen Wohnbauförderungsmassnahmen findet sich bei Kleps, K., a.a.O., S. 199 ff.; Bommeli, R., Interventionen der öffentlichen Hand, vorab des Bundes, im Wohnungsbau seit 1942, in: Wirtschaft und Recht, 13. Jg. (1961), S. 50 - 63; bezüglich der Wohnungssanierung sei verwiesen auf Schmid, J., Die wirtschaftlichen und sozialen Auswirkungen der Wohnbausanierungen in Berggebieten unter besonderer Berücksichtigung der wirtschaftlichen Struktur- und Entwicklungsprobleme, Diss. Freiburg i.Ue. 1962 (gedr. Zürich 1962).

Uebersichtstafel 2: Wohnbauförderungsaktionen des Bundes 1942 bis 1974

Erlass/Gültigkeitsdauer	Zielsetzungen	Oeffentliche Beihilfen insgesamt	Regionalpolitische Gesichtspunkte
BRB betreffend Massnahmen zur Milderung der Wohnungsnot durch Förderung der Wohnbautätigkeit 16.3.1942 - 31.10.1945	Bekämpfung der Wohnungsnot	Beiträge bis zu 15 % der Baukosten bei durch Private erstellten Wohnbauten Beiträge bis zu 20 % der Baukosten bei durch Gemeinden und Genossenschaften erstellten Wohnbauten	Beitragsmässige Bevorzugung der Stadtrand- und Kleinsiedlungen Beiträge nur in Gemeinden mit grossem Wohnungsnachfrageüberschuss Voraussetzung der Bundeshilfe: bei Beiträgen an Private doppelt so hohe, bei Beiträgen an Gemeinden und Genossenschaften gleich hohe kantonale Leistung
Verfügung Nr. 3 des EMD zur Regelung der Arbeitsbeschaffung in der Kriegskrisenzeit: Förderung der Wohnbautätigkeit (vom 5.10.1945) 1.11.1945 - 31.12.1947	Bekämpfung der Arbeitslosigkeit/Milderung der Wohnungsnot/Ersatz ungesunder Wohnungen/Verminderung der Landflucht	Beiträge bis zu 20 %, im sozialen Wohnungsbau bis zu 30 % der Gesamtbaukosten	Gesichtspunkten der Landes-, Regional- und Ortsplanung ist nach Möglichkeit Rechnung zu tragen Bundeshilfe setzt eine gleich hohe kantonale Leistung voraus
BB über Massnahmen zur Förderung der Wohnbautätigkeit (vom 8.10.1947) 1.1.1948 - 31.12.1949	Bekämpfung der Wohnungsnot/Wohnbauten für kinderreiche oder minderbemittelte Familien/Ersatz ungesunder Wohnungen/Verhinderung der Landflucht	Beiträge bis zu 15 %, bei kinderreichen oder minderbemittelten Familien bis zu 20 % der Wohnbaukosten	Gesichtspunkten der Landes-, Regional- und Ortsplanung ist nach Möglichkeit Rechnung zu tragen Bundeshilfe setzt in der Regel eine doppelt so hohe, ausnahmsweise eine gleich hohe kantonale Leistung voraus
BB über Massnahmen zur Förderung des sozialen Wohnungsbaues (vom 31.1.1958) 1.8.1958 - 31.12.1966	Vermehrung des Angebotes an neuen Wohnungen zu tragbaren Mietzinsen für Familien in bescheidenen finanziellen Verhältnissen	Ausrichtung jährlicher Beiträge an die Kapitalverzinsung bis zu 2 % der für die Erstellung notwendigen Gesamtinvestition/Kapitalbeschaffungshilfe bis zu 30 % der notwendigen Gesamtinvestition	Gesichtspunkten der Landes-, Regional- und Ortsplanung ist nach Möglichkeit Rechnung zu tragen/Verteilung der Bundeshilfe innerhalb der Kantone nach Bedürfnissen Bundeshilfe setzt eine doppelt so hohe, in finanzschwachen Kantonen (nur in finanzschwachen Gemeinden) eine gleich hohe kantonale Leistung voraus
BG über Massnahmen zur Förderung des Wohnungsbaues (vom 19.3.1965) 1.3.1966 - 31.12.1976	Normalisierung des Wohnungsmarktes/Verbesserung des Angebotes an neuen Wohnungen mit tragbaren Mietzinsen für Familien in bescheidenen finanziellen Verhältnissen	Ausrichtung jährlicher Beiträge an die Kapitalverzinsung bis zu 2 %, in besonderen Fällen bis zu 3 % der Gesamtinvestition/Verbürgung von II. Hypotheken/Bundesdarlehen an Kantone und Gemeinden/Erschliessungshilfe seit 1970	Förderung einer auf längere Sicht zweckmässigen Besiedelung (Rechtsgrundlage für die landesplanerischen Leitbilder der Schweiz) Beiträge Beiträge an Regional- und Ortsplanungen Der Landes-, Regional- und Ortsplanung ist nach Möglichkeit Rechnung zu tragen Bundeshilfe setzt eine doppelt so hohe, in finanzschwachen Kantonen (nur in finanzschwachen Gemeinden) eine gleich hohe kantonale Leistung voraus

Versuch unternommen, die Zielsetzungen, Förderungsvorkehren und regionalen Aspekte der verschiedenen Aktionen schematisch zusammenzufassen. In den vierziger Jahren, als der private Wohnungsbau unter Krisenerfahrung und einer restriktiven Mietpreiskontrolle stark zurückgegangen war, bestanden die Ziele der Wohnbauförderung hauptsächlich in der Linderung der Wohnungsnot durch eine rasche Erhöhung des Wohnungsangebotes. Im Jahr 1945, in Erwartung der Nachkriegsdepression, wurde die Bekämpfung der Arbeitslosigkeit an erster Stelle genannt. Obwohl die Verminderung der Landflucht während der zweiten und dritten Aktion auch als Ziel figurierte, sind durchschlagende Wirkungen in dieser Richtung ausgeblieben. In der Hochkonjunktur ab Ende der fünfziger Jahre traten mit den Massnahmen zur Verbilligung der Mietpreise für Familien in bescheidenen finanziellen Verhältnissen die sozialpolitischen Aspekte in den Vordergrund.

Was die Förderungsvorkehren betrifft, sind zwei unterschiedliche Systeme zu beobachten: Bis Ende der vierziger Jahre wurden Beiträge à fonds perdu mit variablen Beitragssätzen gewährt; von 1958 an gelangte die von der Eidgenössischen Preiskontroll-Kommission empfohlene Förderung mittels Kapitalzinszuschüssen zur Anwendung (23). Ueberdies wurden für Zeiten von Verknappungserscheinungen auf dem Kapitalmarkt Bundesdarlehen für den Wohnungsbau in Aussicht gestellt. In Vorausnahme des geltenden Wohnbau- und Eigentumsförderungsgesetzes konnten Gemeinden sowie gemeinnützige Institutionen schon seit 1970 Darlehen für die Erschliessung von Bauland zu Wohnzwecken erhalten.

Aus der teilräumlichen bzw. regionalpolitischen Optik ist zu bemerken, dass die Bundesmassnahmen in jedem Fall eine kantonale Mitbeteiligung verlangten. Seit 1958 war jedoch in finanzschwachen Gemeinden ebensolcher Kantone eine Erhöhung des Bundesanteils möglich, wovon beispielsweise Ende 1974 sieben Kantone profitierten. Dennoch dürften die von den bisherigen Wohnbauförderungsaktionen ausgehenden finanzpolitischen Umverteilungseffekte in regionaler Hinsicht relativ gering gewesen sein. Dieser Schluss lässt sich auch aus Tabelle 1 ableiten, in welcher die durch wohnbaupolitische Massnahmen geförderten Wohnungen nach Kantonen gegliedert werden. Die sehr unterschiedliche kantonale Beanspruchung der Mittel bewirkte einen gewissen horizontalen Finanzausgleich, der aber weder die finanzstarken noch die finanzschwachen Kantone eindeutig begünstigte. Immerhin zeigt es sich, dass die gelegentlich geäusserte Befürchtung, die Wohnbauförderung bevorzuge einsei-

---

23) Vgl. Bericht der Eidgenössischen Preiskontroll-Kommission, Die Förderung des sozialen Wohnungsbaus (Sonderheft Nr. 63 der Volkswirtschaft), Bern 1956, S. 27.

Tabelle 1: Förderung der Wohnbautätigkeit durch den Bund 1942 bis 1974

(Anzahl Wohnungen)

Kanton	Wohnbauförderungsaktionen der vierziger Jahre					Sozialer Wohnungsbau gemäss BB vom 31.1.1958		Förderung des Wohnungsbaus gemäss BB v.19.3.1965	
	I	II	III	Total	Je 10000 Einwohner (VZ 1950)	Total	Je 10000 Einwohner (VZ 1960)	Total	Je 10000 Einwohner (VZ 1970)
(1)	(2)	(3)	(4)	(5)	(6)	(7)	(8)	(9)	(10)
Zürich	5259	8397	6038	19694	253	762	8	4684	42
Bern	4283	7157	4344	15784	197	617	7	2557	26
Luzern	938	1826	732	3496	157	1300	51	3151	109
Uri	154	276	1	431	151	18	6	32	9
Schwyz	117	388	190	695	98	124	16	217	24
Obwalden	-	94	-	94	42	3	1	265	108
Nidwalden	16	52	3	71	37	-	-	152	59
Glarus	80	186	79	345	92	-	-	154	40
Zug	74	236	70	380	90	190	36	493	73
Freiburg	529	996	359	1884	119	825	52	3091	171
Solothurn	1269	1329	808	3406	200	216	11	1919	86
Basel-Stadt	2026	2733	3615	8374	426	476	21	2869	122
Basel-Landschaft	484	1027	1243	2754	256	294	20	1122	55
Schaffhausen	629	424	275	1328	231	193	29	162	22
Appenzall A.Rh.	76	121	35	232	48	-	-	240	49
Appenzall I.Rh.	-	25	22	47	35	-	-	-	-
St. Gallen	789	2554	290	3633	118	583	17	1359	35
Graubünden	219	646	234	1099	80	402	27	1118	69
Aargau	1530	2694	2129	6353	211	1524	42	1092	25
Thurgau	582	1104	4	1690	113	-	-	379	21
Tessin	235	939	1183	2357	135	2513	128	4530	185
Waadt	432	3269	2697	6398	169	184	4	3167	62
Wallis	465	421	5	891	56	1768	99	3984	193
Neuenburg	330	1506	996	2832	221	-	-	209	12
Genf	-	1107	1974	3081	152	468	18	422	13
Schweiz	20516	39507	27326	87349	185	12460	23	37368	60

Quellen: Direktauskünfte des Bundesamtes für Wohnungswesen.
Eidg. Zentralstelle für Arbeitsbeschaffung/Eidg. Büro für Wohnungsbau, Die Förderung der Wohnbautätigkeit durch den Bund von 1942 - 1949 (vervielfältigt), Bern 1950.
Stat. Quellenwerke der Schweiz, a.a.O., H. 467.

tig die Grossagglomerationen (24), in dieser pauschalen Form nicht zutrifft. Wohl kamen in den vierziger Jahren, als es die Wohnungsnot zu bekämpfen galt, vor allem die Kantone mit Grossstädten - so besonders Basel-Stadt und Zürich - in den Genuss der Bundesbeiträge. Doch bereits die Förderung des sozialen Wohnungsbaus ab 1958 wirkte sich günstig in den Kantonen Tessin, Wallis, Freiburg und Luzern aus. Diese Tendenz hat sich nach 1965 fortgesetzt. Gemessen an der Wohnbevölkerung wurden die meisten mit bundesseitiger Hilfe erstellten Wohnungen wiederum ausserhalb der grössten Ballungsgebiete gebaut. Die einzige Ausnahme verkörpert der Stand Basel-Stadt, welcher als finanzstarker Agglomerationskanton eine überdurchschnittliche Förderungsquote zu verzeichnen hat.

Das rege Interesse an der Wohnbauhilfe seitens verschiedener Kantone in wirtschaftlichen Randgebieten lässt sich zum Teil durch die in finanzschwachen Gemeinden reduzierte kantonale Beitragsleistung erklären. Das kann ein Indiz dafür sein, dass das neue Wohnbau- und Eigentumsförderungsgesetz, das keine Kantonsbeiträge mehr kennt, für die Regionalpolitik doch einiges verspricht. Die Bedenken von Bodenmann, die Wohnbaupolitik des Bundes begünstige einseitig die Trendentwicklung (25), verlieren angesichts der im Rahmen regionaler Entwicklungskonzepte auch auf dem Gebiet des Wohnungswesens anvisierten Massnahmen an Berechtigung.

332 Zum Wohnbau- und Eigentumsförderungsgesetz von 1974

Die im zu entwerfenden Teilkonzept Wohnungswesen zur Verfügung stehenden Wohnbauförderungsvorkehren stützen sich zum grossen Teil auf das seit dem 1. Januar 1975 in Kraft stehende Wohnbau- und Eigentumsförderungsgesetz. Im folgenden seien deshalb Zweck und Entfaltungsmöglichkeiten des Erlasses sowie dessen regionalpolitische Bedeutung charakterisiert (26).

Als Zwecke des Gesetzes werden die Förderung des Wohnungsbaus, die Verbilligung der Wohnkosten und die Erleichterung des

---

24) Vgl. Botschaft des Bundesrates zum Wohnbau- und Eigentumsförderungsgesetz (vom 17. September 1973), in: Bundesblatt, 125. Jg. (1973), Bd. II, S. 688.
25) Vgl. Bodenmann, H., Aktuelle politische Probleme der Raumplanung der Schweiz, in: Werdende Raumplanung (Schriftenreihe zur Orts-, Regional- und Landesplanung, Bd. 19), Zürich 1974, S. 12.
26) Eine eingehende Darstellung des Wohnbau- und Eigentumsförderungsgesetzes findet sich bei Gurtner, P., Das neue Wohnbau- und Eigentumsförderungsgesetz: Entstehung und Inhalt, in: R. Bindella (Hrsg.), Schweizerische Wohnungswirtschaft in Gegenwart und Zukunft, Bern/Stuttgart 1975, S. 25 ff.

Erwerbs von Wohnungs- und Hauseigentum genannt. Neben der Erhöhung des Angebotes an baureifem Land über eine umfassende Erschliessungshilfe unterstützt der Bund den Bau und die Erneuerung von preisgünstigen Wohnungen. Anders als bei den vorangegangenen Aktionen, kann eine Grundverbilligung von etwa 20 Prozent der Anfangsbelastung allen Wohnungsnutzern zugute kommen. Der Mieter einer solchermassen geförderten Wohnung hat allerdings jährlich steigende Mietpreise (27) in Kauf zu nehmen, während der Wohnungseigentümer sich zur Rückzahlung der Darlehen nach dem Finanzierungsplan verpflichten muss. Ueber die Grundverbilligung hinaus bewirkt der Bund mittels à fonds perdu-Leistungen Zusatzverbilligungen, die für einkommensschwächere Familien sowie insbesondere für Betagte, Invalide und in Ausbildung stehende Personen vorgesehen sind (28). Bei der Förderung des gemeinnützigen Wohnungsbaus geht die bundesseitige Finanzierungshilfe in der Regel bis zu 90 Prozent der Anlagekosten, und zwar in Form von Vermittlung und Verbürgung der entsprechenden Darlehen. Bei einer Mittelverknappung auf dem Kapitalmarkt ist der Bund befugt, auch selber Darlehen zu gewähren. Ueberdies erfahren die Träger und Organisationen des gemeinnützigen Wohnungsbaus eine noch weitergehende Unterstützung. Im weitern soll der Wohnungsbau durch Finanzhilfen für den vorsorglichen Landerwerb und die Erschliessung, nötigenfalls durch Kapitalbeschaffung, sowie durch die Bauforschung und die Baurationalisierung allgemein gefördert werden.

Ein Novum verkörpert die Bundeshilfe an die Erneuerung bestehender Bauten im gesamtschweizerischen Rahmen (29). Baulich erhaltenswerte Wohnobjekte, die nach dem Stand der Wohnansprüche der Erneuerung bedürfen und deren Wiederinstandstellung nicht teurer als ein vergleichbarer Neubau zu stehen kommt, können somit ebenfalls von den oben skizzierten Bundesleistungen profitieren. Im Zuge der Programme zur Erhaltung der längerfristig benötigten Baukapazität ist die Bundeshilfe zur Wohnungserneuerung noch beträchtlich erweitert worden. So gewährt der Bund anstelle der Vorschüsse zur Senkung der Anfangsmieten bzw. Anfangsbelastung auch Kapitalzinszuschüsse an die Gesamterneuerungskosten (30).

---

27) Gemäss Art. 30, Abs. 2 der Verordnung zum Wohnbau- und Eigentumsförderungsgesetz (vom 20. August 1975) beträgt die jährliche Erhöhung der Mietzinse in der Regel rund 3 Prozent.

28) Bezüglich der Funktionsweise des neuen Mietzins- beziehungsweise Wohnkostenverbilligungssystems vgl. Hess, W., Das neue Wohnbauförderungskonzept des Bundes. Funktionsweise und Würdigung, in: Handwerk und Gewerbe, Jg. 1974, S. 102 ff.

29) Zur Ausgestaltung der Bundeshilfe bei der Wohnungserneuerung vgl. Gurtner, P., Bundeshilfe zur Erneuerung von Altwohnungen (vervielfältigtes Vortragsmanuskript), Roggwil 1975.

30) Nach Artikel 10 der Verordnung über die Bundeshilfe zur Erneuerung bestehender Wohnungen (vom 5. Mai 1976) werden Kapitalzinszuschüsse während einer Dauer von sechs Jahren in der Höhe von zwei Prozent der Gesamterneuerungskosten gewährt.

In regionalpolitischer Hinsicht ergänzt die neue Wohnbau- und Eigentumsförderungskonzeption die raumordnungspolitischen Bemühungen der Gemeinden und Kantone. Die unter dem Titel "Wohnbauförderung" vorgesehenen Massnahmen - von der Erschliessungshilfe bis zu den Mietzinsverbilligungen - sind nämlich nur für Projekte in ausgeschiedenen Wohnzonen möglich. Ueberdies dürfte der Wegfall der kantonalen und kommunalen Mitbeteiligung in finanzschwachen Gemeinwesen sehr begrüsst werden. In einzelnen Kantonen wurden bisher nicht zuletzt aus diesem Grund keine oder nur wenige Wohnungen mit Bundeshilfe erstellt. Ebenso sträubte sich manche Gemeinde dagegen, Beiträge an den gemeinnützigen Wohnungsbau zu leisten, weil sie die erforderlichen Mittel nicht aufbringen konnte. Auch der Einbezug der Wohnungserneuerung wird für die wirtschaftlichen Randregionen interessant sein, da dort ein erheblicher Ausstattungsrückstand besteht (31). Die bisherigen Sanierungshilfen sind relativ stark eingeschränkt gewesen und haben nicht alle Gemeinden erreicht (32). Vielfach fehlten in agglomerationsfernen Gebieten die Bauträger für den subventionierten Wohnungsbau. Die anvisierte Förderung von Trägern und Organisationen des gemeinnützigen Wohnungsbaus kann sich in den Berggebietsregionen als sehr hilfreich erweisen. Schliesslich ist die Förderung der Wohnungsmarktforschung zu erwähnen, die auch unter einer regionalpolitischen Optik neue Erkenntnisse bringen wird.

333 Zur Verbesserung der Wohnverhältnisse in Berggebieten

Der Abbruch der Wohnbauförderungsaktionen der vierziger Jahre wurde durch ein Referendum gegen die Verlängerung des entsprechenden Bundesbeschlusses erzwungen, wobei die Volksabstimmung vom Januar 1950 zu einer unerfreulichen Konfrontation zwischen Stadt- und Landkantonen führte. Aus dieser Konstellation heraus entstand 1951 der Bundesbeschluss über die Sanierung der Wohnverhältnisse in Berggebieten. Er sollte besonders die Bevölkerungskreise jener Regionen erreichen, welche die früheren Förderungsaktionen nicht benutzten (33). Uebersichtstafel 3 orientiert über Zielsetzungen, beitragsberechtigte Massnahmen und regionalpolitische Gesichtspunkte der Wohnungssanierung. Aus den Zielsetzungen "Sanierung der Wohnverhältnisse" und "Schaffung gesunder Wohnverhältnisse" sowie den angeführten beitragsberechtigten Massnahmen geht hervor, dass die Wohnungsverbesserung in Berggebieten nur bei ausgesprochen schlechten Wohnverhältnissen Anwendung findet. Es handelt sich in der

---

31) Vgl. Ziffer 412.5 sowie Regionales Entwicklungskonzept Oberes Emmental, a.a.O., S. 31.
32) Vgl. Ziffern 333 und 414.2.
33) Vgl. Botschaft des Bundesrates betreffend Massnahmen zur Sanierung der Wohnverhältnisse in Berggebieten (vom 27. April 1951), in: Bundesblatt, 103. Jg. (1951), Bd. II, S. 1.

Uebersichtstafel 3: Wohnungssanierungsmassnahmen des Bundes seit 1952

Erlass/Gültigkeitsdauer	Zielsetzungen und Förderungsvorkehren	Beitragsberechtigte Massnahmen	Regionalpolitische Gesichtspunkte
BB über Massnahmen zur Sanierung der Wohnverhältnisse im Berggebieten (vom 3.10.1951) BB über die Weiterführung der Massnahmen zur Sanierung der Wohnverhältnisse in Berggebieten (vom 24.3.1960) 1.2.1952 - 31.12.1970 BB über die Verbesserung der Wohnverhältnisse in Berggebieten (vom 20.3.1970) 1.1.1971 - 31.12.1980	Sanierung der Wohnverhältnisse/Schaffung gesunder Wohnverhältnisse für minderbemittelte oder kinderreiche Familien Beiträge bis zu 50 %, höchstens aber 20 000 Franken (1) je verbesserte oder neuerstellte Wohnung; in besonders schwierigen Verhältnissen Beiträge bis zu 75 % der anrechenbaren Kosten	Wiederinstandstellung gesundheits- oder baupolizeilich abgesprochener Wohnungen/Zuführung von Wasser und Energie/Einbau sanitärer Installationen/Vermehrung der Wohnräume im Verhältnis zur Familiengrösse/Einbau von Wohnungen in unbenützte Gebäude Neubauten, sofern sie als Ersatz für Wohnverhältnisse dienen, deren Verbesserung sich im Hinblick auf Kosten und Erfolg nicht vertreten lässt	Anwendungsbereich: Nur Gebiete innerhalb des vom eidgenössischen landwirtschaftlichen Produktionskataster umgrenzten Berggebietes; im solchermassen umgrenzten Berggebiet nur Ortschaften mit ländlichem Charakter (gemäss dem bis zum 31.12.1955 massgebenden Gemeindeverzeichnis für die Alters- und Hinterbliebenenversicherung); im Anwendungsgebiet waren 1950 nur ca. 10 % der schweizerischen Bevölkerung wohnhaft Bundesbeitrag setzt eine gleich hohe, in finanzschwachen Kantonen eine halb so hohe kantonale Leistung voraus Bei der Erstellung von Neubauten ist der Regional- und Ortsplanung Rechnung zu tragen

1) Seit 1.1.1971.

Regel um die Wohnungen einkommensschwacher Eigentümer, deren Bareinkommen nicht einmal für eine verzögerte Angleichung der Wohnungsausstattung an den durchschnittlichen Wohnungskomfort ausreicht. Man kann allerdings im Verlaufe der Sanierungsaktion ein ständiges Ansteigen des Minimalkomfortniveaus beobachten. Während in den fünfziger Jahren die Zuführung und Installation von Licht und Wasser im Vordergrund standen, werden heute recht häufig Wohnungsvergrösserungen und in Einzelfällen auch Neubauten mit Beiträgen unterstützt.

Hinsichtlich der Anwendung ist das Gesetz auf ländliche Verhältnisse im Berggebiet begrenzt. Diese Einschränkung ist angesichts der recht bescheidenen finanziellen Mittel (34) durchaus vertretbar und lässt sich mit dem Grundsatz des konzentrierten Mitteleinsatzes vereinbaren (35). Damit die Hilfe tatsächlich in Anspruch genommen wird, sind die kantonalen Leistungen - auch die in der Regel verlangten Gemeindeleistungen - tiefer angesetzt als bei der Wohnbauförderung. Die regionale Verteilung der Wohnungssanierungen von 1952 bis 1973 ergibt folgendes Bild: Ueber 2 000 sanierte Wohnungen verzeichneten die Kantone Wallis, Bern und Tessin, über 1 000 die Kantone Schwyz und Graubünden. Gemessen an der Bevölkerung im Berggebiet waren die Kantone Uri, Wallis, Tessin, Luzern und Appenzell I.Rh. am stärksten an der Aktion beteiligt (36).

Die Beurteilung der Verbesserung der Wohnverhältnisse in Berggebieten fällt recht unterschiedlich aus. Während Kleps die Wohnungssanierungsmassnahmen, solange sie nicht mit einer gezielten strukturpolitischen Anpassungsintervention verbunden werden, als sehr fragwürdig bezeichnet (37), kommt Schmid aus sozial- und staatspolitischen Erwägungen heraus zu einer positiven Beurteilung der Vorkehren (38). Auch von offizieller Seite misst man der Wohnungssanierung eine wichtige Bedeutung

---

34) Durchschnittliche jährliche Bundesbeiträge: 1952/60 2 Mio Franken, 1961/70 4 Mio Franken, 1971/73 8 Mio Franken; vgl. Staatsrechnung der Schweizerischen Eidgenossenschaft für die Jahre 1952 - 1973.

35) Einzelne Kantone - so beispielsweise Glarus und Zürich - gehen in der Verbesserung der Wohnverhältnisse beträchtlich über die vom Bund vorgesehenen Leistungen hinaus; vgl. Gesetz über die Verbesserung der Wohnverhältnisse im Kanton Glarus (vom 7. Mai 1972), Art. 6, sowie Gesetz über die Förderung der Landwirtschaft des Kantons Zürich (Aenderung vom 2. Dezember 1973), § 115 a - 115 f.

36) Laut unveröffentlichten Unterlagen des Bundesamtes für Wohnungswesen.

37) Vgl. Kleps, K., a.a.O., S. 266.

38) Vgl. Schmid, A., a.a.O., S. 153 f.

bei (39). In wirtschaftlichen Randregionen mit hohem Berggebietsanteil steht mit dem Wohnungssanierungsgesetz ein erprobtes Instrument für das Teilkonzept Wohnungswesen zur Verfügung.

334 Landwirtschaftliche Meliorationen im Dienste des Wohnungswesens

Von nicht zu unterschätzender Bedeutung sind in den wirtschaftlichen Randregionen mit einem relativ hohen Anteil an landwirtschaftlicher Bevölkerung die vom Bund unterstützten Meliorationen, die sich auf die Wohnverhältnisse beziehen. So wurde beispielsweise für die Region Oberes Emmental nachgewiesen, dass die öffentliche Hand zwischen 1950 und 1970 rund die Hälfte aller Beiträge für Wohnbaumassnahmen unter dem Titel landwirtschaftliche Hochbauten ausrichtete (40). Als beitragsberechtigte, auch den Wohnteil umfassende Hochbauten können die landwirtschaftlichen Siedlungen, die Hofsanierungen und Wohnungen sowie Eigenheime für landwirtschaftliche Arbeitnehmer gelten. Die Hilfe besteht in namhaften Beiträgen (bis zu 68 %) der Kosten (41). Die Subventionen sind von Bund und Kantonen gemeinsam aufzubringen, wobei die Abstufung der kantonalen Leistungen nach der Finanzkraft erfolgt. Zusätzlich zu den Beiträgen können auch unverzinsliche oder zu reduziertem Zinsfuss verzinsliche Investitionsdarlehen entweder zur Verbesserung bestehender und Erstellung neuer landwirtschaftlicher Wohngebäude oder zur Restfinanzierung der eben erwähnten, subventionsberechtigten Hochbauten gewährt werden (42).

Es ist anzunehmen, dass von der Landwirtschaftsgesetzgebung im allgemeinen und von landwirtschaftlichen Wohnbaumassnahmen im besonderen erhebliche finanzpolitische Umverteilungseffekte ausgehen. Die einen überdurchschnittlich hohen primären Sektor aufweisenden Randregionen dürften auf diesem Weg einen beträchtlichen Transfer zu ihren Gunsten auslösen. Allerdings konnte die Agrarhilfe - wie bereits von Flückiger festgestellt - den Einkommensrückstand dieser Gebiete nicht wettmachen. Die nur an die landwirtschaftliche Bevölkerung ausgerichteten Hilfeleistungen verkörpern eine zu schmale Basis für die regionale Förderungspolitik. Im Rahmen eines regionalen Entwicklungskonzepts sind die meisten agrarpolitischen Massnahmen in das Teilkonzept Produk-

---

39) Vgl. dazu die Antwort von Bundesrat Brugger auf die Motion Tschumi, in: Amtliches Bulletin der Bundesversammlung. Nationalrat, Sommersession 1973, S. 425.
40) Vgl. Hornung, D./Tanner, E., a.a.O., S. 36.
41) Vgl. Verordnung über die Unterstützung von Bodenverbesserungen und landwirtschaftlichen Hochbauten (vom 14. Juni 1971), Art. 29 und 30.
42) Vgl. Bundesgesetz über Investitionskredite und Betriebshilfe in der Landwirtschaft (vom 23. März 1962), Art. 14.

tionsstruktur und die landwirtschaftlichen Wohnbaumassnahmen in das Teilkonzept Wohnungswesen zu integrieren.

34 Zur Erarbeitung eines Wohnungskonzepts für wirtschaftliche Randregionen

Die bisherigen Ausführungen haben sich mit der Berggebietsförderung und den daraus hervorgehenden regionalen Entwicklungskonzepten befasst. Zudem sind frühere und die 1975 rechtsgültigen Wohnbaumassnahmen hinsichtlich ihres regionalpolitischen Wirkungsbereichs charakterisiert worden. Im folgenden sollen nun das Wesen und die Ziele eines Wohnungskonzepts für wirtschaftliche Randregionen sowie die dazu notwendigen Verfahrensschritte aufgezeigt werden.

341 Das Wohnungskonzept als integrierter Bestandteil der Berggebietsförderung

Wie bereits dargelegt, verkörpern regionale Entwicklungskonzepte ein alle wesentlichen Bereiche überdeckendes Ziel-Massnahmen-System. Somit finden auch regionale Wohnungskonzepte in diesem grösseren Bezugsrahmen Platz. Die Arbeitsgruppe Stocker entwirft die in Schaubild 9 gezeigte Zielhierarchie der Berggebietsförderung. An der Spitze steht das regionale Bevölkerungsziel, das mindestens das Halten des Bevölkerungsbestandes von 1970 anstrebt (43). Die Oberziele bezüglich Wohlstand sowie Wohnattraktivität stellen die beiden Operationsachsen zur Verbesserung der allgemeinen Existenzbedingungen in den wirtschaftlichen Randregionen dar. Während die Erhöhung des Pro-Kopf-Einkommens insbesondere einer quantitativen und qualitativen Steigerung des Arbeitsplatzangebotes gleichkommt, lässt sich die Wohnattraktivität durch die Verbesserung der Wohnverhältnisse, die Sicherstellung der Konsummöglichkeiten und den Ausbau der Infrastruktur anheben. Das Wohnungswesen verkörpert somit im Bereich der Wohnattraktivität einen unter mehreren Ansatzpunkten zur Verbesserung der Lebensbedingungen in den Bergregionen.

Das Wesen eines regionalen Wohnungskonzepts besteht demzufolge in der Konkretisierung der generellen Zielsetzung "Quantitative und qualitative Verbesserung der Wohnverhältnisse", einer entsprechenden Lageanalyse und einem geeigneten Massnahmenkatalog. Wenn sowohl in der Gegenwart als auch in der Zukunft eine Diskrepanz zwischen wünschbaren Wohnverhältnissen und der tatsächlichen oder prognostizierten Lage festgestellt wird, muss nach Massnahmen gesucht werden, deren Konsequenzen die in Zielen festgelegte, in Zukunft erwünschte Situation ergeben. Indem

43) Vgl. dazu Arbeitsgruppe Stocker, Grundlagen, a.a.O., S. 284.

Schaubild 9: Das Wohnungswesen im Ziel-Massnahmen-System der Berggebietsförderung

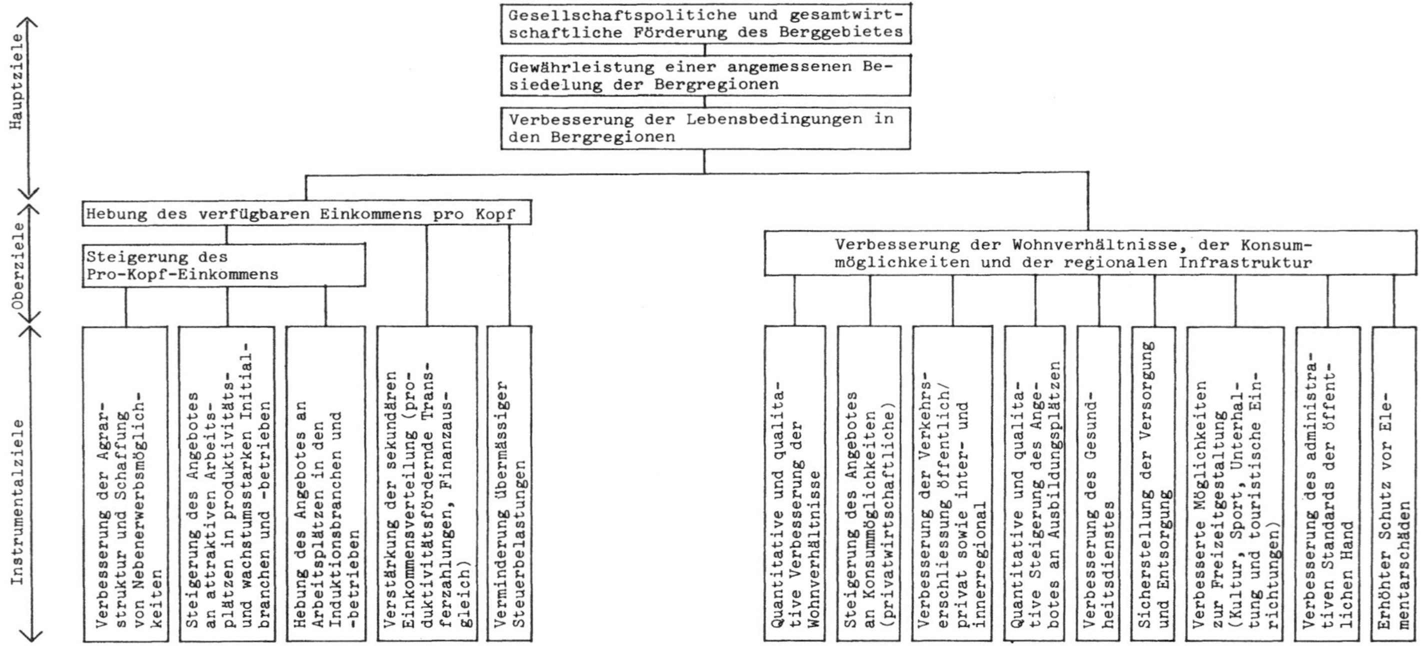

Quelle: nach Arbeitsgruppe Stocker, Grundlagen, a.a.O., S. 236.

regionale Wohnungskonzepte die Stärken und Schwächen im Wohnungswesen erkennbar machen und entsprechende Vorkehren beinhalten, soll letztlich auch die Stabilisierung der Bevölkerung als oberstes Ziel der Berggebietsförderung erreicht werden. Dieses gesamtregionale Bevölkerungsziel bedeutet nun aber nicht, dass es innerhalb einer Region keine Gemeinden mit Bevölkerungsschwund geben darf. Es ist sehr wohl möglich, dass das regionale Entwicklungskonzept je nach Entwicklungspotential auf einen Planungszeitpunkt hin eine Umstrukturierung in der Besiedlung vorsieht (44). Eine derartige Umverteilung der Regionsbevölkerung wird nicht ohne Einfluss auf das Wohnungskonzept bleiben.

342 Zu den Zielen eines regionalen Wohnungskonzepts

Die Zielsetzungen im Wohnungswesen einer wirtschaftlichen Randregion orientieren sich einerseits an den von der Arbeitsgruppe Stocker auf diesem Gebiet skizzierten Vorstellungen (45), anderseits beinhalten sie auch weitergehende Anregungen zum Problemkreis der Zweitwohnungen, wie sie in parlamentarischen Vorstössen zum Ausdruck kommen (46). Diese Ansätze werden im folgenden systematisiert und durch eigene Vorstellungen ergänzt. Von den unterschiedlichen Entwicklungsaussichten der verschiedenen Gemeinden ausgehend, ergeben sich sowohl Ziele, die für eine wirtschaftliche Randregion als Ganzes zutreffen, als auch solche, die nur in einzelnen Gemeindetypen aktuell sind. Daher müssen die Regionsgemeinden vor der eigentlichen Zielformulierung in geeignete Funktionstypen untergegliedert werden (47).

---

44) Ueber die mutmassliche räumliche Verteilung der Regionsbevölkerung vgl. Arbeitsgruppe Stocker, Grundlagen, a.a.O., S. 285 ff.

45) Vgl. Arbeitsgruppe Stocker, Grundlagen, a.a.O., S. 404 ff.

46) Vgl. diesbezüglich die Motion Tschumi/Leu (Amtliches Bulletin der Bundesversammlung. Nationalrat, Sommersession 1973, S. 424 ff.; Ständerat, Sommersession 1973, S. 421 ff.) betreffend die Erleichterung der Wohnungssanierung für Ferienzwecke sowie das Postulat Leu (Amtliches Bulletin der Bundesversammlung. Ständerat, Frühjahrssession 1974, S. 62 ff.) und die Motionen Bacher und Hari im Grossen Rat des Kantons Bern (Tagblatt des Grossen Rates des Kantons Bern, Jg. 1975, H. 1, S. 21 ff.) betreffend die angemessene Besteuerung der auswärtigen Zweitwohnungsinhaber.

47) Als Beispiele für Gemeindetypisierungen, die sich allerdings in der Zahl der Typen wesentlich von der hier gewählten Typisierung unterscheiden, seien genannt: Meylan, J./Gottraux, M./Dahinden, P., Schweizer Gemeinden und Gemeindeautonomie, o.O. 1972, S. 201 ff.; Institut für Orts-, Regional- und Landesplanung, Industriestandorte. Untersuchung zur räumlichen Ordnung der Industrie in der Schweiz, Zürich 1967, S. 52.

Eine für wirtschaftliche Randregionen allgemein gültige Zielsetzung besteht in der Absenkung der Wohndichte auf gesamtschweizerische Werte. Die in der Anzahl Bewohner pro Wohnraum ausgedrückte Wohndichte, die annäherungsweise die einer Person zustehende Wohnfläche angibt, sollte in den Bergregionen nicht grösser sein als in den Agglomerationen. Von grosser Bedeutung ist aber insbesondere die qualitative Verbesserung des Wohnungsbestandes, da infolge der zurückgebliebenen Einkommen die zur Erhaltung eines durchschnittlichen Wohnungsstandards erforderlichen Ersatzinvestitionen vielfach nicht getätigt worden sind. Eine qualitative Anhebung der Wohnverhältnisse verbessert die Wohnattraktivität der wirtschaftlichen Randregionen ganz allgemein und trägt so zur Abschwächung des Ballungseffektes bei (48). Als Ziel der Wohnungsverbesserung sei ein Wohnungsstandard postuliert, der dem durchschnittlichen Ausstattungsgrad der finanziell mittelstarken Kantone entspricht (49). Angesichts der bedeutsamen Entwicklung im Bereich der Zweit- und Ferienwohnungen in den letzten Jahren werden ebenfalls zu diesem Phänomen (50) Ziele formuliert. Diese beinhalten einerseits eine angemessene Erhaltung von Wohnraum in den Händen der Regionsbevölkerung zur Sicherung eines langfristig fliessenden Einkommens durch die Vermietung von Ferienwohnungen, anderseits eine Anpassung des Steuerrechts in Richtung einer besseren steuerlichen Erfassung der auswärtigen Zweitwohnungsinhaber.

---

48) In ähnlichem Sinn äussert sich Mrosek, H., Die sozialökonomische Bedeutung der Instandsetzung und Modernisierung des Altbauwohnungsbestandes unter besonderer Berücksichtigung der Verhältnisse in Nordrhein-Westfalen (Institut für Siedlungs- und Wohnungswesen der Westfälischen Wilhelms-Universität, Sonderdruck 58), Münster (Westf.) 1972, S. 76.

49) Die grössere Naturverbundenheit der Bergbewohner (vgl. Ziffern 222 und 24) geben im Bereich der qualitativen Wohnverhältnisse zu einer etwas bescheideneren Zielsetzung Anlass.

50) Zur Diskussion über das Zweitwohnungsphänomen vgl. Krippendorf, J., Die Landschaftsfresser. Tourismus und Erholungslandschaft - Verderben oder Segen?, Bern/Stuttgart 1975, S. 37 passim; Institut für Fremdenverkehr und Verkehrswirtschaft an der Hochschule St. Gallen, Parahotellerie insbesondere Zweitwohnungen (Kurzfassung), Bericht ausgearbeitet im Auftrag des Eidg. Justiz- und Polizeidepartements (vervielfältigt), o.O. (St. Gallen) 1975; Ganser, K., Zweitwohnungen, in: H. Wichmann (Hrsg.), Die Zukunft der Alpenregion?, München 1972, S. 124 ff.; Ruppert, K./Maier, J., Der Zweitwohnsitz im Freizeitraum - raumrelevanter Teilaspekt einer Geographie des Freizeitverhaltens, in: Informationen, 21. Jg. (1971), S. 135 ff.; Kritische Thesen zum Bau von Zweitwohnungen, in: Neue Zürcher Zeitung, Nr. 30 vom 19.1.1974.

Was die Zielsetzungen in den einzelnen Gemeindetypen betrifft, steht in den Zentrumsgemeinden (51), wo eine grössere Bevölkerungszunahme zu erwarten ist, eine quantitative Steigerung des Wohnungsangebotes im Vordergrund. Die meist aus ländlichen Gemeinden der näheren Umgebung stammenden Zuwanderer - vor allem wohl jüngere Familien - sollten im Regionszentrum preisgünstige, mit dem üblichen Komfort ausgestattete Wohnungen vorfinden. Zudem muss ein zentraler Ort über ein breites Angebotsspektrum an Wohnungen verfügen, das von der höheren Ansprüchen genügenden Grosswohnung bis zur einfachen, mit öffentlichen Mitteln verbilligten Wohnung alle Kategorien umschliesst. Bei den Wohngürtelgemeinden handelt es sich um eigentliche Pendlergemeinden (52). Wenn sie über eine attraktive Wohnlage verfügen und verkehrsmässig gut erschlossen sind, liegen ihre Chancen bei den verhältnismässig niedrigen Baulandpreisen, die auch unteren und mittleren Einkommensbezügern den Bau eines Eigenheims gestatten. Die Agrargemeinden (53) sowie das vorwiegend auf die Landwirtschaft ausgerichtete Einzelhofgebiet grösserer Gemeinden werden in der Regel eine abnehmende Bevölkerung zu verzeichnen haben. Dort gilt es in erster Linie, den vielfach unzureichenden Wohnungskomfort zu heben. Ein überdurchschnittlich hoher Prozentsatz der Wohnungen weist kein Bad, keine üblichen sanitären Installationen, keine moderne Heizung und keine praktischen, arbeitssparenden Kücheneinrichtungen auf (54). Das Fehlen dieser Ausstattungsmerkmale wird umso stärker empfunden, je weiter sich der gesamtschweizerische Wohnungsstandard fortentwickelt. In den Gemeinden des 2. Sektors wird die Bevölkerungsbewegung weitgehend von der Zahl der Betriebe und deren Entwicklungsaussichten bestimmt. Wenn der Branchenfächer eine Zuwanderung erwarten lässt, müssen entsprechende Wohnungen bereitgestellt werden. Die Bemühungen der einzelnen Unternehmungen hinsichtlich der Wohnungsversorgung ihres

---

51) Zur Abgrenzung von Zentrumsgemeinden mit städtischem Charakter vgl. Staedeli, H.P., Die Stadtgebiete der Schweiz. Ein Beitrag zum Problem der Abgrenzung städtischer Gebiete, Diss. Zürich 1969 (gedr. Zürich 1969). Gemäss Leitlinien umfasst das regionale Zentrum eventuell mehrere Gemeinden, die zusammen als funktionelle Einheit den Regionskern bilden; vgl. Arbeitsgruppe Stocker, Leitlinien, a.a.O., S. 42.

52) Vgl. Schneppe, F., Gemeindetypisierung, in: Handwörterbuch der Raumforschung und Raumordnung, 2. Aufl., Hannover 1970, Sp. 955 f.

53) Gemeinden, die weder die Merkmale einer Zentrums- noch jene einer Wohngürtelgemeinde erfüllen, lassen sich aufgrund ihrer Sektoralstruktur gliedern. In diesem Sinne werden im Rahmen der vorliegenden Studie die folgenden zusätzlichen Gemeindetypen verwendet: Agragemeinden, Gemeinden des 2. Sektors, Fremdenverkehrsgemeinden, übrige Dienstleistungsgemeinden.

54) Vgl. dazu Ziffer 412.5.

Personals sind in das Wohnungskonzept einzubeziehen. Nicht wenige Industrieorte weisen renovationsbedürftige Bausubstanzen in den älteren Arbeitersiedlungen auf, so dass hier unter Umständen Wohnungssanierungen angezeigt sind. Die Dienstleistungsgemeinden der wirtschaftlichen Randregionen lassen sich in zwei Untergruppen aufgliedern: Vielerorts im Berggebiet verkörpert der Fremdenverkehr den wichtigsten Erwerbszweig; daneben gibt es aber auch Gemeinden, deren Beschäftigte hauptsächlich im Infrastrukturbereich (Verkehr, Gesundheitswesen, Bildung) tätig sind. Die Fremdenverkehrsgemeinden mit einer langen touristischen Saison dürfen in der Regel mit einer mässigen Bevölkerungszunahme rechnen, während in kleinen touristischen Gemeinden, die eventuell nur eine kurze Saison kennen, die Bevölkerung stagnieren oder leicht zurückgehen wird. Die hauptsächlichsten Probleme im Wohnungssektor der Fremdenverkehrsgemeinden - in abgeschwächter Form auch der andern Gemeinden der wirtschaftlichen Randregionen - entstehen durch den sich ausdehnenden Zweitwohnungsmarkt: Die starke Nachfrage nach Zweitwohnungen führt in zunehmendem Masse zur Umwandlung von Erst- in Zweitwohnungen. Diese tendenzielle Schmälerung des Wohnungsangebots in den wachsenden Fremdenorten bleibt nicht ohne Wirkung auf die Wohnsituation der einheimischen Bevölkerung und des touristischen Personals (55). Wohnungssuchende haben es nicht leicht, eine moderne, preisgünstige Wohnung zu finden, obwohl in den meisten Kurorten eine rege Bautätigkeit herrscht. Es ist deshalb in den Fremdenverkehrsgemeinden eine zeitgerechte Deckung des Erstwohnungsbedarfs sowie die Schaffung von Wohnraum für Angestellte im Fremdenverkehr anzustreben. In den übrigen Dienstleistungsgemeinden, die nicht direkt durch den Tourismus geprägt sind, dürfte die Bevölkerungsentwicklung vom wirtschaftlichen Erfolg der tragenden Unternehmungen und Anstalten abhängen. Besonders in Dienstleistungsorten mit wenigen grösseren Betrieben muss der Wohnungsversorgung des Personals Beachtung geschenkt werden. Ueberdies erfüllen die Dienstleistungsgemeinden dieses Typs die Funktion eines Reserveraums für Wohnungssuchende, die in erstrangigen Fremdenverkehrsorten und in den Zentrumsgemeinden keine passende Wohnung finden.

Abschliessend ist nochmals festzuhalten, dass in sämtlichen Gemeindetypen auch die für eine wirtschaftliche Randregion als Ganzes erwähnten Ziele erstrebenswert sind. Obwohl die Gemeindetypisierung angesichts der sehr heterogenen Struktur einzelner Gemeinden nicht überall gleich gut gelingt, dürfte sie doch ein geeignetes Vorgehen sein, um die innerregional sehr verschiedenartigen Probleme im Wohnungswesen zu analysieren. Zudem gestattet sie die Generalisierung - von den Zielsetzungen bis

---

55) Vgl. Risch, P., Rückblick und Ausblick im schweizerischen Fremdenverkehr, in: Neue Zürcher Zeitung, Nr. 409 vom 3.9.1971.

zu den Massnahmen - der im Oestlichen Berner Oberland gewonnenen Erkenntnisse und deren Uebertragung auf weitere wirtschaftliche Randregionen der Schweiz.

343 Verfahrensschritte bei der Erarbeitung eines regionalen Wohnungskonzepts

Ausgangspunkt eines regionalen Wohnungskonzepts bilden die Zielformulierungen, wie sie in genereller Form unter Ziffer 342 bereits erörtert worden sind. In Uebersichtstafel 4 werden die weiteren Verfahrensschritte eines Ziel-Massnahmen-Systems im Wohnungswesen schematisch zusammengefasst. Im Zielbereich seien in gesamtregionaler Hinsicht die Wohndichteverringerung, die qualitative Verbesserung des Wohnungsbestandes und die Lösung des Zweitwohnungsproblems nochmals erwähnt. Was die gemeindefunktionsspezifischen Ziele betrifft, steht bei einer zu erwartenden Bevölkerungszunahme die zeitgerechte Deckung des Erstwohnungsbedarfs im Vordergrund; in Gemeinden mit stagnierender oder rückläufiger demographischer Entwicklung hat die Hebung des Wohnungskomforts auf einen Minimalstandard erste Priorität.

Die Hauptaufgabe der Lageanalyse besteht in der Bereitstellung der für die Zielbeurteilung notwendigen Informationen über den Ist-Zustand (56). Zu diesem Zweck sind zum mindesten die in Uebersichtstafel 4 enthaltenen Lageelemente zu untersuchen. Die allgemeine Wohnlage kennzeichnet sich durch die Situation in den Bereichen, welche in räumlicher Hinsicht für die Gesellschaft neben der Wohnung relevant sind. Die Wohnlage im weiteren Sinn kommt somit im wesentlichen in der Struktur der unter Ziffer 231 dargestellten Daseinsgrundfunktionen Arbeit, Erholung, Versorgung, Bildung, Verkehr und Kommunikation zum Ausdruck. Die folgenden Elemente bestimmen die Wohnverhältnisse im engeren Sinn: Der Gebäudebestand und die daraus hervorgehende Behausungsziffer - Bewohner pro bewohntes Gebäude - charakterisieren die Siedlungsstruktur einer Gemeinde. Der Wohnungsbestand verkörpert die zentrale Bezugsgrösse im Wohnungswesen; da sich für die vorliegende Studie interessante Gesichtspunkte aus dem Verhältnis zwischen dauernd von Ortsansässigen bewohnten Erstwohnungen und den Zweit- und Ferienwohnungen ergeben, ist der Gesamtwohnungsbestand nach diesem Kriterium aufzugliedern. Die Wohndichte orientiert entweder über das Verhältnis zwischen Einwohnern und Wohnungen oder über die Relation Bewohner und Wohnräume. Die Struktur der Wohnungsgrösse ist in bezug auf die Zusammensetzung der Wohnungsnachfrager von Bedeutung; eine zufriedenstellende Wohnungsversorgung bedingt eine weitgehende Uebereinstimmung zwischen Klein-, Mittel- und Gross-

---

56) Bezüglich der Funktion einer Lageanalyse vgl. Arbeitsgruppe Stocker, Leitlinien, a.a.O., S. 52; Müller, J.H., Methoden der regionalen Analyse und Prognose (Taschenbücher zur Raumplanung, Bd. 1), Hannover 1973, S. 43.

Uebersichtstafel 4: Aufbau eines regionalen Wohnungskonzepts (Schematische Darstellung)

ZIELE	Gesamtregionale Ziele - Angemessene Wohndichte - Verbesserung der Wohnungsqualität - Ziele betreffend Zeitwohnungen	Gemeindespezifische Ziele - Zeitgerechte Deckung des Erstwohnungsbedarfs - Hebung des Wohnungskomforts auf einen Minimalstandard

LAGE	Allgemeine Wohnlage - Natürliche Gegebenheiten - Arbeitsplatzstruktur - Verkehrsmässige Erschliessung - Zentrale Einrichtungen	Wohnverhältnisse - Gebäudebestand - Erstwohnungsbestand - Zweitwohnungsbestand - Wohndichte - Wohnungsgrössen - Wohnungsausstattung - Wohnungsalter	Wohnungsmarkt - Eigentums- und Besitzverhältnisse - Leerwohnungsbestand - Mietpreise - Liegenschaftspreise - Baulandpreise	Planungsrechtliche und wohnbaupolitische Vorkehren - Ortsplanung - Wohnbauförderung - Wohnungssanierung - Landwirtschaftliche Meliorationen
PROGNOSEN	Erstwohnungsbestand	Zweitwohnungsbestand	Wohnungsausstattung	Innerregionale Verteilung der Wohnungen

MASSNAHMEN	Informierende Massnahmen - Wohnungsstatistiken - Wohnungsprognosen - Informationsstellen	Aktivierende Massnahmen - Baulanderschliessung - Bodenpolitik - Allgemeine Wohnbauförderung - Gemeinnütziger Wohnungsbau - Wohnungserneuerungsprogramm - Wohnbauförderung durch die Arbeitgeber	Normative Massnahmen - Planungsrecht - Baurecht - Gewässerschutzgesetzgebung - Steuerrecht
	Finanzierung und Trägerschaft		

AKTIONSPROGRAMM

wohnungen und den entsprechenden Familiengrössen. In der Wohnungsausstattung kommt ein wichtiges qualitatives Merkmal zum Ausdruck. Das Wohnungsalter verkörpert ein weiteres Indiz für die Qualität der Bausubstanz; allerdings können gut erhaltene Altwohnungen durchaus einen besseren Bauzustand aufweisen als neuere, schlecht gebaute und vernachlässigte Wohnungen. Bezüglich der Lage auf dem Wohnungsmarkt sind die folgenden Daten von Bedeutung: Die Eigentumsverhältnisse orientieren über die Trägerschaft der Wohnbauten, während die Besitzverhältnisse die rechtliche Stellung der Wohnungsnutzer widerspiegeln. Der Leerwohnungsbestand gibt über die Versorgung des Wohnungsmarktes Auskunft; ein Nachfrageüberhang kennzeichnet sich durch eine minimale, ein Angebotsüberhang durch eine grosse Leerwohnungsquote. Die Miet-, Liegenschafts- und Baulandpreise informieren über die Wohnungskosten; unterschiedliche Preisniveaus in den verschiedenen Gemeinden lassen Rückschlüsse auf die Angebots- und Nachfrageverhältnisse zu. Mit planungsrechtlichen Massnahmen nimmt die öffentliche Hand ordnend auf den Wohnungsbau Einfluss; der Umfang dieser die Baufreiheit im Gesamtinteresse beschränkenden Normen ist zu eruieren. Die wohnbaupolitischen Vorkehren sind unter Ziffer 33 bereits unter einem regionalpolitischen Blickwinkel analysiert worden; inwieweit die einzelnen Instrumente - Wohnbauförderung, Wohnungssanierung und landwirtschaftliche Meliorationen - in den einzelnen Gemeinden genutzt worden sind, bedarf in der Lageanalyse der Abklärung.

Der dritte Schritt beinhaltet die Vorhersage zentraler Lageelemente auf einen bestimmten Prognosezeitpunkt (57) hin. Die Prognostizierung muss wenigstens den Wohnungsbestand, gegliedert nach Erst- und Zweitwohnungen, die Wohnungsausstattung sowie die innerregionale Verteilung der Wohnungen umfassen. An dieser Stelle kommt die Verflechtung des Wohnungswesens mit den übrigen Teilbereichen eines regionalen Entwicklungskonzepts nochmals sehr deutlich zum Ausdruck, denn regionale und kommunale Wohnungsprognosen ohne Bezugnahme auf die Bevölkerungs- und Einkommensentwicklung sind wenig aussagekräftig. Hinsichtlich der Wohnungsprognoseverfahren sind mehrere Ansätze bekannt (58). Methodisch einfache Vorhersagen beruhen auf einer

---

57) Nach den Leitlinien für die Berggebietsförderung liegt der Prognosezeitpunkt Z 1 in der Regel 20 Jahre nach dem Ausgangszeitpunkt Z 0; vgl. <u>Arbeitsgruppe Stocker,</u> Leitlinien, a.a.O., S. 58. Da 1970 vielfach als statistische Gegenwart gilt, stellt das Jahr 1990 den Planungszeitpunkt Z 1 dar.

58) Vgl. hierzu insb. <u>Angelini, T.,</u> a.a.O., S. 36 passim; ferner <u>Berger, F.,</u> Das Wohnungswesen in der Schweiz (Wirtschaftsbulletin der Kantonalbank von Bern, Nr. 17), Bern 1973, S. 22 ff.; <u>Duwendag, D.,</u> a.a.O., S. 60 passim; <u>Weber, A.,</u> a.a.O., S. 40 passim. Bezüglich einer Wohnungsprognose im Rahmen eines regionalen Entwicklungskonzepts vgl. <u>Hornung, D./Tanner, E.,</u> a.a.O., S. 106 ff.

Trendextrapolation; dabei wird unterstellt, dass eine in der Vergangenheit ermittelte Gesetzmässigkeit die Grundlage für die zukünftige Entwicklung bildet. Da im Falle der wirtschaftlichen Randregionen der Bund bekanntlich eine Aenderung der Trendentwicklung anstrebt, kommt den Trendprognosen nur eine beschränkte Aussagekraft zu. Sie sind jedenfalls durch Bedarfs- und Nachfrageprognosen zu ergänzen. Die im nachfolgenden empirischen Teil gewählte Prognoseform geht sowohl von den im Teilkonzept Bevölkerung postulierten Zielen als auch von den unter Ziffer 24 formulierten Thesen aus. In methodischer Hinsicht stützen sich die Vorhersagen weitgehend auf die Wohnungsprognoseansätze von Angelini (59).

Im vierten Schritt sind Lage und Prognosen mit der in Zielen festgelegten, in Gegenwart und Zukunft erwünschten Situation zu konfrontieren. Falls in einem der beiden Zeitpunkte eine Diskrepanz zwischen Ist- und Soll-Zustand besteht, müssen geeignete Massnahmen zur Ueberwindung dieses Spannungsverhältnisses eingesetzt werden. Solche Vorkehren können sich einerseits auf die unter Ziffer 33 angeführten wohnbaupolitischen Erlasse abstützen, anderseits sind allenfalls neue Instrumente vorzuschlagen; der aufzustellende Massnahmenkatalog sollte indessen einen möglichst hohen Zielerreichungsgrad garantieren. Die Handlungsalternativen im Wohnungswesen lassen sich in informierende, aktivierende und normative Massnahmen gliedern. Die informierenden Massnahmen bestehen in der Uebernahme eines Teils der Informationskosten durch die öffentliche Hand oder private Organisationen. Solche Informationen können zweckmässige Wohnungsstatistiken und -prognosen sowie Auskunftsstellen für Wohnungsfragen leisten. Mit den aktivierenden Massnahmen werden materielle Anreize zu zielkonformem Handeln im Wohnungswesen geschaffen. Die durch die öffentliche Hand und Private betriebene Wohnbauförderung und die Hilfe bei der Wohnungserneuerung fallen unter diese Massnahmenkategorie. Die normativen Massnahmen schreiben ein ganz bestimmtes Verhalten vor. Jene sind im Wohnungssektor vor allem im Bau- und Planungsrecht, aber auch in der Gewässerschutzgesetzgebung und im Steuerrecht anzutreffen. Wie die konkreten Empfehlungen im einzelnen Wohnungskonzept auch immer lauten, müssen sie hinsichtlich ihrer Trägerschaft und ihrer finanziellen Auswirkungen präzisiert werden. An den Massnahmenkatalog anschliessend, sollte ein Aktionsprogramm die Dringlichkeitsordnung der vorgeschlagenen Massnahmen aufzeigen. Auch in dieser letzten Phase sind wiederum die Prioritäten des gesamten Regionalentwicklungskonzepts zu beachten.

Mit diesen Ausführungen ist die Interpretation der regionalpolitischen Zielsetzung "quantitative und qualitative Verbesserung der Wohnverhältnisse" abgeschlossen. Das eben in den Grundzügen sowie in allgemeiner Form dargelegte Wohnungskonzept für eine wirtschaftliche Randregion soll im folgenden am Beispiel des Oestlichen Berner Oberlandes zur Anwendung und Ueberprüfung gelangen.

---

59) Vgl. Angelini, T., a.a.O. S. 50 passim.

4 DAS WOHNUNGSKONZEPT FÜR DIE REGION ÖSTLICHES BERNER OBERLAND

Das nunmehr in genereller Form charakterisierte Wohnungskonzept für eine wirtschaftliche Randregion wird in der Folge am Anwendungsbeispiel Oestliches Berner Oberland empirisch fundiert. Wie bereits in der Problemstellung erwähnt, eignet sich diese Region besonders gut zu Exemplifizierungszwecken. Die Untersuchung hätte aber im Prinzip an jeder beliebigen Region erfolgen können, die das vom Bundesgesetz über Investitionshilfe verlangte regionale Entwicklungskonzept und mithin auch ein Wohnungskonzept zu erarbeiten hat.

Vorgängig der entsprechenden Abhandlungen sei die Region Oestliches Berner Oberland vorgestellt. Uebersichtstafel 5 stellt regionale Kennziffern kantonalbernischen und schweizerischen Werten gegenüber, damit die generelle Lage des Untersuchungsgebiets im Quervergleich zum Ausdruck kommt. Aus dieser Gegenüberstellung geht vor allem hervor, dass das Oestliche Berner Oberland zwar typische Merkmale einer wirtschaftlichen Randregion aufweist - so beispielsweise eine überalterte Bevölkerung, einen Rückstand im Volkseinkommen sowie eine niedrige Erwerbsquote -, doch sind anderseits auch recht günstige Resultate festzustellen, wie die besonders gute Eignung für den Fremdenverkehr und die immerhin leicht zunehmende Gesamtbevölkerungszahl. Dass das Untersuchungsgebiet trotz dieser positiven Ansätze als wirtschaftliche Randregion gelten muss, beweist die gemäss den Leitlinien für die Berggebietsförderung nachgewiesene Förderungsbedürftigkeit. Wie Karte 1 zeigt, sind nicht weniger als 23 von 29 Regionsgemeinden Problemgemeinden, die mindestens bei zwei von drei relevanten Faktoren die minimale Schwellengrenze von 0,8 nicht erfüllen (1). Ein Wert von 1 würde bedeuten, dass der gesamtschweizerische Durchschnitt bezüglich demographischer Lage, kommunaler Einkommenssituation sowie Wohnattraktivität erreicht wird (2).

Weil das Oestliche Berner Oberland doch in sehr ausgeprägtem Ausmass die charakteristischen Merkmale einer wirtschaftlichen Randregion aufweist, sollen im folgenden die unter Ziffer 342

---

1) Berechnungen der Abteilung Konzeptstudien der Kantonalen Planungsgruppe Bern.
2) Bezüglich der Schwellenwerte vgl. Arbeitsgruppe Stocker, Leitlinien, a.a.O., S. 30 f.; Dini, M., Die primären Förderungsvoraussetzungen des Bundes als Ansatzkriterien regionaler Entwicklungsbestrebungen im Kanton Wallis. Verifikation einer Methode und Versuch einer kritischen Würdigung, Diss. Bern 1974 (gedr. Brig 1975), S. 65 ff.

Uebersichtstafel 5: Kennziffern des Oestlichen Berner Oberlandes, des Kantons Bern und der Schweiz

	Oestliches Berner Oberland	Kanton Bern	Schweiz
Bodenfläche in ha	127 381	688 687	4 129 315
Prezentanteil des Oed- und Unlandes, der Seen und Flüsse	45	14	21
Bevölkerung			
Bevölkerung 1970	40 802	983 296	6 269 783
Bevölkerungsentwicklung 1950-1970 in %	+ 5,1	+ 22,6	+ 33,0
Promilleanteil der 65-und-mehr-Jährigen 1970	151	121	114
Promilleanteil der 0-14-Jährigen 1970	240	236	234
Prozentanteil der Ausländer 1970	7	10	17
Einkommen			
Wehrsteuer pro Kopf der Bevölkerung in Fr. 1969/70	81,25	129,42	180,62
Volkseinkommen pro Kopf der Bevölkerung in Fr. 1970	8667	10 515	11 625
Produktionsstruktur 1970			
Erwerbsquote in %	44	47	48
Prozentanteil der Beschäftigten im I. Sektor	11	11	8
Prozentanteil der Beschäftigten im II. Sektor	35	48	48
Prozentanteil der Beschäftigten im III. Sektor	54	41	44
Gastbetten je 100 Einwohner	38	4	4

Quellen: Planungsverband Jungfrau/Planungsverein Oberer Brienzersee-Haslital, Region Oberland-Ost. Entwicklungsplanung, Bd. 1: Lageanalyse, o.O. 1975, S. 44 (im folgenden zitiert als Entwicklungsplanung Region Oberland-Ost, Bd. 1).
Stat. Quellenwerke der Schweiz, a.a.O., H. 467/476/488.
Eidg. Steuerverwaltung, Eidg. Wehrsteuer 15. Periode, a.a.O.
Schweizerische Bankgesellschaft (Hrsg.), Die Schweiz in Zahlen 1971.
Stat. Jahrbuch der Schweiz 1971.
Direktauskünfte des Eidg. Statistischen Amtes.

Karte 1: Die Gemeinden des Oestlichen Berner Oberlandes

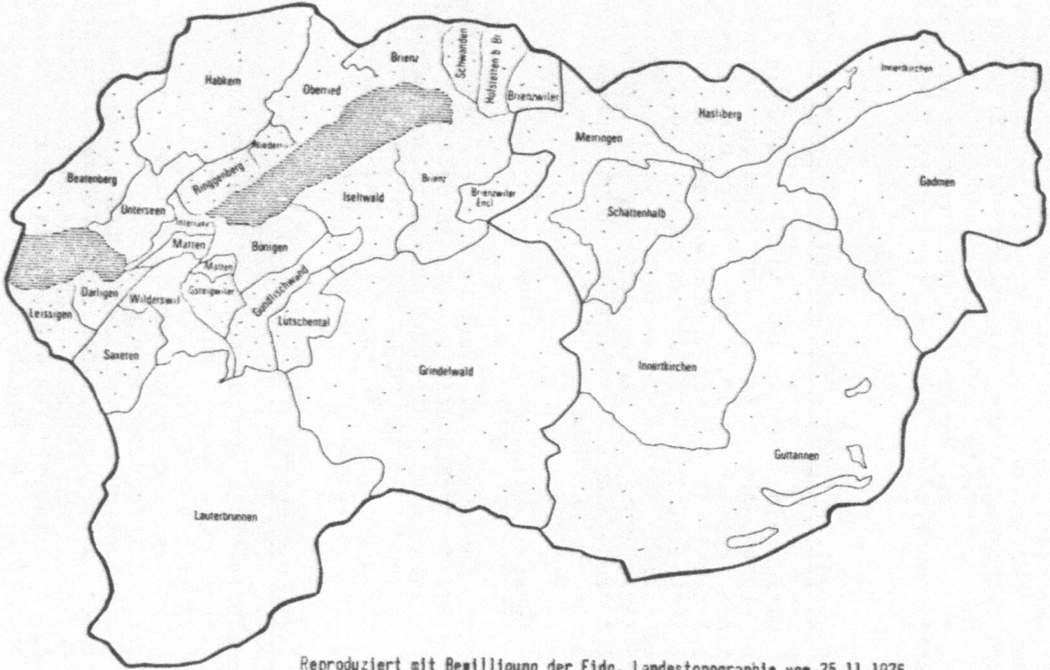

Reproduziert mit Bewilligung der Eidg. Landestopographie vom 25.11.1976

Problemgemeinde gemäss Arbeitsgruppe Stocker, Leitlinien, a.a.O., S. 18 ff.

formulierten Ziele eines regionalen Wohnungskonzepts für das Anwendungsbeispiel übernommen werden. Somit stehen auch in der Untersuchungsregion die Verbesserung der Wohnungsqualität und die harmonische Einordnung der Zweitwohnungen in die regionale Wirtschaft im Vordergrund. In Gemeinden mit zunehmender Bevölkerung kommt überdies der Erhöhung des Wohnungsangebotes eine wichtige Bedeutung zu. Diese rekapitulierenden Hinweise auf die an anderer Stelle bereits ausführlich diskutierten Zielvorstellungen erlauben es, die konkreten Untersuchungen auf Regionsebene unmittelbar mit der Erfassung des Ist-Zustandes aufzunehmen.

41 Die Wohnsituation in der Region Oestliches Berner Oberland

Die Wohnsituation einer Region kann nicht unabhängig von den Funktionsbereichen Arbeitsplätze, Versorgung und Infrastruktur erklärt werden. Aus diesem Grund wird zuerst die allgemeine Wohnlage des Oestlichen Berner Oberlandes erörtert. Diese Uebersicht gestattet dann auch die Typisierung der Gemeinden für die eigentliche Analyse der Wohnverhältnisse. Hierauf folgt eine Charakterisierung der Lageelemente auf dem Wohnungsmarkt, und anschliessend gelangt der Stand der planungsrechtlichen und wohnbaupolitischen Massnahmen zur Darstellung.

411 Zur allgemeinen Wohnlage

Die Wohnlage - das heisst die Verbindung der Wohnfunktion mit den übrigen Existenzbedingungen - soll in drei Richtungen näher untersucht werden: Einmal die von der Natur bestimmten Gegebenheiten wie Bodengestaltung und Klima, dann die in Erreichbarkeiten ausdrückbare verkehrsmässige Lage und schliesslich die innerregionale Siedlungs- und Produktionsstruktur.

411.1 Natürliche Gegebenheiten

Eine Charakterisierung der allgemeinen Wohnlage wird als erstes die natürlichen Gegebenheiten berücksichtigen müssen. Wie aus Uebersichtstafel 5 hervorgeht, handelt es sich beim Oestlichen Berner Oberland um eine typische Bergregion mit einem hohen Anteil nicht kultivierbaren Bodens. Karte 2 bringt eine schematische Uebersicht über die im Oestlichen Berner Oberland anzutreffenden Naturräume. Zwischen den Gebirgszügen erstrecken sich die Talebenen und die klimatisch besonders begünstigten Seeufer, die gleichzeitig für die Landwirtschaft, für den Sommertourismus und für das Wohnen sehr gute Lagen abgeben. In Höhenlagen über 1 000 Meter befinden sich die für den Wintersport geeigneten Gebiete, die sowohl allgemeine Schneesicherheit als auch Hänge bis zu höchstens 40 Prozent Neigung aufwei-

Karte 2: Naturraumgliederung des Östlichen Berner Oberlandes

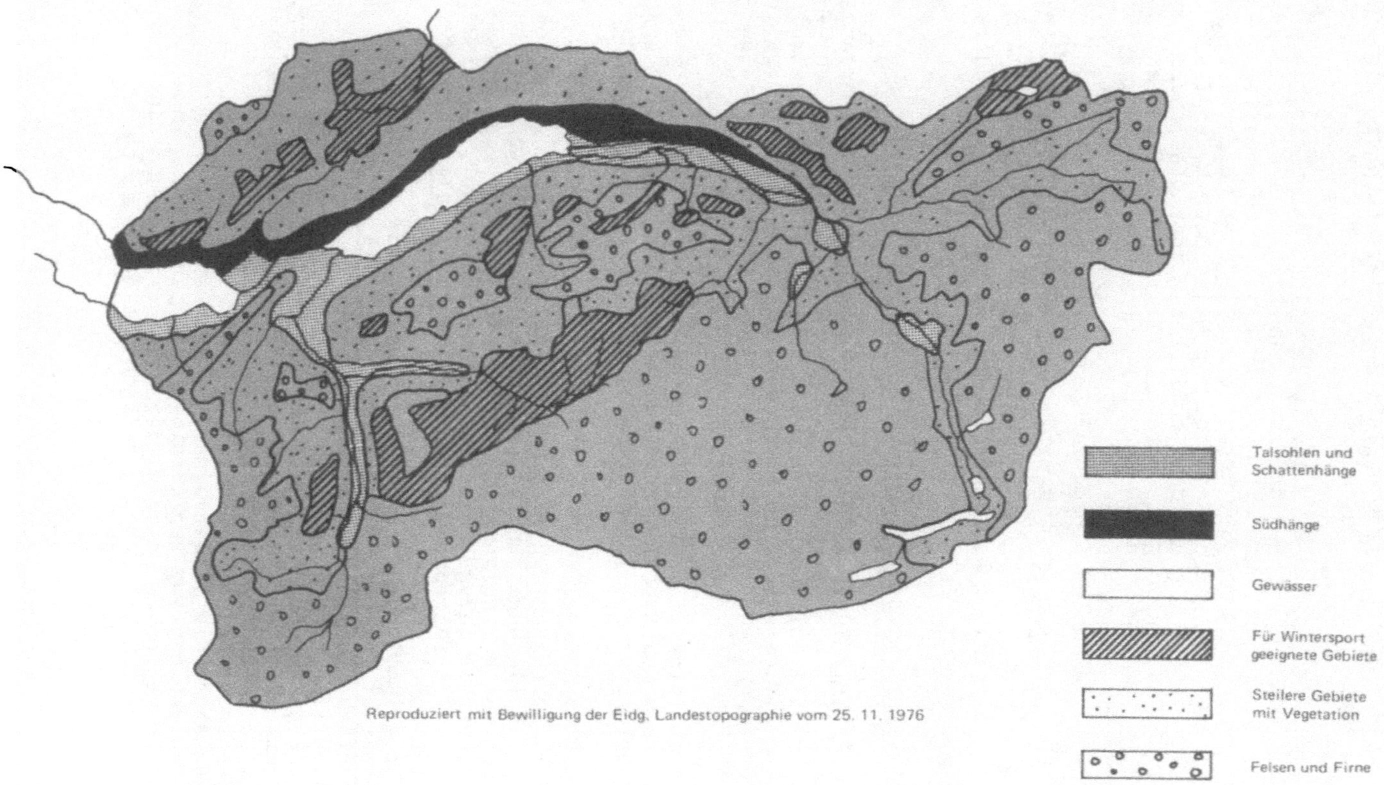

Reproduziert mit Bewilligung der Eidg. Landestopographie vom 25. 11. 1976

Quelle: Vereinfachte Darstellung nach *Planungsatlas,* dritte Lieferung, a.a.O., Beilage A 1.

sen müssen (3). Ein grosser Teil der Untersuchungsregion wird von Wäldern, Weiden, Felsen und Gletschern bedeckt.

Bezüglich des Klimas sind die innerregionalen Unterschiede vor allem auf die Höhenlage zurückzuführen. Dementsprechend ist das Klima in den sonnenexponierten Gebieten um Interlaken am mildesten, im über 1 600 Meter hoch gelegenen Mürren dagegen am rauhsten. Im generellen gesamtschweizerischen Vergleich ist die klimatische Eignung des Oestlichen Berner Oberlandes für Siedlung und Erholung als durchschnittlich zu bezeichnen. So haben das Wallis, das Tessin und das Engadin eine längere Sonnenscheindauer und weniger Niederschlagstage zu verzeichnen, und die Waadtländer Alpen, das Saanenland sowie Nord- und Mittelbünden sind hinsichtlich der Sonnenscheindauer noch leicht begünstigt. Die Untersuchungsregion weist aber gegenüber den Gebieten am östlichen Alpennordhang (von der Innerschweiz bis Appenzell) eine etwas bessere Besonnung und weniger Niederschlagstage auf (4).

411.2 Verkehrsmässige Lage

Die verkehrsmässige Lage und die Ausrüstung mit Verkehrsanlagen ist für die Entwicklung einer Region von erheblicher Bedeutung (5). Im folgenden sollen die diesbezüglichen Verhältnisse des Oestlichen Berner Oberlandes sowohl hinsichtlich ausserregionaler Zentren als auch hinsichtlich der innerregionalen Ausstattung mit Verkehrswegen kurz skizziert werden.

Bei den öffentlichen Verkehrslinien steht die Verbindung der Region zum Hauptzentrum Bern im Vordergrund. Diese wird durch die Normalspurbahn Interlaken-Ost nach Spiez und weiter nach

---

3) Vgl. Planungsatlas Kanton Bern, dritte Lieferung: Historische Planungsgrundlagen, bearbeitet vom Geographischen Institut der Universität Bern. Abteilung für angewandte Geographie (hrsg. vom Kantonalen Planungsamt), Bern 1973, S. 24 (im folgenden zitiert als: Planungsatlas, dritte Lieferung).
4) Zur klimatischen Eignung für Siedlung und Erholung vgl. Institut für Orts-, Regional- und Landesplanung, Landesplanerische Leitbilder der Schweiz, Bd. I, a.a.O., Abbildung 1.
5) Eine entsprechende Studie im Auftrag des Stabes der Eidg. Kommission für die schweizerische Gesamtverkehrskonzeption im Raum des Autobahnkreuzes N 1/N 2 hat eine erhebliche Verbesserung der wirtschaftlichen Entwicklungsvoraussetzungen durch die Verkehrsinvestitionen ergeben; vgl. Itin, P., Auswirkungen von Verkehrsinvestitionen auf die Entwicklung einer Region am Beispiel der Gemeinden zwischen dem Autobahnkreuz N 1/N 2 bei Härkingen und der Zufahrt bei Oensingen, Basel/Bern 1974, S. 1.

Bern sichergestellt. Täglich verkehren mindestens 10 Schnellzugspaare nicht nur von Interlaken nach Bern, sondern direkt bis Basel. Während vom Bödeli aus Bern in einer Stunde erreichbar ist, fahren die Bewohner der östlichen Regionshälfte schneller nach Luzern als nach Bern. Von Meiringen aus ist die nach dem Leitbild CK-73 als Hauptzentrum entwicklungsfähige Stadt in knapp 1½ Stunden zu erreichen. In die Richtungen Thun-Bern einerseits und Luzern anderseits werden dereinst bei Vollausbau des Nationalstrassennetzes auch ausgezeichnete Strassenverbindungen bestehen. Ein grosser Teil der Siedlungen des Oestlichen Berner Oberlandes wird dannzumal innert einer Stunde von Bern und Luzern aus erreichbar sein. Der Raum Brünig/ Meiringen - von Zürich in Zukunft eine gute Stunde entfernt - könnte sich von der Erreichbarkeit her zu einem Naherholungsgebiet der grössten Schweizer Agglomeration entwickeln.

Regionsintern sind die Verkehrsverhältnisse insofern zufriedenstellend, als die Reisezeiten in die regionalen Zentren Interlaken sowie Brienz/Meiringen auch mit den öffentlichen Verkehrsmitteln in der Regel weniger als eine halbe Stunde, höchstens aber 55 Minuten (Mürren) betragen. Aus der Sicht der Leitlinien gelten solche Erreichbarkeiten für vertretbar, da erst bei Anmarschzeiten über einer Stunde die kritische Grenze gezogen wird (6). Allerdings gibt es im Oestlichen Berner Oberland auch Weiler und Einzelgehöfte, die durch kein öffentliches Verkehrsmittel erschlossen sind; deren Bewohner haben entweder lange Anmarschwege zu Fuss zurückzulegen oder individuelle Verkehrsmittel zu benutzen (7). Mit dem Privatauto sind die regionalen Zentren von jeder Ortschaft - mit Ausnahme von Reuti (Hasliberg), Gadmen und Guttannen - in einer halben Stunde erreichbar. Einzelne Gemeinden (Iseltwald, Saxeten, Habkern, Schwanden, Hofstetten) und zahlreiche kleinere Siedlungseinheiten werden nur durch sehr schmale Strassen ohne durchgehende Kreuzungsmöglichkeiten erschlossen. Zudem sind die Fraktionen Wengen, Mürren und Gimmelwald in der Gemeinde Lauterbrunnen bis heute ohne Autostrassenverbindung ins Tal geblieben (8). In Lauterbrunnen-Dorf, dem Ausgangspunkt zu den autofreien Kurorten, ist allerdings das Parkplatzproblem noch nicht befriedigend gelöst. Auch in Grindelwald bietet der ruhende Verkehr zurzeit mehr Schwierigkeiten als die Verkehrs-

---

6) Vgl. Arbeitsgruppe Stocker, Leitlinien, a.a.O., S. 28.
7) Als Beispiel seien genannt: Geissholz (Gemeinde Schattenhalb), Isenfluh (Gemeinde Lauterbrunnen), Zaun (Gemeinde Meiringen), Unterstock (Gemeinde Innertkirchen); vgl. Entwicklungsplanung Region Oberland-Ost, Bd. 1, a.a.O., S. 230 f.
8) Zur Frage einer allfälligen Autostrasse nach Wengen vgl. Rentsch, H., Die volks- und fremdenverkehrswirtschaftlichen Auswirkungen einer Autostrasse Lauterbrunnen-Wengen, Diss. Bern 1973 (gedr. Trimbach-Olten 1974).

verbindung zum Kurort.

Das Ergebnis dieser summarischen Analyse der verkehrsmässigen Lage des Oestlichen Berner Oberlandes lautet in bezug auf die Wohnlage recht günstig. Die Region ist nicht nur von den schweizerischen Ballungszentren aus - mit andern Bergregionen verglichen - relativ schnell und bequem erreichbar, sondern sie verfügt auch intern über ein gut ausgebautes, zum Teil traditionsreiches öffentliches Verkehrswesen. Die verkehrsmässige Lage liesse sich aber durch die Eliminierung von Engpässen im regionalen Strassennetz sowie durch die Schaffung von zusätzlichen Parkierungsmöglichkeiten noch verbessern.

411.3 Innerregionale Strukturen als Ausgangspunkt für die Gemeindetypisierung

Das Wohnen spielt sich nicht ohne Bezug auf die Arbeitsplätze, die Versorgung und die Infrastruktur ab. Je nach Bestand und Entwicklungspotential dieser Bereiche wird sich die Bevölkerung und dementsprechend auch die Art und Intensität der Wohnungsnachfrage entwickeln. Da die verschiedenen Gemeinden einer Region im allgemeinen keine Homogenität hinsichtlich Produktionsstruktur und Wohnattraktivität aufweisen, wird zuerst eine Typisierung auf Gemeindestufe vorzunehmen sein. Damit fasst man die bezüglich eines als wesentlich erachteten Funktionsmerkmals homogenen Einheiten zusammen, für welche dann generelle Aussagen im Wohnungswesen mit grösserer Berechtigung erfolgen können.

Aus Uebersichtstafel 6 geht hervor, anhand welcher wichtigster Strukturmerkmale die einzelnen Gemeinden des Oestlichen Berner Oberlandes sich typisieren lassen. Die Zentralität der Regionsgemeinden wird mit zwei verschiedenen Methoden gemessen: Staedeli kommt nach eingehenden Untersuchungen zum Schluss, dass in schweizerischen Verhältnissen Ortschaften mit mehr als 2 500 Einwohnern (9) als städtisch zu klassieren sind (10). Der kantonalbernische Planungsatlas anderseits geht von einem funktionalen Stadtbegriff aus, wonach sich die Siedlungen aufgrund der Zahl und Qualität ihrer Funktionen strukturieren lassen. Es wird in etwa folgendes System einer Hierarchie zentraler Orte aufgestellt (11):

---

9) Gemäss schweizerischem Ortschaftenverzeichnis 1960.
10) Vgl. Staedeli, H.P., a.a.O., S. 78.
11) Vgl. Planungsatlas, dritte Lieferung, a.a.O., S. 146 f.

Uebersichtstafel 6: Strukturmerkmale der Gemeinden des Oestlichen Berner Oberlandes

Gemeinde	Zentralität		Arbeitsmarktliche Lage				
	Städtisches Gebiet nach Staedeli	Zentralitätsstufe nach Planungsatlas	Pendlersaldo in % der Berufstätigen 1970	Sektoralstruktur in % 1970			Fremdenbetten je 100 E. 1973
				I	II	III	
(1)	(2)	(3)	(4)	(5)	(6)	(7)	(8)
Interlaken	ja	3. Ordnung	+ 76,6	1	29	70	108
Matten	ja	3. Ordnung	- 41,2	4	40	56	29
Unterseen	ja	3. Ordnung	- 28,1	5	31	64	23
Brienz	ja	2. Ordnung	+ 4,0	8	51	41	66
Meiringen	ja	2. Ordnung	+ 12,3	9	35	56	35
Därligen	nein	1. Ordnung	- 38,2	15	47	38	57
Gsteigwiler	nein	1. Ordnung	- 62,8	3	25	72	142
Ringgenberg	nein	1. Ordnung	- 34,9	5	47	48	74
Niederried	nein	1. Ordnung	- 44,9	12	44	44	90
Schwanden	nein	1. Ordnung	- 36,2	13	64	23	52
Hofstetten	nein	1. Ordnung	- 29,5	11	58	31	32
Habkern	nein	1. Ordnung	- 20,1	50	29	21	67
Saxeten	nein	1. Ordnung	- 7,7	79	10	11	93
Leissigen	nein	1. Ordnung	- 20,1	14	50	36	92
Oberried	nein	1. Ordnung	- 6,4	14	58	28	52
Brienzwiler	nein	1. Ordnung	- 21,3	22	49	29	51
Innertkirchen	nein	1. Ordnung	- 7,2	18	54	28	47
Guttannen	nein	1. Ordnung	- 6,9	25	57	18	106
Gadmen	nein	1. Ordnung	- 2,4	35	43	22	94
Beatenberg	nein	2. Ordnung	- 7,6	22	28	50	256
Lauterbrunnen	nein	2. Ordnung	+ 2,0	8	29	63	248
Grindelwald	nein	2. Ordnung	+ 3,6	16	24	60	233
Hasliberg	nein	1. Ordnung	- 5,5	37	18	45	160
Wilderswil	nein	2. Ordnung	-12,1	6	34	60	104
Bönigen	nein	1. Ordnung	-20,8	6	38	56	53
Iseltwald	nein	1. Ordnung	-26,1	26	31	44	106
Gündlischwand	nein	1. Ordnung	+ 8,2	10	16	74	38
Lütschental	nein	1. Ordnung	-25,9	28	32	40	64
Schattenhalb	nein	1. Ordnung	-18,4	15	30	55	57

Quellen: Staedeli, H.P., a.a.O., S. 99 f.
Planungsatlas, dritte Lieferung, a.a.O., Beilage E.
Planungsamt des Kantons Bern, Die Berufspendler im Kanton Bern. Eine Auswertung (provisorischer) Ergebnisse der Eidg. Volkszählung vom 1.12.1970, Bern 1974, Tabelle 13.
Stat. Quellenwerke der Schweiz, a.a.O., H. 476.
Direktauskünfte des Eidg. Statistischen Amtes.

1. Ordnung	2. Ordnung	3. Ordnung	4. Ordnung
Gemeindeverwaltung	Bezirksverwaltung	Filialen der Kantonsverwaltung	Hauptstadt
Primarschule	Sekundarschule	Gymnasium	Universität
	Bezirksspital	Regionalspital	Kantonsspital
Gasthaus	Hotel	mehrere Hotels	Botschaften/ Konsulate
Postbüro	Bahnanschluss	grösserer Bahnhof	Sitz von Verkehrsbetrieben
Geschäfte für den täglichen Bedarf	Geschäfte für den höheren Bedarf	vielseitiges Warenangebot	Grossstadtangebot
	Markt	Wochenmarkt	

Als erste Zwischenbilanz fällt die Bestimmung der Zentrumsgemeinden dank der Kombination beider Verfahren recht leicht; Interlaken und die mit Interlaken zusammengewachsenen Gemeinden Matten und Unterseen sowie Brienz und Meiringen verkörpern Orte dieses Typs.

Die arbeitsmarktliche Lage der einzelnen Gemeinden widerspiegelt sich einmal im Pendlersaldo, ausgedrückt in einem Prozentsatz der in einer Gemeinde wohnhaften Berufstätigen, des weitern in der Sektoralstruktur und schliesslich im Beherbergungsangebot. Gemeinden, deren Auspendlerüberschuss mehr als 30 Prozent beträgt, können als typische Wohngürtelgemeinden mit einem ausgeprägten Arbeitsplatzdefizit gelten. Die betreffenden Orte befinden sich in der Regel am Rand der Zentrumsgemeinden. Während die Agrargemeinden durch einen hohen Anteil Berufstätiger im primären Sektor charakterisiert sind, fehlt jenen des sekundären Sektors im Oestlichen Berner Oberland die Einheitlichkeit: In Leissigen ist eine Gipsfabrik ansässig, Oberried hat einen Betrieb der chemischen Industrie, in Brienzwiler spielt die Holzschnitzerei eine grosse Rolle und im Oberhasli (Innertkirchen und Guttannen) sind viele Einwohner in der Elektrizitätswirtschaft beschäftigt. Die wichtigsten Fremdenverkehrsgemeinden kennzeichnen sich durch ein im Vergleich zur einheimischen Bevölkerung grosses Angebot an Gastbetten und weiteren Unterkunftsmöglichkeiten in Zweit- und Ferienwohnungen. Zur Unterscheidung von den übrigen Dienstleistungsgemeinden wird ein Unterkunftsangebot, das die ortsansässige Bevölkerung zum mindesten um 50 Prozent übersteigt, unterstellt. Dieses Kriterium gestattet die Ausscheidung von vier Gemeinden mit sehr bedeutungsvollem Fremdenverkehr, deren Bekanntheitsgrad übrigens weit über die Region hinausreicht. In den andern Dienstleistungsgemeinden - besonders in Gündlischwand und Lütschental, aber ebenso in Wilderswil und Bönigen - wohnen viele Angestellte des Verkehrssektors, während in Schattenhalb eine Privatklinik die meisten Einwohner beschäftigt.

Aufgrund der Strukturmerkmale lassen sich im Oestlichen Berner Oberland Gemeindegruppen aus 5 Zentrumsgemeinden, 6 Wohngürtelgemeinden, 2 Agrargemeinden, 6 Gemeinden des sekundären Sektors, 4 Fremdenverkehrsgemeinden und 6 übrigen Dienstleistungsgemeinden bilden. Die entsprechende Zuordnung entbehrt nicht einer gewissen Problematik, denn es gibt mehrere Gemeinden, deren Typisierung einer starken "Minorität" nicht gerecht wird. Als Beispiele seien erwähnt: Gadmen als Gemeinde des sekundären Sektors mit stark bergbäuerlichem Einschlag, die kleine Gemeinde Lütschental, deren Merkmalsanteile eine befriedigende Zuordnung erschweren, und die Brienzerseegemeinde Iseltwald mit bedeutendem Fremdenverkehr.

412 Analyse der Wohnverhältnisse

In diesem Kapitel geht es um die Analyse der eigentlichen Wohnverhältnisse in Gegenwart und jüngster Vergangenheit. Damit wenden wir uns den einzelnen Faktoren zu, welche in ihrer Vielzahl die Wohnsituation im engern Sinn bestimmen und welche deshalb im Rahmen eines Wohnungskonzepts Berücksichtigung finden müssen.

412.1 Bestand an bewohnten Gebäuden

Der Bestand an dauernd bewohnten Gebäuden ist - wie auch die folgenden Daten - im Zuge der Volkszählungen erhoben worden. Es ist darauf hinzuweisen, dass dieser Bestand erheblich von der Anzahl Häuser abweicht, da viele Gebäude nicht ständig bewohnt sind. Erst die Volkszählung 1970 erfasste "jedes freistehende oder durch Brandmauern von einem anderen getrennten Bauwerk, mit dem ein Wohnzweck verbunden ist" (12). Die blosse Zahl der Wohngebäude ist an sich wenig aussagekräftig. Sie mag höchstens für ganz spezielle Fragestellungen wie beispielsweise die Festlegung des Nachfragepotentials für bestimmte Handwerker interessant sein. Die Entwicklung der Gebäudezahl ist von der Bevölkerungsentwicklung und der Art der Ueberbauung abhängig, wobei allerdings eine rückläufige Bevölkerungszahl nicht notwendigerweise mit einer Abnahme der bewohnten Gebäude einhergeht. Tabelle 2 vermittelt eine Uebersicht über die Entwicklung der Behausungsziffer und der bewohnten Gebäude. Die Behausungsziffer (Bewohner pro bewohntes Gebäude) charakterisiert die Art einer Siedlung, denn grosse Mehrfamilien- und Hochhäuser geben einem Ortsbild ein städtisches Gepräge, während kleinere freistehende Bauten den dörflichen Charakter ausmachen. Wie zu erwarten ist,

---

12) Stat. Quellenwerke der Schweiz, a.a.O., H. 518, S. 7.

Tabelle 2: Gebäudebestand und Behausungsziffer im Oestlichen Berner Oberland 1960 und 1970

Gemeindetyp	Ständig bewohnte Gebäude		Behausungsziffer[1)]		Gebäudebestand 1970 in % Gebäudebestand 1950
	1960	1970	1960	1970	
(1)	(2)	(3)	(4)	(5)	(6)
Zentrumsgemeinden	3 107	3 469	5,4	5,1	122,3
Wohngürtelgemeinden	803	991	4,4	3,5	117,3
Agrargemeinden	176	171	4,3	4,4	101,2
Gemeinden des 2. Sektors	836	884	4,6	3,9	103,3
Fremdenverkehrsgemeinden	1 996	2 144	4,1	3,9	115,1
Uebrige Dienstleistungsgemeinden	1 253	1 303	4,0	3,7	113,2
Oestliches Berner Oberland	8 171	8 962	4,7	4,3	116,1
Kanton Bern	133 224	149 567	6,4	6,4	125,9
Schweiz	759 979	856 663	6,8	7,0	127,3

1) Die Behausungsziffer ist wie folgt definiert: Quotient aus Bewohner der besetzten Wohnungen über Anzahl ständig bewohnte Gebäude. Mitglieder von Kollektivhaushaltungen (Krankenanstalten, Altersheime, Hotels usw.) und Bewohner von Wohnwagen und Notwohnungen gehen somit nicht in die Behausungsziffer ein.

Quelle: Anhangtabelle 1.

zeichnet sich das Oestliche Berner Oberland durch eine vergleichsweise lockere Ueberbauung aus. Die zwischen 1960 und 1970 gesamtschweizerisch von 6,8 auf 7,0 gestiegene Behausungsziffer hat in der Untersuchungsregion sogar von 4,7 auf 4,3 abgenommen. Darin widerspiegelt sich der traditionelle Oberländer Chaletbau, der sowohl in den Dorfsiedlungen als auch in Streulage anzutreffen ist. Die niedrige Behausungsziffer deutet darauf hin, dass der Anteil der Einfamilienhäuser und sonstigen Gebäude mit nur einer Wohnung (Bauernhäuser, Geschäftshäuser) überdurchschnittlich hoch ist. Wer es schätzt, in kleineren Häusern zu wohnen, der wird in der Region Jungfrau/Oberer Brienzersee-Haslital eher Gelegenheit dazu haben als in den Vergleichsräumen Kanton Bern und Schweiz. Aus der Veränderung des Gebäudebestandes zwischen 1960 und 1970 schliesslich geht hervor, dass regionsintern zwar in den Zentrumsgemeinden und den Wohngürtelgemeinden recht viele neue Wohngebäude für Einheimische entstanden sind, doch blieb die entsprechende Bautätigkeit auch hier hinter der kantonalbernischen und schweizerischen Produktion zurück. In den bevölkerungswachstumsstärksten Fremdenverkehrsgemeinden lag der Zuwachs an ständig bewohnten Gebäuden sogar unter dem Regionaldurchschnitt.

412.2 Wohnungsbestand

Für die vorliegende Untersuchung ist die Erfassung der Wohnungen aufschlussreicher als diejenige der Gebäude. Hier handelt es sich um jene Einheit, die in den Marktbeziehungen eine dominante Stellung einnimmt und die der Daseinsgrundfunktion Wohnen entspricht. Mit der Einführung des Stockwerkeigentums im Jahr 1965 kommt der Wohnung auch auf dem Immobilienmarkt eine grössere Bedeutung zu. Aus diesem Grunde erfahren im folgenden ausschliesslich die Wohnungsdaten eine weitere Auswertung.

Im Zusammenhang mit den Wohnungszahlen ist zu berücksichtigen, dass die schweizerische Wohnungsstatistik zwei verschiedene Wohnungsbegriffe kennt (13). Der Bestand an Haushaltwohnungen verkörpert gleichsam das Total der Erstwohnungen, während der Bestand an Bauwohnungen das Total aller Erst-, Zweit- und Leerwohnungen umfasst. Die folgenden Untersuchungen basieren in der Regel auf den besetzten Wohnungen, das heisst auf den von der ortsansässigen Bevölkerung dauernd bewohnten Haushaltwohnungen (Erstwohnungen).

---

13) Die Haushaltwohnung ist die Gesamtheit der von einem Haushalt als Einheit einer wohn- und hauswirtschaftlichen Gemeinschaft benützten Räume. Als Bauwohnung zählt jede Wohnung, die mit einer Küche oder Kochnische versehen ist und einen Eingang vom gemeinsamen Treppenhaus oder direkt von aussen hat; vgl. Stat. Quellenwerke der Schweiz, a.a.O., H. 518, S. 7. Die Haushaltwohnungen entsprechen den in den Wohnungszählungen ausgewiesenen besetzten Wohnungen. Es ist denkbar, dass eine Bauwohnung zwei oder mehrere Haushaltwohnungen enthält. Das ist beispielsweise dann der Fall, wenn sich mehrere Familien zu einer Wohngemeinschaft zusammenfinden oder wenn in einem Bauernhaus die Eltern noch ein Wohnrecht haben, nachdem sie ihrem Sohn den Landwirtschaftsbetrieb abgetreten haben; vgl. dazu Statistisches Amt des Kantons Zürich, Gebäude- und Wohnungszählung 1970 (im Vergleich mit den Wohnungszählungen 1950 und 1960), in: Statistische Berichte des Kantons Zürich, 25. Jg. (1974), S. 75.

Tabelle 3 orientiert über die Entwicklung der Wohnbevölkerung und des Bestandes an besetzten Wohnungen zwischen 1950 und 1970 im Oestlichen Berner Oberland. Wie nicht anders zu erwarten ist, weist die Untersuchungsregion im Vergleich zu den übergeordneten Räumen schwächere Zuwachsraten sowohl bei der Bevölkerung als auch bei den besetzten Wohnungen auf. Einzig die Zentrumsgemeinden sowie die Fremdenverkehrsgemeinden Grindelwald und Lauterbrunnen haben einen ansehnlichen Wohnungszuwachs erhalten. Nicht wenige Gemeinden verzeichnen sogar einen absoluten Bevölkerungsrückgang und dementsprechend zum Teil auch eine Verkleinerung des Erstwohnungsbestandes. Eine Gegenüberstellung von Wohnbevölkerung und besetzten Wohnungen ergibt, dass die Entwicklung des Erstwohnungsbestandes weitgehend von der Bevölkerungsbewegung abhängig ist. So sind die zwei bevölkerungsmässig am meisten gewachsenen Bödeligemeinden Unterseen und Matten auch bezüglich des Wohnungszuwachses an der Spitze, während Gemeinden mit starkem Bevölkerungsrückgang wie Därligen, Oberried und Iseltwald ebenfalls einen abnehmenden Haushaltwohnungsbestand verzeichnen.

Neben dem Bestand an besetzten Wohnungen, der mit der Zahl der Privathaushaltungen identisch ist, wird der Bauwohnungsbestand erhoben. Tabelle 4 gibt Aufschluss über das entsprechende Lageelement und dessen Entwicklung von 1970 bis Ende 1973. Im Oestlichen Berner Oberland übertraf 1970 der Bauwohnungsbestand den Haushaltwohnungsbestand um 4 350 Einheiten oder um 34 Prozent. Die Erklärung liegt im hohen Anteil an Zweitwohnungen (14), die in einzelnen Gemeinden mehr als die Hälfte des Wohnungsbestandes ausmachen. Zu diesem Phänomen der Zweitwohnungen folgen unter Ziffer 412.7 weitere Ausführungen. Was die Entwicklung des Bauwohnungsbestandes in den Jahren 1970 bis 1973 betrifft, erreicht das Oestliche Berner Oberland die durschnittliche kantonale Zunahme von 9,3 Prozent nicht. Zwar verzeichnen gewisse Oberländer Gemeinden ein Wachstum des Bauwohnungsbestandes von über 10 Prozent; das trifft für die Gemeinden Grindelwald, Hasliberg, Hofstetten und Lütschental zu. Vor allem in Grindelwald und Hasliberg dürfte der Bau von Zweitwohnungen zur überdurch-

---

14) Das Eidg. Statistische Amt geht von einem weiten Zweitwohnungsbegriff aus: "Zu den Zweitwohnungen gehören vor allem die Ferien- und Wochenendwohnungen, die Ferien- und Wochenendhäuser, die von ihren Besitzern selbst benutzt oder für kürzere oder längere Zeit vermietet werden, aber keinem dauernden Wohnzweck dienen. Dazu gehört ferner jede mit Küche oder Kochnische versehene, von ihren Bewohnern im Zeitpunkt der Zählung nicht benutzte Wohnung (z.B. Berg- und Tal-, Stadt- und Landwohnung) sowie eine auf einen späteren Termin schon vermietete, aber zur Zeit der Zählung nicht benutzte Wohnung". (Stat. Quellenwerke der Schweiz, a.a.O., H. 518, S. 9.

Tabelle 3: Wohnbevölkerung und besetzte Wohnungen im Oestlichen Berner Oberland 1950, 1960 und 1970

Gemeinde	Wohnbevölkerung			Besetzte Wohnungen			Wohnbevölkerung 1970 in % Wohnbevölkerung 1950	Besetzte Wohnungen 1970 in % besetzte Wohnungen 1950[1]
	1950	1960	1970	1950[1]	1960	1970		
(1)	(2)	(3)	(4)	(5)	(6)	(7)	(8)	(8)
Interlaken	4368	4738	4735	1280	1470	1683	108,4	131,5
Matten	2183	2325	2767	676	744	947	126,8	140,1
Unterseen	3448	3783	4192	1014	1137	1435	121,6	141,5
Brienz	2861	2864	2796	820	861	945	97,7	115,2
Meiringen	3640	3749	3759	967	1045	1181	103,3	122,1
Zentrumsgemeinden	16500	17459	18249	4757	5257	6191	110,6	130,1
Därligen	361	364	299	118	116	109	82,8	92,4
Gsteigwiler	359	394	329	104	106	113	91,6	108,7
Ringgenberg	1763	1780	1824	540	575	626	103,5	115,9
Niederried	273	264	254	87	82	86	93,0	98,8
Schwanden	363	355	388	107	111	133	106,9	124,3
Hofstetten	463	441	431	130	134	145	93,1	111,5
Wohngürtelgemeinden	3582	3598	3525	1086	1124	1212	98,4	111,6
Habkern	671	625	651	161	156	165	97,0	102,5
Saxeten	122	139	123	40	40	39	100,8	97,5
Agrargemeinden	783	764	774	201	196	204	98,9	101,5
Leissigen	625	622	567	199	198	203	90,7	102,0
Oberried	653	595	492	191	182	172	75,3	90,4
Brienzwiler	579	518	480	172	175	175	82,9	101,7
Innertkirchen	1194	1230	1064	308	317	320	89,1	103,9
Gadmen	485	510	482	131	130	131	99,4	100
Guttannen	557	430	394	120	113	118	70,7	98,3
Gemeinden des 2. Sektors	4093	3905	3479	1121	1115	1119	85,0	99,8
Beatenberg	1223	1303	1263	323	319	345	95,5	106,8
Lauterbrunnen	2968	3281	3478	872	955	1024	117,2	117,4
Grindelwald	3053	3244	3511	931	940	1054	115,0	113,2
Hasliberg	1044	1172	1292	264	293	276	123,8	104,6
Fremdenverkehrsgemeinden	8388	9000	9544	2390	2507	2699	113,8	112,9
Wilderswil	1669	1701	1666	513	533	560	99,8	109,2
Bönigen	1734	1833	1738	505	545	571	100,2	113,1
Iseltwald	537	548	489	143	144	131	91,1	91,6
Gündlischwand	308	289	285	91	90	88	92,5	96,7
Lütschental	267	244	223	78	74	72	83,5	92,3
Schattenhalb	954	888	830	185	176	192	87,0	103,8
Uebrige Dienstleistungsgemeinden	5469	5503	5231	1515	1562	1614	95,6	106,5
Oestliches Berner Oberland	38815	40229	40802	11070	11761	13039	106,6	110,4
Kanton Bern	801943	889523	983296	213757	255440	317755	122,6	148,7
Schweiz	4714992	5429061	6269783	1275688	1580390	2050483	133,0	160,7

1) 1950 nur besetzte Wohnungen mit Küche.

Quellen: Stat. Quellenwerke der Schweiz, a.a.O., H. 277/295/364/379/467/518.
Stat. Jahrbuch der Schweiz 1964, S. 59.

Tabelle 4: Bauwohnungsbestand 1970 und dessen Entwicklung im Oestlichen Berner Oberland 1970 bis 1973

Gemeinde	Bauwohnungsbestand 1970			Bauwohnungsbestand Ende 1973	Bauwohnungsbestand Ende 1973 in % Bauwohnungsbestand 1970
	Total	davon Zweitwohnungen			
		absolut	in %		
(1)	(2)	(3)	(4)	(5)	(6)
Interlaken	1754	66	3,8	1869	106,6
Matten	1007	62	6,2	1098	109,0
Unterseen	1586	136	8,6	1643	103,6
Brienz	1215	260	21,4	1224	100,7
Meiringen	1259	80	6,4	1333	105,9
Zentrumsgemeinden	6821	604	8,9	7167	105,0
Därligen	141	31	22,0	143	101,4
Gsteigwiler	146	33	22,6	146	100
Ringgenberg	783	150	19,2	817	104,3
Niederried	144	57	39,6	152	105,6
Schwanden	195	62	31,8	209	107,2
Hofstetten	162	16	9,9	182	112,3
Wohngürtelgemeinden	1571	349	22,2	1649	105,0
Habkern	275	105	38,2	299	108,7
Saxeten	62	23	37,1	63	101,6
Agrargemeinden	337	128	38,0	362	107,4
Leissigen	322	119	37,0	353	109,6
Oberried	242	67	27,7	255	105,4
Brienzwiler	217	42	19,4	226	104,1
Innertkirchen	363	43	11,8	368	101,3
Gadmen	157	26	16,6	158	100,6
Guttannen	129	7	5,4	134	103,9
Gemeinden des 2. Sektors	1430	304	21,3	1494	104,5
Beatenberg	749	397	53,0	771	102,9
Lauterbrunnen	1875	845	45,1	1993	106,3
Grindelwald	2063	1002	48,6	2311	112,0
Hasliberg	566	287	50,7	628	111,0
Fremdenverkehrsgemeinden	5253	2531	48,2	5703	108,6
Wilderswil	666	102	15,3	694	102,9
Bönigen	655	70	10,7	676	103,2
Iseltwald	226	93	41,2	229	101,3
Gündlischwand	113	21	18,5	121	107,1
Lütschental	86	13	15,1	96	111,6
Schattenhalb	231	37	16,0	231	100
Uebrige Dienstleistungsgemeinden	1977	336	17,0	2047	103,5
Oestliches Berner Oberland	17389	4252	24,5	18422	105,9
Kanton Bern	338318	20668	6,1	369749	109,3
Schweiz	2173890	131219	6,0	2388377	109,9

Quellen: Stat. Quellenwerke der Schweiz, a.a.O., H. 518.
Stat. Bureau des Kantons Bern, Die Wohnbautätigkeit in den Gemeinden des Kantons Bern 1950 bis 1973 (Beiträge zur Statistik des Kantons Bern, Produktionsstatistik (Reihe C), H.3, Bern 1974 (im folgenden zitiert als: Die Wohnbautätigkeit im Kanton Bern 1950 bis 1973).
Direktauskünfte des Stat. Bureaus des Kantons Bern.
Stat. Jahrbuch der Schweiz 1974, S. 192.

schnittlichen Wohnungsproduktion beigetragen haben. Doch finden sich von 1971 bis 1973 auch viele und hierbei nicht nur kleine Gemeinden (vgl. Brienz) mit stagnierendem Wohnungsbau.

412.3 Wohndichte

Die systematische Inbezugsetzung von Einwohnern und Wohnungen führt in Tabelle 5 zur Wohndichte. Der Quotient aus Bewohnern

Tabelle 5: Wohndichte im Oestlichen Berner Oberland 1960 und 1970

Gemeindetyp	Bewohner 1)		Bewohner pro Wohnung 2)		Bewohner pro Wohnraum 3)	
	1960	1970	1960	1970	1960	1970
(1)	(2)	(3)	(4)	(5)	(6)	(7)
Zentrumsgemeinden	16857	17645	3,21	2,85	0,79	0,70
Wohngürtelgemeinden	3552	3451	3,16	2,85	0,78	0,65
Agrargemeinden	757	744	3,86	3,65	0,94	0,89
Gemeinden des 2. Sektors	3819	3441	3,43	3,08	0,83	0,71
Fremdenverkehrsgemeinden	8262	8416	3,30	3,12	0,85	0,78
Uebrige Dienstleistungsgemeinden	5026	4805	3,22	2,98	0,86	0,73
Oestliches Berner Oberland	38273	38502	3,25	2,95	0,82	0,72
Kanton Bern	856539	950657	3,35	2,99	0,89	0,80
Schweiz	5667318	6011229	3,27	2,93	0,86	0,79

1) Wohnbevölkerung abzüglich Mitglieder von Kollektivhaushaltungen und Bewohner von Wohnwagen und Notwohnungen.
2) Quotient aus Bewohner in Wohnungen über Anzahl besetzte Wohnungen.
3) Quotient aus Bewohner in Wohnungen über Anzahl Wohnräume in besetzten Wohnungen.

Quelle: Anhangtabelle 2.

und besetzten Wohnungen (Haushaltwohnungen) ergibt eine erste Möglichkeit, die Belegungsdichte darzustellen. Allerdings ist auf die beschränkte Aussagekraft dieser Grösse hinzuweisen, da sie sehr stark von der Wohnungsgrösse abhängig ist. Im Absinken der Belegungsdichte widerspiegelt sich demnach besonders der Trend zu Ein- und Zweizimmerwohnungen. Es kann festgestellt werden, dass sich die entsprechenden Werte für das Oestliche Berner Oberland vergleichsweise günstig präsentieren. Die Belegungsdichte ist im allgemeinen in kleineren Gemeinden grösser, während in den Zentrumsgemeinden am wenigsten Bewohner auf eine Wohnung entfallen.

Wesentlich aussagekräftiger ist die in der Anzahl Bewohner pro Wohnraum ausgedrückte Wohndichte. Darin kommt annäherungsweise die einer Person zustehende Wohnfläche und somit ein wesentliches Wohnkomfortmerkmal zum Ausdruck (15). Es mag erstaunen, dass die Wohnverhältnisse bezüglich Wohndichte - ausgedrückt in Bewohnern pro Wohnung oder Bewohnern pro Wohnraum - im Oestlichen Berner Oberland vergleichsweise als recht vorteilhaft zu beurteilen sind. So ist 1970 die Belegungsdichte pro Wohnraum mit 0,72 gegenüber 0,80 im Kanton Bern und 0,79 in der Schweiz ausgesprochen niedrig. Einzig die bergbäuerlich geprägten Gemeinden Habkern und Saxeten sowie in geringerem Masse die Fremdenverkehrsgemeinden weisen eine überdurchschnittlich hohe Wohndichte auf. In den Gemeinden des 2. Sektors - so etwa in Innertkirchen und Leissigen - ist die sinkende Wohndichte nicht auf entsprechenden Erstwohnungsbau, sondern auf die abnehmende Bevölkerung zurückzuführen.

412.4 Wohnungsgrösse

Da von der Nachfrageseite her ein Bedarf nach verschiedenen Wohnungsgrössen besteht, sollte der Wohnungsbestand dementsprechend strukturiert sein. Der Bestand an Klein-, Mittel- und Grosswohnungen hat mit der Zahl der kleinen, mittleren und grossen Haushaltungen ungefähr übereinzustimmen. Wie aus Tabelle 6 hervorgeht, weist das Oestliche Berner Oberland als Ganzes eine recht ausgeglichene Wohnungsstruktur auf. Die häufigste Wohnungsgrösse ist wie im Kanton Bern und in der Schweiz die 3-Zimmerwohnung. Die Kleinwohnungen mit einem und zwei Zimmern sind unterdurchschnittlich, die grossen Wohnungen mit fünf und mehr Zimmern überdurchschnittlich vertreten, was die Hypothese von den niedrigeren Wohnungskosten in den wirtschaftlichen Randregionen zu bestätigen scheint. Besonders in den Gewerbe- und Industriegemeinden sowie in den Wohngürtelgemeinden trifft man hohe Anteile an grossen Wohnungen. Bemerkenswert ist die Tatsache, dass in den Fremdenverkehrsgemeinden, insbesondere im bekannten Fremdenverkehrsort Grindelwald, eher wenig Grosswohnungen zu verzeichnen sind.

---

15) Die in Quadratmeter ausgedrückte Wohnfläche wird in der Schweiz nicht erhoben.

Tabelle 6: Besetzte Wohnungen nach Zimmerzahl im Oestlichen Berner Oberland 1970

Gemeindetyp	1- und 2-Zimmerwohnungen in %	3-Zimmer-Wohnungen in %	4-Zimmer-Wohnungen in %	5-und mehr-Zimmerwohnungen in %	Total besetzte Wohnungen
(1)	(2)	(3)	(4)	(5)	(6)
Zentrumsgemeinden	17,2	31,6	25,7	25,5	6191
Wohngürtelgemeinden	13,6	26,2	24,9	35,3	1212
Agrargemeinden	27,5	23,0	22,0	27,5	204
Gemeinden des 2. Sektors	13,3	26,3	25,4	35,0	1119
Fremdenverkehrsgemeinden	22,8	31,8	22,4	23,0	2699
Uebrige Dienstleistungsgemeinden	16,9	26,9	27,6	28,6	1614
Oestliches Berner Oberland	17,8	30,0	25,1	27,1	13039
Kanton Bern	21,0	35,8	22,8	20,4	317755
Schweiz	23,3	31,4	23,2	22,1	2050483

Anmerkung: Wohnungen mit halben Zimmern sind der nächstunteren Kategorie zugerechnet.

Quelle: Anhangtabelle 3.

412.5 Wohnungsausstattung

In der Wohnungsausstattung kommt ein wesentliches qualitatives Merkmal der Wohnsituation zum Ausdruck (16). Die Annehmlichkeiten des Wohnens, die aus bestimmten Einrichtungen bestehen,

---

16) Die Wohnungsqualität ist ebenfalls vom allgemeinen Gebäudezustand, das heisst von der Bauart und vom Erhaltungsaufwand, abhängig.

nehmen rasch zu, und gewisse früher nicht selbstverständliche Ausstattungen sind heutzutage ein Bestandteil des durchschnittlichen Wohnungsstandards. Die überall feststellbare Verbesserung des Wohnungskomforts zwischen 1960 und 1970 kommt in Tabelle 7 an den Beispielen eigenes Bad oder Dusche, moderne Heizung und Warmwasserversorgung zum Ausdruck; überdies findet sich für das Jahr 1970 noch zusätzlich der Einrichtungsstand bezüglich der Merkmale Toilette mit Wasserspülung und vollautomatische Waschmaschine (17). Im Oestlichen Berner Oberland jedoch liegt der Ausstattungsgrad verglichen mit bernischen und schweizerischen Verhältnissen deutlich zurück. Obwohl in den sechziger Jahren der Rückstand verringert wurde, bleibt bis zu einer Annäherung an den schweizerischen Durchschnitt noch viel zu tun übrig. Einzig die Gemeinde Interlaken hat dieses Ziel bereits übertroffen und die übrigen Zentrumsgemeinden sind nicht mehr so weit davon entfernt. Daneben gibt es aber immer noch Gemeinden, so zum Beispiel Habkern und Saxeten sowie Gadmen, wo 1970 mehr als die Hälfte der Wohnungen die angeführten, heute auch im sozialen Wohnungsbau zur Selbstverständlichkeit gehörenden Einrichtungen nicht aufwiesen. Wenngleich das Fehlen einzelner Komfortmerkmale - beispielsweise ist anstatt einer modernen Heizung ein Kachelofen vorhanden - bei der traditionellen ländlichen Lebensweise vorerst nicht als Mangel empfunden wird, zeugt es trotzdem von Rückständigkeit, die mit zunehmender Mobilität der Bevölkerung immer stärker ins Gewicht fällt.

Viele Indizien sprechen dafür, dass der unzureichende Wohnungskomfort vor allem in landwirtschaftlichen Verhältnissen anzutreffen ist. So liegen die Agrargemeinden sowie Gadmen und Hasliberg, deren Berufstätige zu mehr als einem Drittel im primären Sektor beschäftigt sind, besonders weit im Rückstand. Eine von der Bergbauernschule Hondrich im Auftrag der Landwirtschaftsdirektion des Kantons Bern durchgeführte Untersuchung hat im Frühjahr 1974 ergeben, dass immer noch in der Hälfte der sich in Landwirtschaftsbetrieben befindlichen Wohnungen kein Bad eingerichtet ist und sogar in vier Fünftel aller Wohnungen nach wie vor mit dem Kachelofen geheizt wird (18).

---

17) Die allgemeine feststellbare Komfortverbesserung widerspiegelt sich nicht zuletzt auch in den von der Wohnungszählung erhobenen Merkmalen. So wurde 1950 in den Land- und Berggemeinden noch nach dem Vorhandensein eines Schüttsteins und der Elektrizitätsversorgung gefragt, bis 1960 ging die Wasserleitung in die Küche in die Erhebung ein, und erst 1970 wurden Kühlschrank, Kühltruhe und vollautomatische Waschmaschine in die Befragung aufgenommen.

18) Unveröffentlichte Untersuchung der Bergbauernschule Hondrich.

Tabelle 7: Wohnungsausstattung im Oestlichen Berner Oberland 1960 und 1970

(Prozentsatz der besetzten Wohnungen mit dem entsprechenden Komfortmerkmal)

Gemeindetyp	Eigenes Bad oder Dusche		Fern-, Zentral- oder Etagenheizung		Warmwasserversorgung		Eigene Toilette mit Wasserspühlung 1)	Vollautomatische Waschmaschine 1)	Durchschnittliche Wohnungsausstattung 2)
	1960	1970	1960	1970	1960	1970	1970	1970	1970
(1)	(2)	(3)	(4)	(5)	(6)	(7)	(8)	(9)	(10)
Zentrumsgemeinden	55	76	35	59	64	86	90	74	77
Wohngürtelgemeinden	37	64	13	35	48	75	72	66	62
Agrargemeinden	13	26	7	13	16	37	24	48	30
Gemeinden des 2. Sektors	33	57	9	26	42	70	63	59	55
Fremdenverkehrsgemeinden	40	65	27	50	48	77	74	68	67
Uebrige Dienstleistungsgemeinden	30	62	14	37	40	74	69	57	60
Oestliches Berner Oberland	44	68	26	48	53	79	79	68	68
Kanton Bern	59	78	50	71	69	87	88	75	80
Schweiz	63	81	50	74	74	90	93	76	83

1) 1970 erstmals erhoben.

2) Summe der Spalten 3, 5, 7, 8 und 9 dividiert durch 5.

Quelle: Anhangtabelle 4.

412.6 Wohnungsalter

Das Wohnungsalter kann als grober Ersatzindikator für den Bauzustand der Wohnungen dienen. Die diesbezügliche Aussagekraft wird aber dadurch geschmälert, dass bei An- oder Erweiterungsbauten, die zweifelsohne die Wohnsubstanz erheblich verbessern, das ursprüngliche Baujahr und nur bei gänzlichem Wiederaufbau das Jahr des Neubaues gilt (19). Zudem wird bei der Erhebung des Wohnungsalters von der Bauwohnung ausgegangen, was zur Folge hat, dass die Zahl der besetzten Wohnungen (Erstwohnungen) etwas niedriger ist als bei den bisher betrachteten Haushaltwohnungen. Tabelle 8 vermittelt eine Uebersicht über das Wohnungsalter der besetzten Bauwohnungen im Oestlichen Berner Oberland. Wie nicht anders zu erwarten ist, weisen diejenigen Gemeinden einen relativ hohen Anteil an nach 1947 erbauten Wohnungen auf, welche eine ansehnliche Erhöhung des Erstwohnungsbestandes verzeichnen (20). Das sind die drei Bödeligemeinden Interlaken, Matten und Unterseen sowie Meiringen und Schwanden bei Brienz. Auch Niederried ist zu erwähnen, wo trotz abnehmender Wohnungszahl ein Drittel des Wohnungsbestandes seit 1947 erbaut worden ist. Dieser Sachverhalt lässt sich durch viele Abgänge an Dauerwohnungen und durch gleichzeitig erfolgte Neubauten für Einheimische erklären. Erstaunlich mag sein, dass in den Fremdenverkehrsgemeinden verhältnismässig wenig neue Wohnungen für die ortsansässige Bevölkerung ausgewiesen sind, obwohl ein Augenschein in den betreffenden Orten nicht den Eindruck von überalterten Gebäudesubstanzen hinterlässt. Zur Erklärung dieses Tatbestandes muss man sich vergegenwärtigen, dass ein grosser Teil der Bauwohnungen nicht als Wohnstätten für Einheimische, sondern als Zweitresidenzen oder als Ferienwohnungen bestimmt sind. Wie noch zu zeigen sein wird, weicht die Altersstruktur dieser Wohnungen beträchtlich von derjenigen der dauernd besetzten Wohnungen ab. In typischen Fremdenverkehrsorten lag der Schwerpunkt des Wohnungsbaus in den letzten Jahren eindeutig im Bereich des Zweitwohnungsbaus.

412.7 Zweitwohnungen

Die bisherige Untersuchung bezog sich lediglich auf die von Privathaushaltungen besetzten Erstwohnungen. Diese Art der Wohnungsnutzung, bei der sich die Haushaltführung, das Familienleben, ja das Alltagsleben abspielt, stellt den Normalfall dar, und frühere Wohnungszählungen erfassten nur diese Wohnungen. In der letzten Zeit haben nun aber die Zweitwohnungen, die nur vorübergehend und hauptsächlich zu Erholungszwecken genutzt werden, eine immer grössere Bedeutung erlangt. Wie bereits unter Ziffer 24 und 342 ausgeführt, dürften die nicht dauernd bewohnten Wohnungen einen immer grösseren Umfang an-

---

19) Vgl. Stat. Quellenwerke der Schweiz, a.a.O., H. 518, S. 8.
20) Vgl. Tabelle 3.

Tabelle 8: Besetzte Bauwohnungen nach Bauperiode im Oestlichen Berner Oberland 1970

Gemeindetyp	Vor 1947 erbaut in %	Von 1947 bis 1960 erbaut in %	Nach 1960 erbaut in %	Total besetzte Bauwohnungen
(1)	(2)	(3)	(4)	(5)
Zentrumsgemeinden	63,7	17,9	18,4	6 157
Wohngürtelgemeinden	72,9	12,8	14,3	1 208
Agrargemeinden	83,3	10,8	5,9	204
Gemeinden des 2. Sektors	76,9	12,8	10,4	1 116
Fremdenverkehrsgemeinden	76,2	12,2	11,6	2 670
Uebrige Dienstleistungsgemeinden	76,7	11,4	11,9	1 609
Oestliches Berner Oberland	70,2	14,9	14,9	12 964
Kanton Bern	55,9	21,8	22,3	314 501
Schweiz	52,1	21,8	26,1	2 017 465

Quelle: Anhangtabelle 5.

nehmen. Aus Tabelle 9 geht hervor, dass 17 von 29 Gemeinden des Oestlichen Berner Oberlandes einen Zweitwohnungsanteil von über einem Sechstel des Gesamtwohnungsbestandes aufweisen. Im Jahr 1970 war in der Untersuchungsregion jede vierte Wohnung ein Zweitdomizil; ein äquivalenter Prozentsatz an Ferienwohnungen wurde auch von Kantonen mit bedeutendem Fremdenverkehr erreicht. Die hohe touristische Eignung der Region kommt somit in

Tabelle 9: Zweitwohnungen nach Bauperiode im Oestlichen Berner Oberland 1970

Gemeinde[1]	Anteil Zweitwohnungen im % der Bauwohnungen	Vor 1947 erbaut in %	Von 1947 bis 1960 erbaut in %	Nach 1960 erbaut in %	Total Zweitwohnungen	Erbaute Zweitwohnungen je erbaute Erstwohnung nach 1960
(1)	(2)	(3)	(4)	(5)	(6)	(7)
Beatenberg	53,0	31,3	24,9	37,8	397	5,4
Hasliberg	50,7	36,9	26,5	36,6	287	3,0
Grindelwald	48,6	35,4	24,0	40,6	1002	3,2
Lauterbrunnen	45,1	50,1	14,3	35,6	845	2,5
Iseltwald	41,2	76,3	4,3	19,4	67	3,6
Niederried	39,6	86,0	10,5	3,5	57	0,1
Habkern	38,2	44,8	9,5	45,7	105	4,0
Saxeten	37,1	52,2	39,1	8,7	23	2,0
Leissigen	37,0	65,5	9,3	25,2	119	0,9
Schwanden	31,8	71,0	1,6	27,4	62	0,6
Oberried	27,7	61,2	10,5	28,3	67	1,7
Gsteigwiler	22,6	69,7	21,2	9,1	33	0,4
Därligen	22,0	71,0	16,1	12,9	31	0,4
Brienz	21,4	36,9	24,6	38,5	260	0,7
Brienzwiler	19,4	85,7	4,8	9,5	42	0,4
Ringgenberg	19,2	55,4	19,3	25,3	150	0,4
Gündlischwand	18,5	61,9	4,8	33,3	21	0,6
Oestliches Berner Oberland	24,5	49,6	18,3	32,1	4252	0,7
Kanton Bern	6,1	51,6	15,7	32,7	20668	0,1
Graubünden	24,4	39,7	14,8	45,5	15010	0,6
Wallis	26,8	36,8	17,8	45,4	22589	0,6

1) Nur Gemeinden mit einem Zweitwohnungsanteil von mindestens einem Sechstel; vgl. Tabelle 4.

Quellen: Stat. Quellenwerke der Schweiz, a.a.O., H. 518.
Eidg. Statistisches Amt, Volkszählung 1970. Gebäude und Wohnungen, Tabelle 1.52 (unveröffentlicht).

einem überdimensionierten Wohnungsbestand zum Ausdruck, wobei die im Tourismus feststellbare Verschiebung der Nachfrage von der traditionellen Hotellerie zum sogenannten hébergement complémentaire den Zweitwohnungsbau besonders beschleunigt (21). Ein knappes Drittel der Zweitwohnungen wurden in den sechziger Jahren erbaut, wobei von Gemeinde zu Gemeinde beträchtliche Unterschiede hinsichtlich des Anteils der neuen Zweitwohnungen bestehen. Es fällt insbesondere auf, dass die für den Wintersport geeigneten Gebiete nach 1960 einen überdurchschnittlichen Zuwachs an Ferienwohnungen verzeichnen. Dagegen fallen die Seegemeinden durch einen ziemlich überalterten Zweitwohnungsbestand auf; möglicherweise widerspiegelt sich in dieser Entwicklung das nachlassende Interesse für den Sommertourismus. Im Vergleich zu den Kantonen Graubünden und Wallis, deren hektische Aktivität im Bau von Appartementhäusern und Chalets in den letzten Jahren auf zunehmende Kritik gestossen ist (22), haben im Oestlichen Berner Oberland wie im Gesamtkanton die Zweitwohnungen weniger spektakulär zugenommen. Die Gegenüberstellung der nach 1960 erbauten Erst- und Zweitwohnungen zeigt aber dennoch die für viele Orte zentrale Stellung des Zweitwohnungsbaus im Rahmen des gesamten Wohnungsbaus auf. So wurden in den vier Fremdenverkehrsgemeinden durchschnittlich auf eine Erstwohnung 3,1 Zweitwohnungen gebaut, oder anders ausgedrückt: Der Anteil des Erstwohnungsbaus erreichte nicht ganz ein Viertel des Gesamtwohnungsbaus. Unter solchen Verhältnissen sind die vom Zweitwohnungsbau und von der Existenz von Zweitwohnungen ausgehenden Einkommenseffekte derart gewichtig, dass eine - wie auch immer ausgestaltete - Diskriminierung der Ferienwohnungen sehr gründlich überlegt sein muss, wenn man nicht die natürlichen Entwicklungsmöglichkeiten der wirtschaftlichen Randregionen beschneiden will. Vielmehr verdient die für die Zweitwohnungsgemeinden sehr nachteilige Steuerteilungspraxis bei auswärtigen Zweitwohnungsinhabern volle Aufmerksamkeit (23). Diese unbefriedigende Situation hat zu den unter Ziffer 342 erwähnten parlamentarischen Vorstössen geführt. Im Kanton Bern lag seinerzeit - ausgelöst durch die Motionen Bacher und Hari - ein Entwurf zur besseren steuerlichen Erfassung der nicht orts-

---

21) Vgl. Risch, P., a.a.O.
22) In diesem Zusammenhang ist auf den Bundesbeschluss über den Erwerb von Grundstücken durch Personen im Ausland (vom 23. März 1961) hinzuweisen, der die Verkäufe von Grundstücken an Ausländer beschränken soll.
23) Die geltende Steuerteilungspraxis (vgl. Ziffer 433.2) bewirkt beispielsweise in der Gemeinde Adelboden, dass die über 44 Prozent des Grundbesitzes verfügenden Auswärtigen nur 10 Prozent der Gemeindesteuern entrichten (vgl. Tagblatt des Grossen Rates des Kantons Bern, Jg. 1975, H. 1, S. 23.

ansässigen Zweitwohnungseigentümer vor (24). Die anvisierte Einführung einer Minimalsteuer auf Grundeigentum im Sinne einer Ersatzsteuer wäre aber in der vorgeschlagenen Form in bezug auf die Zweitwohnungsgemeinden wenig ergiebig gewesen; zudem hätte im ganzen Kanton als unbeabsichtigte Nebenwirkung eine stärkere Besteuerung der Selbsthilfegenossenschaften resultiert.

413 Zur Wohnungsmarktlage

Die Wohnungsmarktverhältnisse lassen sich vor allem durch die Eigentums- und Besitzverhältnisse sowie anhand der Indikatoren Leerwohnungssituation, Miet-, Liegenschafts- und Bodenpreise charakterisieren. Mit den nachfolgenden Analysen wird versucht, für das Oestliche Berner Oberland bezüglich der erwähnten Faktoren den erforderlichen Aufschluss zu vermitteln.

413.1 Eigentums- und Besitzverhältnisse

Die Eigentumsverhältnisse widerspiegeln die Trägerschaft im Wohnungsbau. Die Struktur der Wohnungseigentümer kennzeichnet sich im Oestlichen Berner Oberland durch einen vergleichsweise hohen Anteil an Wohnungen im Eigentum von Privatpersonen. Gesellschaften und Genossenschaften - letztere sind Eigentümer von knapp 2 Prozent der Wohnungen - verfügen zusammen nur über ungefähr 7 Prozent des Wohnungsbestandes, während im Kanton Bern ein Sechstel und in der Schweiz ein Viertel der Wohnungen entsprechenden Organisationen gehören. Die öffentliche Hand ist im Oestlichen Berner Oberland Eigentümerin von rund 3 Prozent der Wohnungen; derselbe Anteil ist auch in den Vergleichsräumen zu verzeichnen. Innerregional ist festzustellen, dass Gesellschaften und Genossenschaften nur in den Zentrumsgemeinden einen namhafteren Wohnungsbestand ihr eigen nennen (25).

Die Besitzverhältnisse geben über die rechtliche Stellung des Wohnungsinhabers Aufschluss. Während bei den Eigentümerwohnungen Wohnungseigentümer und Wohnungsinhaber identisch sind, hat der Mieter nur Nutzungsrechte an der Wohnung. Die Neuwohnungsproduktion in den sechziger Jahren - in den Zentrumsgemeinden vorwiegend Wohnblocks und Mietwohnungen - liess den Anteil der

---

24) Vgl. dazu Vortrag der Direktion der Finanzen an den Regierungsrat zuhanden des Grossen Rates betreffend das Gesetz vom 29. Oktober 1944 über die direkten Staats- und Gemeindesteuern (Aenderung). Nach Rückweisung des Revisionsentwurfs durch die grossrätliche Kommission beschloss der Regierungsrat am 7. Januar 1976, die Vorlage zurückzuziehen.
25) Die anteilsmässige Verteilung entspricht den Verhältnissen des Jahres 1970; vgl. Stat. Quellenwerke der Schweiz, a.a.O., H. 518.

Tabelle 10: Besetzte Wohnungen nach Besitzverhältnis im Oestlichen Berner Oberland 1970

Gemeindetyp	Eigentümerwohnungen[1] in %	Mietwohnungen in %	Uebrige Wohnungen[2] in %	Total
(1)	(2)	(3)	(4)	(5)
Zentrumsgemeinden	41,0	50,3	8,7	6191
Wohngürtelgemeinden	70,4	24,0	5,6	1212
Agrargemeinden	76,0	10,3	13,7	204
Gemeinden des 2. Sektors	64,7	22,6	12,7	1119
Fremdenverkehrsgemeinden	64,0	27,7	8,3	2699
Uebrige Dienstleistungsgemeinden	67,6	26,1	6,3	1614
Oestliches Berner Oberland	54,4	37,2	8,4	13039
Kanton Bern	31,9	59,8	8,3	317755
Schweiz	28,1	64,1	7,8	2050483

1) Inklusive Stockwerkeigentümerwohnungen
2) Genossenschafter-, Pächter-, Dienst- und Freiwohnungen.

Quelle: Anhangtabelle 6.

Eigentümerwohnungen im Oestlichen Berner Oberland wie auch im gesamtschweizerischen und kantonalbernischen Durchschnitt absinken (26). Aus Tabelle 10 geht hervor, dass jedoch in der Untersuchungsregion immer noch die Wohnungsselbstversorgung überwiegt. Besonders stark verbreitet sind die Eigentümerwohnungen in den Wohngürtel-, in den Agrar- und auch in einzelnen Dienstleistungsgemeinden (Bönigen, Lütschental). Erwartungsgemäss weisen die Zentrumsgemeinden mit ihrer dichteren Ueberbauung am meisten Mietwohnungen auf. Die relativ hohen Anteile der Kategorie übrige Wohnungen lassen sich in den Gemeinden des 2. Sektors auf Dienstwohnungen (insbesondere im Einzugsgebiet der Kraftwerke Oberhasli) zurückführen (27), während in den Agrargemeinden Freiwohnungen - beispielsweise begründet durch Wohnrechte - verhältnismässig stark verbreitet sind.

413.2 Leerwohnungsbestand

Die Verfassung des Wohnungsmarktes wird gemeinhin mit dem Leerwohnungsbestand gemessen. Zu diesem Zweck setzt man die Zahl der leerstehenden und zu dauernder Vermietung oder zu Kauf angebotenen Wohnungen zum Gesamtwohnungsbestand in Beziehung. In Anbetracht der Tatsache, dass die Besetzung beziehungsweise Neubesetzung gewisse Umtriebe mit sich bringt, kann bereits bei einer Leerwohnungsziffer von 0,5 von einem praktisch voll absorbierten Wohnungsmarkt gesprochen werden (28). Kleps bezeichnet einen Leerwohnungsbestand von weniger als 1 bis 1,5 Prozent als Wohnungsmangel, eine Leerwohnungsziffer unter 0,5 Prozent als Wohnungsnot. Umgekehrt definiert er mehr als 3 Prozent Leerwohnungen als Ueberangebot an Wohnungen (29).

Tabelle 11 gibt die Ergebnisse der Leerwohnungserhebungen des BIGA für die Jahre 1970 bis 1974 sowie die anlässlich der Volkszählung 1970 erhobenen Leerwohnungsziffern für die Gemeinden mit über 2 000 Einwohnern im Oestlichen Berner Oberland

---

26) Anteil der Eigentümerwohnungen 1960: Schweiz 33,7 Prozent; Kanton Bern 36,7 Prozent; Oestliches Berner Oberland 60,4 Prozent; vgl. Stat. Quellenwerke der Schweiz, a.a.O., H. 364/379.
27) Von 28 im Oestlichen Berner Oberland befragten mittleren und kleinen Gewerbe- und Industriebetrieben verfügen 6 über betriebseigene Wohnungen; vgl. Entwicklungsplanung Region Oberland-Ost, Bd. 1, a.a.O., S. 121.
28) Vgl. Bericht der Eidg. Wohnbaukommission, Wohnungsmarkt und Wohnungsmarktpolitik (Sonderheft 72 der Volkswirtschaft), Bern 1963, S. 10.
29) Vgl. Kleps, K., a.a.O., S. 27.

Tabelle 11: Leerwohnungsziffern im Oestlichen Berner Oberland 1970 bis 1974

Gemeinden	1970[1]	1970	1971	1972	1973	1974
Interlaken	0,80	0,57	0,12	--	0,16	0,10
Matten	0,89	0,20	0,30	0,10	0,46	0,94
Unterseen	1,07	-	-	-	-	-
Brienz	0,91	0,84	0,63	0,10	0,25	-
Meiringen	0,71	0,25	0,08	-	0,08	-
Lauterbrunnen	1,17	1,24	0,21	0,26	-	0,05
Grindelwald	0,73	-	-	-	-	-
Oestliches Berner Oberland	0,90	0,46	0,17	0,07	0,11	0,12
Agglomeration Thun	0,90	0,87	0,28	0,22	0,32	0,56
Agglomeration Bern	0,53	0,11	0,21	0,30	0,51	0,96
Schweiz	1,16	0,33	0,25	0,31	0,62	1,22

1) Wohnungszählung vom 1.12.1970.

Quellen: Die Volkswirtschaft, verschiedene Jahrgänge.
Direktauskunft des BIGA (für die Gemeinden des Oestlichen Berner Oberlandes).
Stat. Quellenwerke der Schweiz, a.a.O., H. 518.

wieder (30). Die Leerwohnungsziffern sind vergleichsweise durchwegs niedrig; so erreichte die Untersuchungsregion seit 1971 in keinem Jahr die gesamtschweizerisch merklich ansteigenden Leerwohnungsquoten. Auch die relativ zuverlässige Leerwohnungszählung anlässlich der Volkszählung 1970 ermittelte im Oestlichen Berner Oberland eine unter dem schweizerischen Durchschnitt liegende Leerwohnungsziffer (31).

Innerregional scheint der Wohnungsmangel in den Fremdenverkehrsgemeinden am ausgeprägtesten zu sein. In diesen Gemeinden finden jungverheiratete Einheimische und Zuzüger kaum eine passende Mietwohnung. Die Hauseigentümer sind in der Regel an der Vermietung von Ferienwohnungen mehr interessiert als an ortsansässigen Dauermietern, weil auf dem Ferienwohnungsmarkt eine erheblich höhere Rendite erwirtschaftet werden kann. Einmal als Ferienwohnungen umgestaltete Wohnungen vermieten die Eigentümer nur noch an Feriengäste, damit die Kosten der Möblierung überwälzt werden können. Der Dauermieter hingegen sucht fast ausnahmslos eine unmöblierte Wohnung. Noch 1974 waren in Einzelfällen gemeindebedienstete Zuzüger gezwungen, in Interlaken und Umgebung mit vergleichsweise reichlicherem Wohnungsangebot Wohnsitz zu nehmen. Gleichermassen wird in Brienz und Meiringen die Wohnungssuche als eher mühsam bezeichnet. Eine Gegenüberstellung der Inserate von Wohnungssuchenden und Wohnungsanbietern lässt auf eine beträchtliche Angebotslücke schliessen. Auch innert dem Kirchet finden die bei den Erweiterungsbauten der Kraftwerke Oberhasli tätigen Angestellten trotz einem ansehnlichen Dienstwohnungsbestand nur in Ausnahmefällen eine Wohnung. Ebenso wird die Wohnungssuche in den kleineren Gemeinden am Thuner- und Brienzersee meistens als schwierig bezeichnet, da wenig Mietwohnungen gebaut und die verfügbaren vielfach zu Zweitwohnungen umfunktioniert werden. Regionsintern ist der Wohnungsmarkt auf dem Bödeli wohl am ausgeglichensten. Ende 1974 verzeichnete Matten sogar einen ansehnlichen Leerwohnungsbestand.

---

30) Die 1970 feststellbare Differenz zwischen den Leerwohnungsziffern des BIGA und der Volkszählung resultiert aus dem unterschiedlichen Erhebungsverfahren: Die Leerwohnungsziffer der Volkszählung 1970 beruht auf einer Vollerhebung, die Zahlen des BIGA verkörpern die den Gemeindebehörden gemeldeten Leerwohnungen; die Vermieter sind aber rechtlich nicht verpflichtet, leerstehende Wohnungen den Behörden bekanntzugeben.

31) Eine Analyse der Wohnungsinserate in regionalen Zeitungen (Anzeiger für das Amt Interlaken, 42. Jg.; Echo von Grindelwald, 81. Jg.; Der Oberhasler, 99. Jg.) von August bis Dezember 1974 und eine Umfrage bei den Gemeindebehörden im November 1974 bestätigen den erheblichen Wohnungsmangel in der Region.

Gesamthaft betrachtet, lässt sich die Schlussfolgerung ziehen, dass im Oestlichen Berner Oberland noch 1974/75 Wohnraum ebenso knapp bemessen war wie bis anfangs der siebziger Jahre in vielen Agglomerationsgemeinden des Mittellandes, obwohl die demographische Entwicklung viel langsamer verlaufen ist. Die schwächere Nachfrage seitens der Wohnbevölkerung dürfte durch die steigende Nachfrage nach Zweitwohnungen der Auswärtigen kompensiert worden sein. Dafür spricht, dass gerade die Gemeinden mit niedrigen Leerwohnungsziffern und demzufolge ausgeprägtem Wohnungsmangel einen überdurchschnittlich hohen Anteil an Zweitwohnungen aufweisen.

413.3 Mietpreise

Das Mietpreisniveau ist ein Faktum, das bei jeder Wohnungswahl eine grosse Rolle spielt. In regionalpolitischer Hinsicht kommen tiefen Mietpreisen insofern Bedeutung zu, als diese für Wanderungswillige einen positiven Faktor darstellen (32). Eine alle Gemeinden umfassende, auf dem aktuellen Stand stehende Mietpreisstatistik fehlt in der Schweiz; das BIGA untersucht die Mietpreisbewegungen lediglich an 40 ausgewählten Gemeinden, von denen keine im Oestlichen Berner Oberland liegt (33). Gesamtschweizerisch wurden die Mietpreise anlässlich der Volkszählung 1960 und 1970 erhoben. Um eine durchgehende Vergleichbarkeit der Mietzinsniveaus zu erhalten, wird in der Folge auf die Ergebnisse von 1970 abgestellt. Tabelle 12 gibt über die durchschnittlichen Jahresmietpreise im Oestlichen Berner Oberland den erforderlichen Aufschluss. Die Untersuchungsregion verzeichnet im Vergleich zum übrigen Kanton Bern ein verhältnismässig niedriges Mietpreisniveau. Die höchsten Mietpreise werden in den bekannten Fremdenverkehrsgemeinden bezahlt, während die Gemeinden des 2. Sektors und die Agrargemeinden das niedrigste Mietpreisniveau aufweisen. In Anbetracht der Tatsache, dass die Anbieter die Mietpreise zwischen Erst- und Zweitwohnungen differenzieren können und sich über längere Zeit grosse Unterschiede in der Rentabilität der beiden Vermietungsarten nicht halten lassen, sind die relativ hohen Wohnungskosten in Fremdenverkehrsgebieten durchaus erklärbar.

Man müsste wohl zur Erklärung der Mietpreisunterschiede auch das Wohnungsalter einbeziehen. Ebenso ist bei der Interpretation der ausgewiesenen durchschnittlichen Jahresmietpreise vor Augen zu halten, dass sich diese Angaben auf sämtliche Miet- und - sofern überhaupt vorhanden - Genossenschafterwohnungen des Jahres 1970 beziehen. Die tatsächlich angebotenen und für den Wohnungssuchenden relevanten Preise liegen beträchtlich

---

32) Vgl. dazu Ziffer 233.
33) Bezüglich der in die amtliche Statistik eingehenden Gemeinden vgl. Mietpreiserhebung November 1967, in: Die Volkswirtschaft, 40. Jg. (1967), S. 646.

Tabelle 12: Durchschnittliche Jahresmietpreise im Oestlichen Berner Oberland 1970

Gemeindetyp	Mietwohnungen		Durchschnittlicher Jahresmietpreis (1)
	absolut	in % der besetzten Wohnungen	
(1)	(2)	(3)	(4)
Zentrumsgemeinden	3 117	50,3	2 176
Wohngürtelgemeinden	291	24,0	1 725
Agrargemeinden	21	10,3	1 530
Gemeinden des 2. Sektors	253	22,6	1 479
Fremdenverkehrsgemeinden	749	27,7	2 585
Uebrige Dienstleistungsgemeinden	422	26.1	1 760
Oestliches Berner Oberland	4 853	37,2	2 100
Kanton Bern	190 151	59,8	2 610
Schweiz	1 315 260	64,1	2 869

1) Jahresmietpreis in Mieter- und Genossenschafterwohnungen ohne Nebenkosten.

Quelle: Anhangtabelle 7.

über einem solchermassen ermittelten Durchschnitt. Wohl werden auch immer wieder Altwohnungen angeboten, doch überwiegen beim jeweiligen Wohnungsangebot - wie es sich für Wohnungssuchende präsentiert - die relativ teuren Neuwohnungen. Bezüglich der 1974 zur Vermietung angebotenen Wohnungen hatte das Bödeli im Vergleich zur Stadt Bern immer noch deutlich tiefere Mietpreise zu verzeichnen (34). Aus diesem Sachverhalt vermag aber die Untersuchungsregion keine namhafte Anziehungskraft zu entwickeln, weil einerseits die Preisdifferenz - im Vergleich zu andern für die Wohnsitzwahl in Betracht kommenden Faktoren - doch zu wenig ins Gewicht fällt und anderseits vielerorts - besonders in den Fremdenverkehrsgemeinden und in Gemeinden mit weniger als einem Viertel Mietwohnungen - der Wohnungsmarkt völlig ausgetrocknet ist.

413.4 Liegenschaftspreise

Auf dem Liegenschaftsmarkt stehen Einheimische und Auswärtige in mindestens ebenso scharfem Wettbewerb wie auf dem Mietwohnungsmarkt, und zwar vor allem deshalb, weil die Sachwertanlage als Kaufmotiv einer Zweitwohnung in den letzten Jahren von immer grösserer Bedeutung wurde. Es besteht daher ein grosser Anreiz, eine Zweitwohnung nicht nur zu mieten, sondern gleich zu kaufen. Zudem verfügen potentielle Zweitwohnungsbesitzer in den meisten Fällen über ein höheres Einkommen als Regionsbewohner, die ein Eigenheim kaufen möchten. Die Verkäufer ihrerseits beziehen die ausserregionalen Interessenten von Anfang an in ihre Preiserwartungen ein. Zwar lassen sich die Liegenschaftspreise innerregional und interregional nur bedingt vergleichen, da sie zu stark von den individuellen baulichen Gegebenheiten abhängig sind. Doch kann global festgestellt werden, dass die Verkaufspreise im Oestlichen Berner Oberland mancherorts so hoch sind wie in den Agglomerationen. Ein Kurdirektor der Region kommt zum Schluss, dass in 9 von 10 Fällen der einheimische Bewerber vom auswärtigen überboten wird (35). Angesichts der lebhaften ausserregionalen Nachfrage und den im Berggebiet relativ hohen Baukosten kann es nicht erstaunen, dass sich die Eigentumswohnungskäufer auf dem Bödeli ungefähr zur Hälfte, in den höher gelegenen Kurorten bis zu 90 Prozent aus regionsfremden Kreisen rekrutieren (36).

Eine Gesamtbeurteilung der Lage auf dem Liegenschaftsmarkt, wie sie sich in Zeitungsinseraten widerspiegelt, gibt zu den folgenden Feststellungen Anlass: Es besteht ein recht grosses Angebot an Eigentumswohnungen und Chalets, insbesondere auf dem

---

34) So betrug im November 1974 in der Stadt Bern der monatliche Mietzins der 1974 erstellten 3-Zimmer-Wohnungen durchschnittlich 615 Franken ohne Nebenkosten (Direktauskunft des Statistischen Amtes der Stadt Bern), während auf dem Bödeli für entsprechende 3 -Zimmer-Wohnungen durchschnittlich ca. 530 Franken ohne Nebenkosten verlangt wurden (laut Zeitungsinseraten).

35) Vgl. Huggler, K., Tourismus und Eigentumswohnungen, in: Echo von Grindelwald, Nr. 76 vom 20.9.1974.

36) Laut Angaben der Gemeindeschreibereien im November 1974.

Bödeli und in Grindelwald. Von der Nachfrageseite her werden oft ältere Ferien- und Bauernhäuser sowie Alphütten gesucht, die - nach dem mehrmaligen Erscheinen entsprechender Annoncen zu schliessen - nicht mehr leicht zu finden sind. Jedenfalls hat der Trend der Umwandlung von alten Gebäuden in Zweitwohnungen zur Folge, dass auch in denjenigen Gemeinden immer häufiger Häuser an Auswärtige verkauft werden, welche bis anhin keine starke touristische Entwicklung verzeichnet haben.

413.5 Baulandpreise

Die auf dem Baulandmarkt erzielten Verkaufspreise lassen sich interregional verhältnismässig gut vergleichen. Zwar können die tatsächlich bezahlten Preise nach unten wie nach oben ziemlich stark von den Durchschnittspreisen abweichen, weil sowohl ausgesprochene Gefälligkeitspreise als auch übersetzte Preise zur Anwendung gelangen. Trotzdem kommt in den örtlichen durchschnittlichen Marktpreisen die Nachfrageintensität nach Grundstücken recht gut zum Ausdruck. Tabelle 13 gibt über die Baulandpreise des Oestlichen Berner Oberlandes in den Jahren 1958/64 und 1968/72 Aufschluss. Die Gegenüberstellung der beiden Erhebungen zeigt, dass die durchschnittlichen Bodenpreise praktisch überall angestiegen sind. Einzig Interlaken scheint eine Ausnahme zu sein, doch dürfte sich auch hier das allgemeine Bodenpreisniveau - von vereinzelten Spitzenpreisen abgesehen - erhöht haben. Einen besonders kräftigen Anstieg verzeichnen die Fremdenverkehrs- sowie die Seegemeinden, vor allem auch deshalb, weil ihr Baulandangebot aus topographischen Gegebenheiten heraus eher beschränkt ist. Innerregional weisen Interlaken sowie die Kurorte Grindelwald und Lauterbrunnen mit Wengen und Mürren das teuerste Bauland auf; die entsprechenden Marktpreise sind auch im Vergleich zur Agglomeration Bern hoch (37). Im Oestlichen Berner Oberland kostet der Quadratmeter erschlossenes Bauland in guten Lagen bis 200 Franken, in zentralen Lagen noch bedeutend mehr. In der Umgebung von Interlaken, in den Seegemeinden und in den Terrassengemeinden Beatenberg und Hasliberg finden sich bereits tiefere Preise (um die 100 Franken); noch etwas billiger wird Bauland in den Gemeinden am obern Brienzersee - um die 70 Franken - und in Meiringen - um die 60 Franken - gehandelt (38). Am niedrigsten

---

37) So betrug 1971 der durchschnittliche Kaufpreis für einen Quadratmeter Bauland beispielsweise in Muri 195 Franken und in Zollikofen 125 Franken; vgl. Gächter, E., Bodenpreise für Bauland in der Region Bern (Erhebung 1973), in: Berner Beiträge zur Stadt- und Regionalforschung, Jg. 1973, H. 1, S. 45.

38) Die von der Tabelle 13 abweichenden Preisangaben basieren auf den Direktauskünften der Gemeindeschreibereien im November 1974.

Tabelle 13: Baulandpreise im Oestlichen Berner Oberland 1958 bis 1972

Gemeinde	Preisspanne 1958/64 in Fr./m2	Preisspanne 1968/72 in Fr./m2
(1)	(2)	(3)
Interlaken	20 - 350	50 - 300
Matten	20 - 80	30 - 100
Unterseen	25 - 150	40 - 160
Brienz	15 - 40	30 - 100
Meiringen	10 - 80	20 - 80
Därligen	10 - 25	20 - 70
Gsteigwiler	5 - 18	8 - 30
Ringgenberg	12 - 40	20 - 120
Niederried	12 - 60	20 - 120
Schwanden	10 - 20	20 - 70
Hofstetten	6 - 12	10 - 30
Habkern	8 - 20	15 - 50
Saxeten	5 - 15	10 - 30
Leissigen	15 - 80	30 - 120
Oberried	12 - 60	20 - 120
Brienzwiler	6 - 25	10 - 30
Innertkirchen	6 - 14	12 - 30
Gadmen	6 - 15	8 - 20
Guttannen	3 - 12	8 - 20
Beatenberg	12 - 50	30 - 80
Lauterbrunnen	25 - 140	30 - 210
Grindelwald	20 - 120	50 - 230
Hasliberg	10 - 30	20 - 70
Wilderswil	10 - 20	25 - 90
Bönigen	12 - 40	20 - 50
Iseltwald	8 - 30	15 - 50
Gündlischwand	6 - 20	10 - 25
Lütschental	3 - 15	5 - 18
Schattenhalb	4 - 15	10 - 30

Quelle: Direktauskunft der Kantonalen Steuerverwaltung, Abteilung für amtliche Bewertung, Bern.

liegen die Preise erwartungsgemäss in den peripheren Gemeinden gegen den Susten- und Grimselpass sowie in Gündlischwand und Lütschental. Schliesslich sei auf die Korrelation zwischen durchschnittlichen Bodenpreisen und durchschnittlichen Jahresmietpreisen gemäss Anhangtabelle 7 hingewiesen. Dieser kausale Zusammenhang ergibt sich daraus, dass der Bodenpreis normalerweise gleich der kapitalisierten Grundrente (Preis der reinen Bodennutzung, beispielsweise Baurechtszins) ist (39). Eine intensivierte Nachfrage nach Wohnungen wirkt sich demnach nicht nur in höheren Mietpreisen, sondern auch in steigenden Bodenpreisen aus.

414 Planungsrechtliche und wohnbaupolitische Vorkehren

Planungsrechtliche und wohnbaupolitische Massnahmen sind in hohem Mass geeignet, den Wohnungssektor im Sinne der anvisierten Zielsetzungen zu beeinflussen. Das Planungsrecht soll die Ueberbauung eines bestimmten Gebiets ordnen, indem eine zweckmässige Bodennutzung, welche zugleich die Befriedigung der Wohn-, Versorgungs-, Erwerbs- und Erholungsbedürfnisse der Bevölkerung gestattet, angestrebt wird. Zu diesem Zweck sind entsprechend den vorhandenen und zu erwartenden Bedürfnissen mehr oder weniger grosse und differenzierte Nutzungszonen auszuscheiden (40). Das Planungsrecht hat also vornehmlich normativen Charakter, der die Baufreiheit des Einzelnen im Interesse des Gemeinwohls beschränkt.

Dagegen kommen die von der öffentlichen Hand im Wohnungsbau gewährten Unterstützungsmöglichkeiten einem Förderungsanreiz gleich. Der Staat tritt in der Wohnbauförderung nicht als strenger Gesetzgeber, sondern als Gestalter der Wohnwirtschaft im Rahmen sozial- und zum Teil strukturpolitischer Zielsetzungen auf. Im Oestlichen Berner Oberland ist die öffentliche Hilfe recht unterschiedlich genutzt worden. Je nachdem, ob die Bedingungen, unter denen Bund, Kanton und Gemeinden helfen können, den Regionsbewohnern attraktiv genug erschienen sind, haben sie sich an den Aktionen beteiligt. Das vielfach sehr geringe Interesse an den Massnahmen darf aber angesichts des subsidiären Charakters der Staatsintervention nicht zum vorneherein als verpasste Chance bezeichnet werden, denn im Oestlichen Berner Oberland waren verschiedene Erlasse aus noch zu erwähnenden Gründen gar nicht aktuell. Zu einem guten Teil kann dieser Sachverhalt wohl auch als Beweis für die bemerkenswerte Funktionsfähigkeit der freimarktlichen Wohnungsversorgung in-

---

39) Zum Verhältnis von Grundrente und Bodenpreis vgl. Sieber, H., Bodenpolitik und Bodenrecht (Berner Beiträge zur Nationalökonomie, Bd. 15), Bern/Stuttgart 1970, S. 14 ff.

40) Vgl. Zaugg, A., Kommentar zum Baugesetz des Kantons Bern (vom 7. Juni 1970), Bern 1971, S. 250.

terpretiert werden. Obwohl im Einzelfall mit den wohnbaupolitischen Massnahmen insbesondere aus sozialpolitischer Optik Grosses geleistet werden konnte, haben diese aus der Sicht der Untersuchungsregion in regionalpolitischer Hinsicht doch eher marginale Auswirkungen gezeitigt.

414.1 Stand der planungsrechtlichen Vorkehren

In vielen Gemeinden des Oestlichen Berner Oberlandes haben die planerischen Vorkehren erst nach der Inkraftsetzung des bernischen Baugesetzes (1.1.1971) begonnen (41). Immerhin hatten die Gemeinden Interlaken, Matten, Unterseen, Bönigen, Därligen, Leissigen, Iseltwald und Meiringen schon vor 1971 rechtsverbindliche Zonenpläne. Im Zeitpunkt der Erarbeitung des regionalen Entwicklungskonzepts - das heisst 1974/75 - besteht in den meisten Gemeinden das Provisorium des nach Artikel 15 des Baugesetzes abgegrenzten Baugebietes. Danach gilt das von einer Gemeinde mit öffentlichen Strassen, Wasser- und Energieversorgung sowie Abwasserleitung erschlossene Gebiet als Baugebiet. Indessen sind 25 der 29 Regionsgemeinden daran, Ortsplanungen gemäss Artikel 70 des Baugesetzes durchzuführen, und 1975 sind die ersten abgeschlossen worden. Die kleinen Gemeinden Gündlischwand, Schattenhalb und Guttannen verzichten vorläufig auf eine Ortsplanung, während Saxeten nur einen Ueberbauungsplan ausarbeitet und eine Ferienhauszone ausscheidet. Das Baugebiet ist in der Regel sehr grosszügig bemessen, so dass überall beträchtliche Baulandreserven vorhanden sind (42). Unter diesem Blickwinkel darf das nur durch wenige Ausnahmen "durchlöcherte" Verbot des Bauens im übrigen Gemeindegebiet nicht dramatisiert werden. Die planungsrechtlichen Schranken stellen - wie gewisse negative Erscheinungen der Wachstumsjahre gezeigt haben - eine Notwendigkeit dar und sie dürften in der anvisierten Form die Entwicklung in keiner Weise behindern, vorausgesetzt, dass die in traditionellen Streusiedlungsgebieten nicht seltenen Härtefälle - beispielsweise der Ausbau alter Landwirtschaftsgebäude zu Ferienwohnungen - flexibel gehandhabt werden.

Auf der Stufe der Regionalplanung sei nochmals auf das Bestehen der beiden Planungsverbände Region Jungfrau und Region Oberer Brienzersee-Haslital hingewiesen, die zusammen die Auftraggeber des regionalen Entwicklungskonzepts Oestliches Berner Oberland

---

41) Zu den Daten über die Ortsplanungen vgl. Entwicklungsplanung Region Oberland-Ost, Bd. 1, a.a.O., S. 169 ff.

42) Der Anteil der überbauten Fläche am gesamten Baugebiet betrug 1974 im Oestlichen Berner Oberland 61,6 Prozent; die Siedlungen könnten also bei den 1974 geltenden Bauzonen noch beträchtlich ausgedehnt werden. Vgl. dazu Planungsamt des Kantons Bern, Statistik der Baugebiete im Kanton Bern (Stand Juni 1974), Bern 1974, S. 106.

bilden. Den Regionalplanungsverbänden obliegt im Anschluss an das regionale Entwicklungskonzept die Aufstellung regionaler Richtpläne, welche die grossen Linien der regionalen Raumordnung festlegen (43).

414.2 Die Verbesserung der Wohnverhältnisse in Berggebieten

Diese mit Beiträgen à fonds perdu operierende Massnahme kommt kinderreichen Familien in bescheidenen finanziellen Verhältnissen zu, die als Eigentümer nicht mehr in der Lage sind, ihre Wohnungen mit dem üblichen Komfort auszustatten. Die Hilfe kann nur in Gebieten gewährt werden, die innerhalb des vom landwirtschaftlichen Produktionskataster umgrenzten Berggebietes liegen; somit fallen die Siedlungsgebiete der Gemeinden Interlaken und Matten sowie der grösste Teil von Unterseen nicht mehr unter das Gesetz (44). Zudem sind städtische oder halbstädtische Ortschaften auch dann nicht hilfeberechtigt, wenn sie im Berggebiet liegen. Wie Tabelle 14 zeigt, schliesst diese Bestimmung weitere Gemeinden und Gemeindefraktionen von den Sanierungsmassnahmen aus. So wurden in den Zentrumsgemeinden sowie in Grindelwald und Lauterbrunnen nur in den schwach besiedelten Aussenbezirken Wohnungssanierungen durchgeführt. Aber auch in Gemeinden, die an sich alle gesetzlichen Voraussetzungen erfüllten, sind nur wenige oder überhaupt keine Wohnungssanierungen zu verzeichnen. Hier stellt wohl die erforderliche kommunale finanzielle Beteiligung das Haupthindernis dar. Gemeinden mit sehr niedrigen Steuereingängen scheuen möglicherweise die generelle Verbesserung der Wohnsubstanz, weil nachgewiesenermassen ein sehr grosser Teil der Wohnungsinhaber potentielle Subventionsbezüger sind. Es gibt aber ebenfalls Gemeinden, die sich sehr stark engagiert haben: So sind in Gadmen rund ein Drittel aller Wohnungen saniert worden; auch in Habkern, Hasliberg und Iseltwald sind relativ viele Wohnbausanierungen vorgenommen worden. Die Wirkungen der Sanierungsaktion sind ohne Zweifel positiv zu beurteilen, doch werden allzu hoch gesteckte Erwartungen nicht erfüllt. So wies beispielsweise die Gemeinde Gadmen 1970 immer noch einen massiven Rückstand in der Wohnungsausstattung auf (45). Dieser Sachverhalt lässt den Schluss zu, dass die eingesetzten Mittel doch nur dem bekannten Tropfen auf einen heissen Stein gleichkommen.

---

43) Die Gemeinden haben die Richtpläne bei ihrer Verwaltungstätigkeit zu beachten; für die privaten Grundeigentümer entstehen daraus jedoch keine bindenden Wirkungen. Vgl. Zaugg, A., a.a.O., S. 259.

44) Vgl. Abteilung für Landwirtschaft, Eidg. landwirtschaftliches Produktionskataster, Abgrenzung der Berggebiete. Kanton Bern, Bern 1972.

45) Bezüglich Wohnungsausstattung belegte die Gemeinde Gadmen 1970 den zweitletzten Rang im Oestlichen Berner Oberland; vgl. dazu Anhangtabelle 4.

Tabelle 14: Wohnbausanierungen im Oestlichen Berner Oberland 1952 bis 1973

Gemeinde	Einteilung der Ortschaften (1)	Sanierte Wohnungen	Besetzte Wohnungen 1970	Sanierte Wohnungen in % der besetzten Wohnungen 1970
(1)	(2)	(3)	(4)	(5)
Interlaken	städtisch	-	1 683	-
Matten	halbstädtisch	-	947	-
Unterseen	halbstädtisch	4	1 435	0,2
Brienz		2	945	0,2
- Ortschaft Brienz und Kienholz	halbstädtisch			
- übriges Gemeindegebiet	ländlich			
Meiringen	halbstädtisch	9	1 181	0,8
Därligen	ländlich	-	109	-
Gsteigwiler	ländlich	1	113	0,9
Ringgenberg	ländlich	2	626	0,3
Niederried	ländlich	1	86	1,2
Schwanden	ländlich	2	133	1,5
Hofstetten	ländlich	5	145	3,4
Habkern	ländlich	30	165	18,2
Saxeten	ländlich	-	39	-
Leissigen	ländlich	-	203	-
Oberried	ländlich	3	172	1,7
Brienzwiler	ländlich	-	175	-
Innertkirchen	ländlich	7	320	3,2
Gadmen	ländlich	42	131	32,1
Guttannen	ländlich	7	118	5,9
Beatenberg	ländlich	4	345	1,2
Lauterbrunnen		11	1 024	1,1
- Wengen	städtisch			
- Mürren	städtisch			
- Lauterbrunnen-Dorf	halbstädtisch			
- übriges Gemeindegebiet	ländlich			
Grindelwald	halbstädtisch	9	1 054	0,9
Hasliberg	ländlich	30	276	10,9
Wilderswil	halbstädtisch	-	560	-
Bönigen	halbstädtisch	-	571	-
Iseltwald	ländlich	18	131	13,7
Gündlischwand	ländlich	-	88	-
Lütschental	ländlich	3	72	4,2
Schattenhalb	ländlich	9	192	4,7
Oestliches Berner Oberland		199	13 039	1,5

1) Gemäss Gemeindeverzeichnis, das bis zum 31. Dezember 1955 für die Alters- und Hinterlassenenversicherung massgebend war; vgl. Art. 2, Abs. 2 des BG über die Verbesserung der Wohnverhältnisse in Berggebieten (vom 20.3.1970).

Quellen: Dossiers des kantonalen Arbeitsamtes Bern (unveröffentlicht). Stat. Quellenwerke der Schweiz, a.a.O., H. 518.

414.3 Die Wohnbauförderungsaktionen von 1942 bis 1974

Während der drei Wohnbauförderungsaktionen der vierziger Jahre kamen Beiträge an die Baukosten zur Anwendung. Für die von 1942 bis 1945 laufende erste Aktion war charakteristisch, dass an gemeinnützige Wohnbauträger höhere Subventionen als an Private ausgerichtet wurden. Die beitragsmässige Besserstellung der Wohnbaugenossenschaften führte zu Neugründungen, so auch im Oestlichen Berner Oberland (46). In den vierziger Jahren fanden die öffentlichen Finanzbeihilfen in der Untersuchungsregion recht grosses Interesse, wenn auch die Beteiligung an den entsprechenden Wohnbauförderungsaktionen vergleichsweise schwächer war als im Kanton Bern und in der Schweiz. Im Oestlichen Berner Oberland richtete die öffentliche Hand damals an insgesamt 410 Wohnungen (47) Beiträge aus. Besonders viele Zusicherungen gingen in die Zentrumsgemeinden sowie in die angrenzenden Orte (Ringgenberg und Bönigen). Bemerkenswert ist ferner die Tatsache, dass die Beihilfen hauptsächlich für den Bau von Einfamilienhäusern beansprucht wurden.

Ab 1958 erfolgte die Wohnbauförderung mittels Gewährung von Zuschüssen an die Kapitalzinsen der erforderlichen Gesamtinvestition. Die Beteiligung an dieser Form von Wohnungsneubaupolitik war im Untersuchungsgebiet - wie übrigens auch in andern wirtschaftlichen Randregionen des Kantons Bern (48) - sehr gering. Einzig in der Gemeinde Unterseen wurden mit Kapitalzinszuschuss-Zusicherungen 18 Wohnungen gefördert (49). Die mit dem Vollzug der Wohnbauförderung betrauten Stellen führen das Desinteresse der Oberländer Gemeinden auf die nicht besonders attraktiven Bedingungen der späteren Aktionen und aus dem daraus resultierenden Fehlen geeigneter Bauträger zurück. Als weitere Erklärung lässt sich der in den sechziger Jahren im Vergleich zur damaligen gesamtschweizerischen Lage relativ schwache Nachfragedruck anführen; ebenso bewirkten der hohe Anteil an Eigentümerwohnungen - die Vorkehren kamen fast ausschliesslich für Mietwohnungen in Betracht - und das generell recht günstige Mietpreisniveau, dass die öffentliche Wohnbauförderung nur in ganz bescheidenem Ausmass zum Tragen kam.

---

46) Neue Wohnbaugenossenschaften wurden in Interlaken, Matten, Bönigen und Brienz gegründet.
47) Quelle: Dossiers des kantonalbernischen Arbeitsamtes (unveröffentlicht).
48) So beispielsweise im Oberen Emmental; vgl. Hornung, D./Tanner, E., a.a.O., Anhangtabelle 4.
49) Direktauskunft des kantonalbernischen Arbeitsamtes.

414.4 Die Wohnbauförderung für kinderreiche Familien als kantonale Massnahme

Nachdem 1950 der Souverän die Verlängerung der Wohnbauförderungsaktionen auf Bundesebene verworfen hatte, förderte der Kanton Bern von 1955 bis 1966 den Wohnungsbau für kinderreiche Familien in bescheidenen finanziellen Verhältnissen in eigener Regie. Die Hilfe bestand in öffentlichen Beiträgen, die maximal 35 Prozent der reinen Baukosten ausmachen durften (50). Da der ganze Erlass eher restriktiv angelegt war, wurden während seiner elfjährigen Geltungsdauer im Kanton nur 461 Wohnungen mit Beitragszusicherungen gefördert. Im Oestlichen Berner Oberland beteiligten sich die folgenden 7 Gemeinden an der Aktion: Beatenberg (1), Brienz (1), Brienzwiler (1), Grindelwald (1), Leissigen (2), Matten (1) und Wilderswil (4); in der Region fand das Gesetz also im ganzen beim Bau von 11 Wohnungen Anwendung (51). Die Wirkungen der kantonalen Wohnbauförderungsaktion blieben somit auch im Untersuchungsgebiet marginal, obwohl jene eigentlich vor allem für die Verhältnisse in ländlichen Gegenden konzipiert worden war.

414.5 Landwirtschaftliche Meliorationen im Dienste des Wohnungswesens

Ein weniger bekannter Nebeneffekt der Subventionen und Investitionskredite für Strukturverbesserungen in der Landwirtschaft besteht in Wohnbaumassnahmen. Die beitragsberechtigten Siedlungsbauten, Hofsanierungen und Wohnungen für landwirtschaftliche Arbeitnehmer blieben im Oestlichen Berner Oberland auf einige wenige Fälle beschränkt. Etwas häufiger kamen Alpverbesserungen vor, die auch den Wohnteil umfassten; doch handelte es sich dabei nicht um dauernd besetzte Wohnungen. Von grösserer Bedeutung waren die Beiträge im Bereich der Erschliessungsmassnahmen. Die subventionierten Wege und Strassen sowie die Wasserversorgungen sind jeweils ebenso der nichtlandwirtschaftlichen Bevölkerung zugutegekommen. Als Beispiele in der Region seien erwähnt: die Verbindungsstrassen Lauterbrunnen-Isenfluh und Meiringen-Zaun sowie ein guter Teil des Wegnetzes in den Gemeinden Grindelwald, Habkern und Hasliberg. Ebenso wurden die Gemeindewasserversorgungen von Schwanden-Hofstetten-Brienz, Iseltwald, Isenfluh, Lütschental, Habkern, Hohfluh, Schattenhalb und Gadmen mit Beiträgen der Meliorationsämter unterstützt (52).

---

50) Vgl. Gesetz über die Beitragsleistung an Wohnbauten für kinderreiche Familien mit bescheidenem Einkommen (vom 20. Juni 1954).
51) Quelle: Dossiers des kantonalbernischen Arbeitsamtes (unveröffentlicht).
52) Quelle: Subventionskontrollen des kantonalbernischen Meliorationsamtes (unveröffentlicht).

415 Fazit der Lageanalyse

Bei der Erfassung und Durchdringung des Ist-Zustandes haben sich die Faktoren, welche die Wohnsituation im allgemeinen und den Wohnungsmarkt im speziellen bestimmen, von einer ausserordentlichen Vielschichtigkeit gezeigt. Es fällt deshalb auch recht schwer, die mannigfaltigen Ergebnisse auf einen Nenner zu bringen. Dennoch soll im folgenden versucht werden, eine Gesamtbeurteilung vorzunehmen. Im Hinblick auf die wohnungskonzeptbezogenen Ziele und Massnahmen lassen sich die wichtigsten Resultate wie folgt zusammenfassen:

- Ganzes Oestliches Berner Oberland

  Die Wohndichte (Bewohner pro Wohnraum) liegt in der Untersuchungsregion unter den entsprechenden kantonalbernischen und schweizerischen Werten. Die quantitative Wohnungsversorgung ist somit aus dieser Sicht durchaus zufriedenstellend. Bezüglich der annäherungsweise in der Wohnungsausstattung und im Wohnungsalter zum Ausdruck kommenden Wohnungsqualität verzeichnet das Oestliche Berner Oberland hingegen einen beträchtlichen Rückstand auf die Vergleichsgebiete. Die Verbesserung des Wohnungsstandards verkörpert also nach wie vor ein für die ganze Region anzustrebendes Ziel. Die Zweitwohnungen haben ständig zugenommen, und in einzelnen Gemeinden sind bereits die Hälfte der Wohnungen Zweitdomizile. Diesem Sachverhalt steht die Tatsache gegenüber, dass die auswärtigen Zweitwohnungsinhaber einen viel geringeren Beitrag an die Gemeindesteuern leisten als die Einheimischen. Die grosse Nachfrage nach älteren Gebäuden für Ferienwohnungszwecke birgt die Gefahr in sich, dass einkommensschwächere Regionsbewohner die betreffenden Altbauten voreilig verkaufen.

- Zentrumsgemeinden

  In den Zentrumsgemeinden präsentiert sich der Wohnungsmarkt im allgemeinen recht angespannt. Die rechtzeitige Deckung des Erstwohnungsbedarfs scheint noch nicht immer gewährleistet zu sein. Gewisse Mängel sind auch hinsichtlich des Angebotsspektrums an Wohnungen feststellbar. Jene bestehen vor allem in einem für zentrale Orte zu niedrigen Anteil an Kleinwohnungen sowie im weitgehenden Fehlen des gemeinnützigen Wohnungsbaus.

- Wohngürtelgemeinden

  In den am Brienzersee gelegenen Gemeinden dieses Typs (Ringgenberg, Niederried) erreichen die Baulandpreise ein relativ hohes Niveau. Damit verlieren diese Orte immer mehr von ihrem ursprünglichen Vorzug, in ihren Gemarkungen preisgünstiges Bauland für Auspendler zur Verfügung stellen zu können. Mancherorts begünstigt zudem die Abwanderung die Umwandlung der Eigenheime in Zweitwohnungen.

- Agrargemeinden

  Die Wohnverhältnisse liegen sowohl bezüglich der Wohndichte als insbesondere auch hinsichtlich der Wohnungsausstattung weit unter dem regionalen Durchschnitt. Die mit öffentlichen Beiträgen unterstützten Wohnungssanierungen haben wohl in Einzelfällen eine Verbesserung gebracht, doch sind durchschlagende Erfolge bis anhin ausgeblieben.

- Fremdenverkehrsgemeinden

  Infolge des florierenden Zweitwohnungsgeschäfts besteht in den Kurorten ein ausgesprochener Mangel an Dauerwohnungen; Zuzüger und Saisonangestellte sind von dieser Situation besonders betroffen. Innerhalb der Region verzeichnen die Fremdenverkehrsgemeinden überdies generell die höchsten Wohnkosten. Staatliche Vorkehren zur quantitativen und qualitativen Verbesserung der Wohnverhältnisse sind bis heute äusserst selten beansprucht worden.

- Gemeinden des 2. Sektors und Dienstleistungsgemeinden (ohne Fremdenverkehrsgemeinden)

  Auch in diesen Gemeinden ist der Wohnungsmarkt durch eine merkliche Anspannung gekennzeichnet. Da der grösste Teil der Wohnungen von den Eigentümern selber bewohnt wird und viele Unternehmungen keine betriebseigenen Wohnungen zur Verfügung stellen, findet neu eingestelltes Personal öfters nur mit Mühe eine passende Wohnung. Ebenfalls weisen viele Orte zahlreiche stark überalterte und schlecht eingerichtete Wohnungen auf.

Mit dieser summarischen Uebersicht liegen die Hauptergebnisse der wohnungskonzeptbezogenen Lageskizze vor. Im folgenden Kapitel wird nunmehr der Blick in die Zukunft gerichtet; auf der Grundlage verschiedener Prognoseannahmen soll nämlich versucht werden, ebenfalls über die mutmassliche weitere Entwicklung einiger zentraler Lageelemente Aufschluss zu erhalten.

42 Wohnungsprognosen für die Region Oestliches Berner Oberland

Die Grundlagen des nun folgenden Prognoseteils sind einerseits in den Ausgangshypothesen unter Ziffer 24, anderseits in weiteren, noch zu formulierenden Randbedingungen zu finden; diese stützen sich insbesondere auf die im Rahmen des regionalen Entwicklungskonzepts postulierte Bevölkerungs- und Arbeitsplatzentwicklung. Die Verbindung der beiden Komponenten ermöglicht Aussagen über die künftige Entwicklung der Wohnverhältnisse. Folgende Prognosemethoden sind für die Wohnungsperspektiven relevant:

- Die Prognosearbeiten beginnen mit Trendvoraussagen; bei dieser Methode wird davon ausgegangen, dass sich die zukünftige Wohnungsproduktion mittels der in der Vergangenheit beobachteten Entwicklung voraussagen lässt.

- Im Hinblick auf die Zielerfüllung stehen Bedarfsprognosen im Vordergrund des Interesses; diese besagen, wieviele Wohnungen gebaut beziehungsweise erneuert werden müssen, um eine im Sinne bestimmter Normen optimale Wohnungsversorgung auf einen bestimmten Zeitpunkt hin oder während einer zukünftigen Periode sicherzustellen (53).

- Als dritter Ansatz sind die Nachfrageprognosen zu erwähnen; sie stützen sich auf die Zahlungsfähigkeit und -bereitschaft der potentiellen Wohnungsnutzer und beinhalten Aussagen über die Absatzmöglichkeiten auf dem Wohnungsmarkt.

Im nachfolgenden prognostischen Teil gelangen alle eben aufgeführten Varianten zur Anwendung; darüber hinaus werden die regionalen Voraussagen durch kommunale Wohnungsprognosen, welche die innerregionale Verteilung der Bevölkerung mitberücksichtigen, ergänzt.

421 Trendmässige Entwicklung der Wohnbautätigkeit und der Wohnungsausstattung

Wie bereits unter Ziffer 343 erwähnt, beruhen Trendprognosen auf der Annahme, dass sich die Entwicklung einzelner Grössen aus ex-post-Werten extrapolieren lässt. Die letzten Ursachen einer Veränderung werden vorerst nicht weiter analysiert und im Zeitablauf als konstant betrachtet. Der Trendansatz soll also aufzeigen, wie die Entwicklung unter status-quo-Bedingungen weitergehen würde. Der unterstellte kontinuierliche Verlauf der den Wohnungsbestand und die Wohnungsausstattung bestimmenden Faktoren wie Bevölkerung, Einkommen und Preise mag dabei für eine bisher vom rapiden Wirtschaftswachstum wenig berührte Region eher angehen als für eine stark expandierende Region des Mittellandes.

421.1 Entwicklung der Wohnbautätigkeit

Ausgangspunkt unserer diesbezüglichen Betrachtungen bildet die in Grafik 1 zur Darstellung kommende Entwicklung der Wohnungsproduktion (Erst- und Zweitwohnungen) im Oestlichen Berner Oberland von 1950 bis 1973. Ein Vergleich mit der Wohnbautätigkeit im Kanton Bern zeigt (54), dass die Untersuchungsregion in den gleichen Jahren wie der Gesamtkanton Ausschläge nach unten wie nach oben verzeichnet: So sind Parallelen beispielsweise beim scharfen Einbruch von 1958 und beim Boom von 1961 festzustellen. Das Jahr 1958 war auch gesamtschweizerisch durch einen massiven Rückgang im Wohnungsbau gekennzeichnet, während 1973

---

53) Vgl. dazu Weber, A., a.a.O., S. 19.
54) Vgl. Die Wohnbautätigkeit im Kanton Bern 1950 bis 1973, a.a.O., S. 70.

Grafik 1: Wohnungsproduktion im Oestlichen Berner Oberland 1950 bis 1990 (Erst- und Zweitwohnungen)

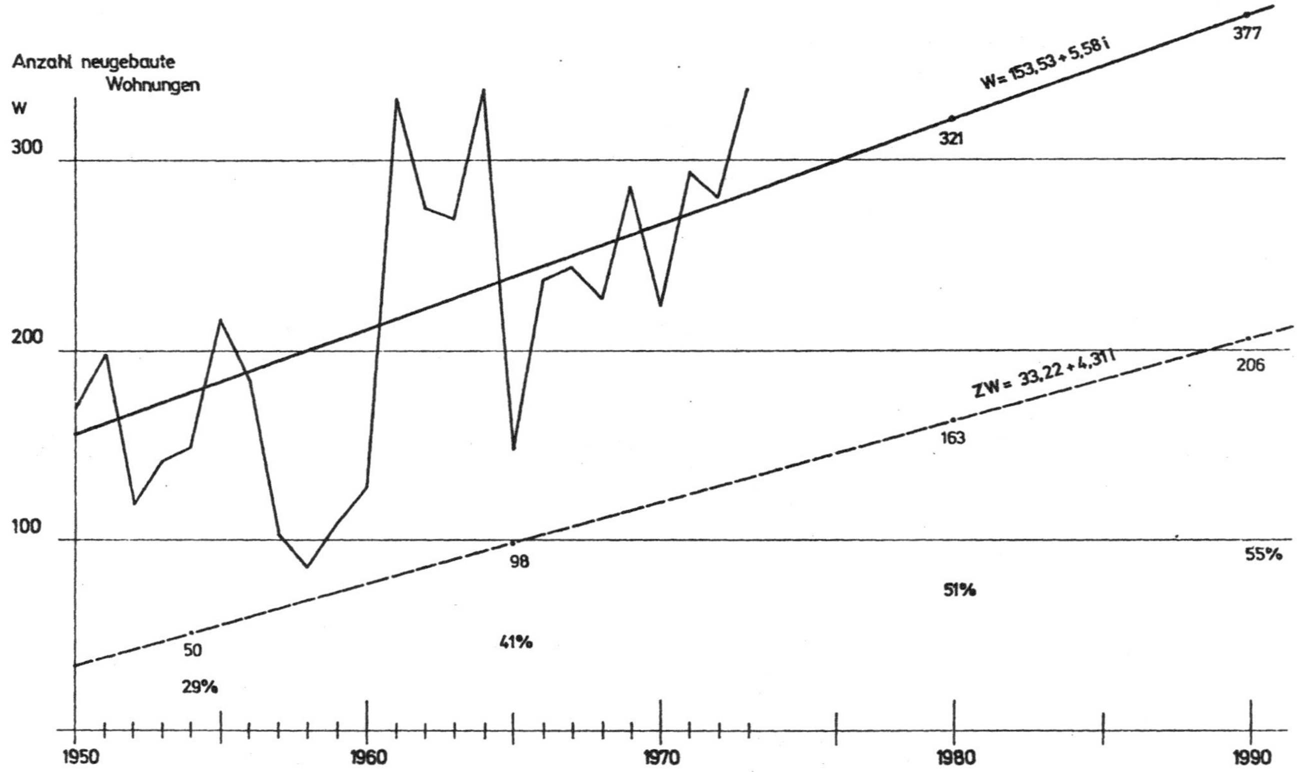

Quellen: Eidg. Statistisches Amt, Volkszählung 1970. Gebäude und Wohnungen, Tabelle 1.52 (unveröffentlicht). Anhangtabelle 8.

eine Rekordzahl an Wohnungen gebaut wurde (55). Die Wohnbautätigkeit stimmte also bis anhin im Oestlichen Berner Oberland erstaunlich gut mit den entsprechenden Zyklen der übergeordneten Räume überein.

Die Voraussage der neu zu erstellenden Wohnungen bis 1990 stützt sich auf die aus den Beobachtungswerten errechnete Trendgerade W = 153,53 + 5,88 i (56). Aufgrund dieses Vorgehens werden für 1980 321 und für 1990 377 jährlich zu bauende Wohnungen prognostiziert. Da die Vergangenheitswerte zum Teil beträchtlich von der Geraden abweichen, sind die extrapolierten Werte je nach der dannzumaligen Konjunkturlage entweder nach unten oder nach oben zu korrigieren. Als wichtigste Aussage sei festgehalten, dass man im Oestlichen Berner Oberland tendenziell mit einer steigenden Wohnungsproduktion rechnen kann. Diese Prognose gilt bezüglich Erst- und Zweitwohnungen. Wie bereits unter Ziffer 412.7 ausgeführt, stellten die Zweitwohnungen in der Periode 1961 bis 1970 einen Anteil von 41 Prozent an der Wohnbautätigkeit. Zwischen 1947 und 1960 belief sich dieser Anteil erst auf 29 Prozent (57). Aus diesen zwei Erfahrungswerten wird in Grafik 1 eine Trendgerade der Zweitwohnungen konstruiert, die für 1980 einen Anteil Zweitwohnungen von 51 Prozent, für 1990 einen solchen von 55 Prozent an der gesamten Wohnbautätigkeit liefert. Dass der Anteil der Zweitwohnungen an der Gesamtwohnungsproduktion zunehmen wird, sei als weiteres Ergebnis der Trenduntersuchung vermerkt.

421.2 Entwicklung der Wohnungsausstattung

Bereits unter Ziffer 411.5 wurde auf die rasche Verbesserung des Wohnungskomforts in den letzten 25 Jahren eingegangen. Viele Einrichtungen wie vollautomatische Waschmaschinen und Tiefkühltruhen haben erst seit den sechziger Jahren grosse Verbreitung gefunden. Eine Unsicherheit bezüglich der weiteren Wohnungsausstattungsentwicklung besteht in der Tatsache, dass 1975 noch nicht bekannt ist, welche durchschnittlichen Komfortansprüche im Jahr 1990 befriedigt werden müssen; denn es ist anzunehmen, dass die Erhöhung des Wohnungsstandards weitergeht. Ob dannzumal die Geschirrspülmaschine, der TV-Anschluss oder anderes mehr zur Selbstverständlichkeit gehört, wissen wir heute noch nicht. Die in Grafik 2 vorgenommene Schätzung der

---

55) Vgl. Statistisches Jahrbuch der Schweiz 1974, S. 191.
56) Zur Technik der Trendextrapolation vgl. Reichhardt, H., Statistische Methodenlehre für Wirtschaftswissenschafter, Düsseldorf 1969, S. 101 ff.
57) Vgl. Eidg. Statistisches Amt, Volkszählung 1970. Gebäude und Wohnungen, Tabelle 1.52 (unveröffentlicht); dabei wird unterstellt, dass die 1970 aus der Bauperiode 1947/60 nachgewiesenen Zweitwohnungen allesamt im Erstellungszeitpunkt Zweitwohnungen waren.

Grafik 2: Entwicklung des durchschnittlichen Wohnungskomforts im Oestlichen Berner Oberland, im Kanton Bern und in der Schweiz 1950 bis 1990

(Prozentsatz der besetzten Wohnungen[1)] mit den Komfortmerkmalen eigenes Bad, Warmwasserversorgung, Zentral-, Fern- und Etagenheizung)

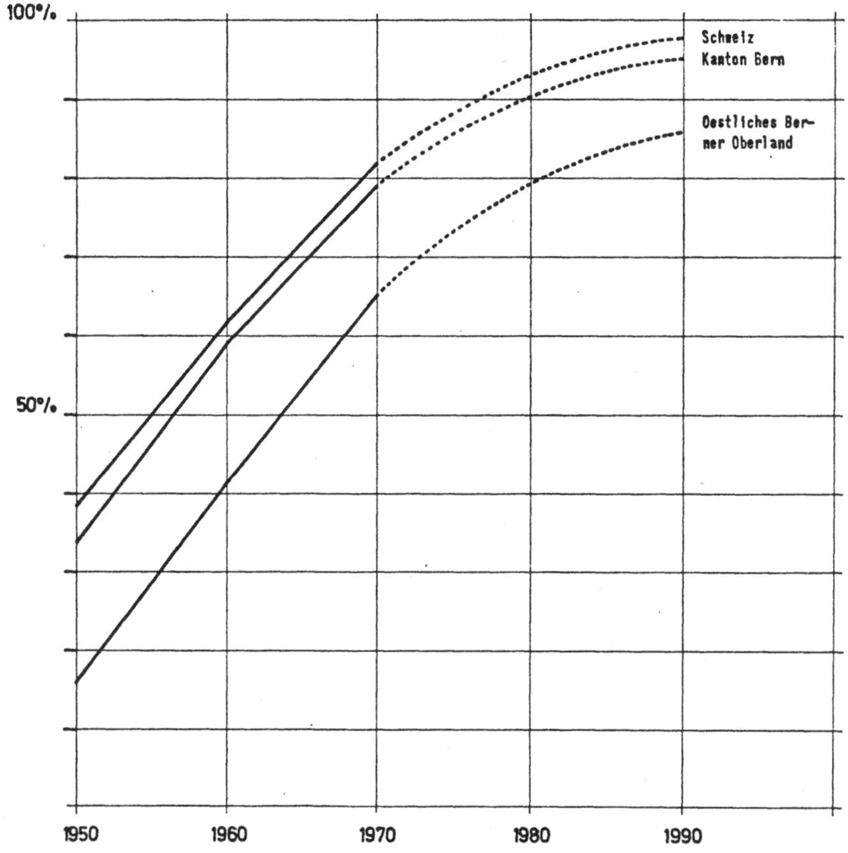

1) Die Durchschnittszahlen für 1950 beruhen auf eigenen Schätzungen. In den Gemeinden ohne Wohnungszählung wurde die gleiche Struktur wie in den 233 in die Erhebung eingegangenen Land- und Berggemeinden unterstellt.

Quellen: Stat. Quellenwerke der Schweiz, a.a.O., H. 277/295/364/379/518.
Direktauskünfte des Eidg. Statistischen Amtes.

Wohnkomfortentwicklung will daher keine Aussagen über einzelne Einrichtungen machen, sondern es soll gezeigt werden, dass im Oestlichen Berner Oberland aus dem Trend kein automatisches Aufholen des Rückstandes in der Wohnungsqualität stattfinden dürfte. Ausgangspunkt dieser Aussage bildet die Verbesserung der Wohnungsausstattung zwischen 1950 und 1970. In diesem Zeitraum hat die Untersuchungsregion wohl etwas aufgeholt (der absolute Rückstand fiel von 23 auf 17 Prozentpunkte), doch zeigt sich zugleich eine gewisse Verlangsamung der relativen Komfortverbesserung. Diese leichte Krümmungstendenz der Ausstattungskurve wird dann auch für die Vorhersage benützt, indem für die siebziger Jahre eine weitere Abschwächung der relativen Verbesserung unterstellt sei. Unter diesen Annahmen besteht in den drei betrachteten Komfortbereichen im Oestlichen Berner Oberland 1990 immer noch ein deutlicher Rückstand, obwohl dannzumal die schweizerischen Durchschnittswerte von 1970 ebenfalls in der Untersuchungsregion übertroffen sein sollten.

Als Fazit dieser Trenduntersuchung sei festgehalten, dass im Oestlichen Berner Oberland die Wohnungsausstattung auch in Zukunft hinter den entsprechenden gesamtschweizerischen und kantonalbernischen Werten zurückbleibt. Im Rahmen des regionalen Wohnungskonzepts, das die komparativ schwachen Stellen im Wohnungswesen aufdecken soll, nehmen deshalb die Massnahmen zur Verbesserung der Wohnverhältnisse einen wichtigen Platz ein.

422 Wohnungsbedarfsprognosen

Der Begriff Wohnungsbedarf beinhaltet - wie unter Ziffer 221 dargelegt - bestimmte Wertvorstellungen über die Wohnungsversorgung. Die Durchführung von Wohnungsbedarfsprognosen setzt daher die Festlegung bestimmter Bedarfsnormen voraus. Entsprechende Sollgrössen lassen sich für den Erweiterungsbedarf und den infolge Abbruchs und Zweckentfremdung entstehenden Ersatzbedarf relativ leicht fixieren; dasselbe gilt für die Vorhersage der zu erneuernden Wohnungen. Diesbezüglich können sich die Bedarfsgrössen im Wohnungswesen einer wirtschaftlichen Randregion nämlich an schweizerischen Durchschnittswerten orientieren. Es wird also vorausgesetzt, dass in Zukunft die Wohnungsversorgung der Randgebiete dem Landesmittel entspricht; damit wird zugleich im Wohnungsbereich dem regionalpolitischen Erfordernis "Angleichung der Lebensbedingungen" Genüge getan.

422.1 Der Erweiterungsbedarf an Erstwohnungen

Der Erweiterungsbedarf an Erstwohnungen setzt sich vor allem aus dem demographischen Bedarf durch das Bevölkerungswachstum und aus dem Wohndichteverringerungsbedarf zusammen; darüber hinaus kann sich unter Umständen auch ein Erweiterungsbedarf zwecks Erhöhung des Leerwohnungsbestandes ergeben. Das regionale Entwicklungskonzept Oestliches Berner Oberland setzt sich bezüglich der Bevölkerungsentwicklung zum Ziel, den Einwohnerstand von 1970 zu halten (58). Trotz der angestrebten gesamtregionalen Bevölkerungsstabilisierung werden aber innerhalb der Region Bevölkerungsverschiebungen - Zunahme in den entwicklungsfähigen und Abnahme in den wirtschaftlich schwachen Gemeinden - Platz greifen. Zusätzliche Wohnungen sind deshalb hauptsächlich in den Zuwanderungsgemeinden, aber auch in den stagnierenden Orten zur Absenkung der Wohndichte erforderlich.

Angelini schätzt aufgrund einer internationalen Querschnittsanalyse ein Absinken der Belegungsdichte (Einwohner pro Wohnung) von 3,058 im Jahr 1970 auf 2,696 im Jahr 1990 voraus (59). Bei einer Uebertragung dieses gesamtschweizerisch prognostizierten Wohndichtewertes auf die Region Oestliches Berner Oberland im Sinne einer Zielgrösse erreicht der Erweiterungsbedarf zwischen 1970 und 1990 2 095 Erstwohnungen (60). Eine solche Parallelität in der Entwicklung zwischen der Schweiz und dem Oestlichen Berner Oberland zu fordern, dürfte aus zwei Gründen gerechtfertigt sein: Einmal weisen beide Räume eine sehr ähnliche Ausgangslage bezüglich Wohndichte auf (61), zum andern wird sich der Trend zu Kleinwohnungen wegen der entsprechenden Nachfrage des touristischen Personals auch im Oestlichen Berner Oberland durchsetzen.

Wie unter Ziffer 413.2 ausgeführt, war der Leerwohnungsbestand 1970 bis 1974 im Oestlichen Berner Oberland so niedrig, dass man von einem ausgeprägten Wohnungsmangel sprechen konnte. Da mit der Realisierung des regionalen Entwicklungskonzepts die Mobilität der Bevölkerung erhöht werden soll, entsteht ein zunehmender Bedarf an leerstehenden, bei Wohnungswechsel verfügbaren Wohnungen. Angelini hält eine Leerwohnungsziffer von 2 Prozent des jeweiligen Erstwohnungsbestandes für angemessen (62). In der Untersuchungsregion würde einer Uebernahme des entsprechenden Wertes bis im Jahr 1990 130 zusätzliche Erstwohnungen erfordern (63).

---

58) Vgl. Entwicklungsplanung Region Oberland-Ost, Bd. 2, a.a.O., S. 23.
59) Zur Prognosemethode und Beurteilung der angewandten Methode vgl. Angelini, T., a.a.O., S. 39 ff.
60) Bei einer unterstellten Wohndichte von 2,696 im Jahr 1990 benötigt die Region Oestliches Berner Oberland dannzumal 15 134 Erstwohnungen. Nach Abzug der 13 039 im Jahr 1970 ausgewiesenen Erstwohnungen ergibt sich ein Erweiterungsbedarf von 2 095 Einheiten; Zahlenwerte vgl. Tabelle 3.
61) Vgl. Tabelle 5, Spalte 5.
62) Vgl. Angelini, T., a.a.O., S. 64.
63) 2 Prozent von 15 134 = 303 Leerwohnungen im Jahr 1990 abzüglich 173 Leerwohnungen im Jahr 1970 ergibt 130 zusätzliche Einheiten.

422.2 Der Ersatzbedarf an Erstwohnungen

Der Ersatzbedarf an Erstwohnungen lässt sich auf den Verlust von Wohnraum durch Abbrüche und Zweckentfremdungen zurückführen. Abgebrochene und durch Katastrophenfälle vernichtete Wohnungen müssen ersetzt werden; dasselbe gilt für zweckentfremdete Erstwohnungen. Die weitaus häufigste Art der Zweckentfremdung dürfte im Oestlichen Berner Oberland in der Umwandlung von Erstwohnungen in Zweit- und Ferienwohnungen bestehen.

Die Abschätzung des Ersatzbedarfs infolge Abbruchs kann mit der in der Vergangenheit ermittelten Abbruchquote (Prozentanteil der jährlich abgebrochenen Wohnungen am Bauwohnungsbestand) erfolgen. Der zwischen 1957 und 1973 in der Untersuchungsregion beobachtete Anstieg der Abbruchquote dürfte sich auch in Zukunft fortsetzen (64). Insbesondere lässt die recht ausgeprägte Ueberalterung des Erstwohnungsbestandes diesen Schluss zu (65). Unter der Annahme einer jährlichen Abbruchquote von 0,1 Prozent müssten zwischen 1970 und 1990 ungefähr 350 Wohnungen ersetzt werden (66).

Der Ersatzbedarf an Erstwohnungen durch Umwandlung in Zweitwohnungen geht aus Tabelle 15 hervor. Wie im Oestlichen Berner Oberland verschiedenerorts zu beobachten ist, geschieht diese Umwandlung häufig beim Ableben betagter Regionsbewohner ohne Angehörige in der Region. Solche nicht mehr besetzte Wohnungen werden dann vielfach zu Ferienhäusern auswärtiger Erben, oder sie werden an den Höchstbietenden - Zweitwohnungsnachfrager verfügen im allgemeinen über mehr Kaufkraft als einheimische Wohnungssuchende - vermietet oder verkauft. Deshalb gilt es zunächst, die von den 60-und-mehr-Jährigen besetzten Wohnungen aufgrund einer angenommenen Wohndichte abzuschätzen. Der solchermassen indirekt ermittelte Wohnungsbestand im Besitze älterer Einwohner verkörpert gleichsam das Potential zur Zweitwohnungsumwandlung.

Ob diese Umwandlung tatsächlich vollzogen wird, hängt in starkem Masse vom Nachfragedruck nach Erstwohnungen und von der touristischen Attraktivität des betreffenden Gebietes ab. Diese beiden Grössen widerspiegeln sich grosso modo im Zweitwohnungsanteil von 1970. Die mutmasslichen Zweckentfremdungen zwischen 1970 und 1990 lassen sich dann aus den von den 60-und-mehr-Jährigen besetzten Wohnungen, multipliziert mit dem Zweitwohnungsanteil von 1970, abschätzen. Der auf diese Art und Weise be-

---

64) Im Oestlichen Berner Oberland ist die folgende Entwicklung der Abbruchquote ausgewiesen: 1957/65 0,044 Prozent, 1966/73 0,065 Prozent (Unveröffentlichte Unterlagen des Statistischen Büros des Kantons Bern).
65) Vgl. Tabelle 8.
66) 0,1 Prozent von 17 389 = 17,389 multipliziert mit 20 ergibt 348 Wohnungen; Zahlenwert vgl. Tabelle 4.

Tabelle 15: Schätzung des zweitwohnungsbedingten Ersatzwohnungsbedarfes im Oestlichen Berner Oberland 1971 bis 1990

Gemeindetyp	60-und-mehrjährige Einwohner 1970	Von 60-und-mehrjährigen besetzte Wohnungen 1970 Schätzung (1)	Anteil Zweitwohnungen 1970 in %	Umwandlung von Erstwohnungen 1970 - 1990
(1)	(2)	(3)	(4)	(5)
Zentrumsgegemeinden	3 911	1 778	8,9	158
Wohngürtelgemeinden	860	391	22,2	87
Agrargemeinden	134	61	38,0	23
Gemeinden des 2. Sektors	784	356	21,3	76
Fremdenverkehrsgemeinden	1 722	783	48,2	377
Uebrige Dienstleitungsgemeinden	1 211	550	17,0	94
Oestliches Berner Oberland	8 622	3 919	.	815

1) Angenommene Wohndichte von 2,2 Personen pro Wohnung.

Quellen: Stat. Quellenwerke der Schweiz, a.a.O., H. 476/518.
Tabelle 4.

rechnete zweckentfremdungsbedingte Ersatzwohnungsbedarf beträgt bis 1990 815 Wohnungen. Diese Zahl ist als Saldogrösse aufzufassen, weil ebenfalls in einem kleineren Umfang Zweitwohnungen zu Erstwohnungen werden. Das ist beispielsweise dann der Fall, wenn ein Zweitwohnungsbesitzer sich nach der Pensionierung entschliesst, seinen Lebensabend am einstigen Ferienort zu verbringen.

422.3 Der Erneuerungsbedarf an Erstwohnungen

Im Wohnungskonzept einer wirtschaftlichen Randregion nimmt die Instandsetzung und Modernisierung des Wohnungsbestandes einen wichtigen Platz ein. Sowohl die Tatsache der zurückgebliebenen Wohnungsausstattung (67) als auch die permanente Ueberalterung und Verschlechterung der Bestände erfordern ständig Investitionen zur Werterhaltung der Wohnsubstanz.

Im folgenden soll in Tabelle 16 am Beispiel der Komfortmerkmale eigenes Bad oder Dusche bzw. moderne Heizung der im Oestlichen Berner Oberland notwendige Erneuerungsbedarf quantifiziert werden. Die Postulierung einer 95-prozentigen Versorgung mit den

Tabelle 16: Erneuerungsbedürftige Erstwohnungen hinsichtlich zweier Komfortmerkmale im Oestlichen Berner Oberland 1971 bis 1990

Komfortmerkmal	Besetzte Wohnungen mit dem entsprechenden Komfortmerkmal 1970		Besetzte Altwohnungen mit dem entsprechenden Komfortmerkmal 1990		Erneuerungsbedürftige Erstwohnungen 1971 - 1990
	absolut	in %	absolut	in %	
(1)	(2)	(3)	(4)	(5)	(6)
Eigenes Bad oder Dusche	8 898	68	12 056	95	3 158
Zentral-, Fern- oder Etagenheizung	6 313	48	12 056	95	5 743

Quelle: Stat. Quellenwerke der Schweiz, a.a.O., H. 518. Tabelle 7 und Grafik 2.

67) Vgl. Ziffer 412.5 und 422.2.

beiden Komfortmerkmalen Bad und moderne Heizung orientiert sich an den in Grafik 2 geschätzten Trendwerten für den Kanton Bern. Unter den vorstehend genannten Voraussetzungen muss in der Untersuchungsregion bei 3 158 Wohnungen ein Bad eingebaut und bei 5 743 Wohnungen die Heizung modernisiert werden.

423 Prognose über die Zweitwohnungsnachfrage

Die Bestimmungsgründe der Zweitwohnungsnachfrage sind bereits unter Ziffer 24 erörtert worden. Unsere Thesen stimmen im wesentlichen mit der Beurteilung der die Zweitwohnungsnachfrage beeinflussenden Grössen von Angelini überein, der annimmt, "dass sich die Dringlichkeit des Bedarfs nach Zweit- und Ferienwohnungen in der Zukunft erhöhen wird" (68); dafür spreche die Reduktion der Arbeitszeit und die Mobilitätserhöhung durch die Verbesserung der Verkehrswege. Er nimmt zudem an, dass wegen der Realeinkommensverbesserungen allmählich auch die mittleren, sehr stark besetzten Einkommensschichten in die Lage versetzt werden, den Zweit- und Ferienwohnungsbedarf zu decken. Es sei daher mit einer rapiden Steigerung der Nachfrage nach solchen Wohnungen zu rechnen (69). Für die Vorhersage des Zweitwohnungsbestandes im Oestlichen Berner Oberland wird deshalb der Nachfrageansatz verwendet, der die Einkommensentwicklung mitberücksichtigt und somit der im Vergleich zu den Erstwohnungen elastischeren Wohnungsnachfrage Rechnung trägt.

Mittels einer Gegenüberstellung der Zweitwohnungs- und der Bruttosozialproduktzunahme in der Periode 1960 bis 1970 prognostiziert Angelini für die Schweiz 324 505 Zweit- und Ferienwohnungen im Jahr 1990 (70). Diese von Angelini als Variante 1 bezeichnete Schätzung - Variante 2 sagt noch mehr Zweitdomizile voraus - bildet den Ausgangspunkt der diesbezüglichen Prognose für das Oestliche Berner Oberland (71). In Berücksichtigung der 1970 schon sehr grossen Verbreitung von Zweitdomizilen ist eine im Vergleich zur gesamtschweizerischen Entwicklung schwächere Zunahme entsprechender Wohnungen zu erwarten, so dass sich für 1990 eine Reduktion des oberländischen Anteils am schweizerischen Zweitwohnungsbestand ergibt (72). Damit wird gleichzeitig unterstellt, dass sich die Nachfrage vermehrt bisher mit Zweitwohnungen unterdotierten Regionen, die über preisgünstigere Angebote verfügen, zuwenden wird. Angesichts des touristi-

---

68) Angelini, T., a.a.O., S. 79 (im Original hervorgehoben).
69) Vgl. Angelini, T., a.a.O., S. 81.
70) Zur Methode und zur Beurteilung der angewandten Methode vgl. Angelini, T., a.a.O., S. 83 ff.
71) Angesichts der sich abzeichnenden wirtschaftlichen Stagnation halten wir uns an die Variante mit den niedrigeren Bestandeswerten für 1990.
72) 1970 belief sich der entsprechende Anteil auf 3,24 Prozent (4 252 von 131 219 Zweitwohnungen); vgl. Tabelle 4.

schen Potentials des Oestlichen Berner Oberlandes dürfte sich aber die relative Rückbildung in ziemlich engen Grenzen halten. Unter der Annahme, dass sich 1990 2,8 Prozent aller Zweitwohnungen in der Untersuchungsregion befinden, hätten bis zu diesem Zeitpunkt 4 834 zusätzliche Zweitwohnungen zu entstehen (73). Der Zuwachs setzt sich sowohl aus ehemaligen Erstwohnungen - nach Berechnungen unter Ziffer 422.2 ergeben sich 815 zweckentfremdete Dauerwohnungen - als auch aus 4 019 neu zu bauenden Zweitwohnungen zusammen. Diese Prognose deckt sich einigermassen mit den vom ORL-Institut in der Arbeitsmarktsubregion Interlaken durchgeführten Perspektiven über die Zweitwohnungsbetten im Jahr 2000 (74).

424 Innerregionale Wohnungsprognosen

In einem weiteren Schritt müssen die auf regionaler Ebene prognostizierten Werte auf die einzelnen Gemeinden übertragen werden. Ausgangspunkt für solche Vorhersagen bilden die kommunalen Bevölkerungsziele im Rahmen des regionalen Entwicklungskonzepts sowie die eben dargelegten gesamtregionalen Wohnungsprognosen. In der anvisierten Bevölkerungsentwicklung - 11 Gemeinden mit zunehmender und 18 Orte mit abnehmender Bevölkerung (75) - kommt die Arbeitsplatzsituation und die allgemeine Infrastrukturausrüstung zum Ausdruck. Die demographischen Zielwerte orientieren sich also an den Möglichkeiten zur Einkommenserzielung und an der Wohnattraktivität in den einzelnen Gemeinden, wobei jene in einem Rückkoppelungsprozess auf den Massnahmeneinsatz aller Konzeptbereiche und dessen vermutliche Wirkungen abgestimmt worden sind. Gegenüber 1970 resultiert für das Jahr 1990 eine stärkere Bevölkerungskonzentration in den Zentrumsgemeinden, in einzelnen Wohngürtelgemeinden und in den grösseren Fremdenverkehrsorten. Die in kleineren und peripher gelegenen Gemeinden abwandernden Bevölkerungsteile sollen in den Orten höherer Zentralität innerhalb der Region aufgefangen werden (76).

---

73) 2,8 Prozent von 324 505 sind 9 086 Zweitwohnungen im Jahr 1990 abzüglich Zweitwohnungsbestand 1970 ergibt 4 834 zusätzliche Zweitwohnungen von 1971 - 1990; bezüglich des gesamtschweizerischen Zweitwohnungsbestandes 1990 vgl. Angelini, T., a.a.O., S. 85.
74) Vgl. Institut für Orts-, Regional- und Landesplanung, Landesplanerische Leitbilder der Schweiz, a.a.O., Bd. III, S. 54 ff.
75) Welche Gemeinden gemäss den demographischen Zielen bis 1990 ein Bevölkerungswachstum und welche Bevölkerungsverluste aufweisen werden, geht aus der Anhangtabelle 9, Spalte 2 hervor.
76) Bezüglich der bis 1990 im Oestlichen Berner Oberland anvisierten Bevölkerungsverteilung vgl. Entwicklungsplanung Region Oberland-Ost, Bd. 2, a.a.O., S. 46.

Im folgenden seien die ähnlich strukturierten Gemeinden zu Gemeindetypen zusammengefasst; damit wird eine Reduktion der möglichen Schwankungen angestrebt, da bei den oftmals sehr kleinen Einheiten zufällige, völlig atypische Faktoren die Wohnungsprognosen für Einzelgemeinden in Frage stellen können. Die Bildung von Gemeindegruppen glättet einen Teil der Zufälligkeiten aus und kompensiert gegenläufige Entwicklungen in sich. Tabelle 17 orientiert über den Bedarf an Erstwohnungen nach Gemeindetypen im Oestlichen Berner Oberland (77). Aufgrund der voraussehbaren Bevölkerungszunahme in den Zentrums- und Fremdenverkehrsgemeinden ergibt sich dort der weitaus grösste zusätzliche Erstwohnungsbedarf. Aber auch in den meisten Gemeinden mit rückläufiger Bevölkerungszahl werden wegen der sinkenden Wohndichte noch weitere Dauerwohnungen benötigt. Die Bildung einer Leerwohnungsreserve ist vor allem in den Zentrumsgemeinden erstrebenswert, während der durch die Umwandlung von Erstwohnungen in Zweitwohnungen bedingte Ersatzbedarf in den Fremdenverkehrsgemeinden am grössten sein dürfte. Die Gemeinden des 2. Sektors und die Agrargemeinden mit relativ starken Bevölkerungsverlusten weisen den kleinsten Erweiterungsbedarf auf. Der durchschnittliche jährliche Bedarf an Erstwohnungen bis zum Jahr 1990 liegt mit 170 Wohnungen etwas höher als die 165 seit 1961 im Durchschnitt pro Jahr produzierten Dauerwohnungen. In den Fremdenverkehrsgemeinden sollte die Erstwohnungsproduktion gerade verdoppelt werden; ebenso müsste die Wohnbautätigkeit in den Wohngürtel- und Agrargemeinden leicht zunehmen. In den übrigen Gemeindetypen dürfte unter den getroffenen Annahmen und bei Erreichung der Ziele im Wohnungswesen auf dem bis anhin ausgetrockneten Wohnungsmarkt eine leichte Entspannung eintreten.

Die Bestimmung der Standorte der zusätzlich zu erstellenden Zweit- und Ferienwohnungen ist in erster Linie Sache des touristischen Teils eines regionalen Entwicklungskonzepts (78). In Anhangtabelle 9 erfolgt die Verteilung der neu zu entstehenden Zweitwohnungen sowohl aufgrund der diesbezüglichen Vorstellungen (79) als auch aufgrund des innerregionalen Zweitwohnungsan-

---

77) In der Anhangtabelle 9 finden sich auch die Wohnungsprognosen für alle Einzelgemeinden auf der Basis von umgelegten Regionszahlen. Solche detaillierten Vorhersagen interessieren vor allem im Zusammenhang mit Ortsplanungen.

78) Der touristische Teil des regionalen Entwicklungskonzepts Oestliches Berner Oberland wurde einerseits durch das Forschungsinstitut für Fremdenverkehr an der Universität Bern, anderseits durch eine von dessen Institutsdirektor betreute Dissertation (Tromp, M., Bestimmung der touristischen Eignung und der Kapazitätsgrenzen im Rahmen regionaler Entwicklungskonzepte, dargestellt am Beispiel des Berner Oberland-Ost) erarbeitet.

79) Vgl. Entwicklungsplanung Region Oberland-Ost, Bd. 2, a.a.O., S. 108 ff.

Tabelle 17: Geschätzter Erstwohnungsbedarf nach Gemeindetypen im Oestlichen Berner Oberland 1971 bis 1990

Gemeindetyp	Erweiterungsbedarf infolge			Ersatzbedarf		Total	Durchschnittlicher jährlicher Erstwohnungsbedarf 1971/90	Durchschnittliche jährliche Erstwohnungsproduktion 1961/73
	Zunahme der Wohnbevölkerung	Absenkung der Wohndichte	Erhöhung des Leerwohnungsbestandes	Abbruch	Umwandlung von Erst- in Zweitwohnungen[1)]			
(1)	(2)	(3)	(4)	(5)	(6)	(7)	(8)	(9)
Zentrumsgemeinden	339	978	90	136	158	1 701	85	99
Wohngürtelgemeinden	60	135	14	31	58	298	15	14
Agrargemeinden	-	12	-	7	18	37	2	1
Gemeinden des 2. Sektors	-	20	12	29	46	107	6	9
Fremdenverkehrsgemeinden	71	399	11	105	377	963	48	24
Uebrige Dienstleistungsgemeinden	13	159	3	40	64	282	14	18
Oestliches Berner Oberland	483	1 703	130	348	724	3 388	170	165

1) Der entsprechende Ersatzbedarf ist infolge relativ starken Bevölkerungsverlusten in einzelnen Abwanderungsgemeinden um 91 Einheiten kleiner als in Tabelle 16, Spalte 5. Demgegenüber sind in Gemeinden mit überdurchschnittlichem Bevölkerungswachstum zusätzliche Neuwohnungen erforderlich, so dass das Total an neuzuerstellenden Erstwohnungen wiederum 3 388 beträgt.

Quellen: Eigene Berechnungen aufgrund der Anhangtabelle 8. Anhangtabelle 9.

teils von 1970; somit wird in Gemeinden mit bereits grosser Verbreitung von Zweitdomizilen ein kleinerer relativer Zuwachs unterstellt als in sich erst entwickelnden Orten. Es sei überdies im vorliegenden Zusammenhang ausdrücklich festgehalten, dass der verhältnismässig hohe Zuwachs an Zweitwohnungen das Ergebnis einer Prognose und nicht etwa bereits ein politisch konsolidiertes Ziel darstellt.

425 Zusammenfassung der Wohnungsprognosen

Die zahlenmässigen Hauptergebnisse der Wohnungsprognosen für das Oestliche Berner Oberland kommen in Uebersichtstafel 7 zum Ausdruck (80). Unter den genannten Prämissen ist als hervorstechendes Resultat wohl die starke Zunahme der Zweitwohnungen zu vermerken. In der Untersuchungsregion wird sich bei den Neubauten das Verhältnis zwischen Erst- und Zweitwohnungen zugunsten der letzteren verschieben, während in den sechziger Jahren noch die Erstellung von Dauerwohnungen überwog (81). Die durchschnittliche jährliche Produktion dürfte sogar etwas höher liegen, als die mit der Trendprognose ermittelten Produktionszahlen (82). Dieses Ergebnis kontrastiert recht deutlich mit der von Angelini prognostizierten gesamtschweizerischen Entwicklung, indem er für die Schweiz Mitte der siebziger Jahre eine enorme Diskrepanz zwischen tatsächlichem Bauvolumen und der Wohnungsnachfrage nachweist (83). Die steigenden Leerwohnungsbestände auf gesamtschweizerischer, nicht aber auf der Ebene der Region Oestliches Berner Oberland scheinen die unterschiedlichen Entwicklungsaussichten im Wohnungsbau in den beiden Räumen zu rechtfertigen (84).

Was die Erstwohnungen betrifft, ist in der Untersuchungsregion im allgemeinen eine leichte Entspannung auf dem Wohnungsmarkt wahrscheinlich, wenn die seit 1960 verzeichneten Produktions-

---

80) Es sei an dieser Stelle nochmals betont, dass die Schätzungen unter Vorbehalt aller getroffenen Annahmen - insbesondere auch hinsichtlich der Erfüllung festgelegter Bedarfsnormen - erfolgen. So ist zum Beispiel noch nicht definitiv entschieden, ob die Anhebung des Wohnungskomforts und die Erhöhung des Leerwohnungsbestandes auf schweizerische Durchschnittswerte mit allen zur Verfügung stehenden wohnbaupolitischen Massnahmen angestrebt werden sollen. Wenn sich eine Beschränkung des Zweitwohnungswachstums als wirtschaftspolitisches Ziel durchsetzen könnte, dann wäre vor allem auch die Zweitwohnungsprognose erheblich nach unten zu korrigieren.

81) Vgl. Tabelle 9.

82) Nach der Trendprognose wären von 1971 bis 1990 durchschnittlich 321 Wohnungen neuzuerstellen; vgl. Grafik 1.

83) Vgl. Angelini, T., a.a.O., S. 133.

84) Vgl. Tabelle 11.

Uebersichtstafel 7: Vorausschätzung des Wohnungsbestandes und der Wohnungsproduktion für das Oestliche Berner Oberland 1971 bis 1990

	Erstwohnungen	Leerwohnungen	Zweitwohnungen	Wohnungen insgesamt
Bestandesgrössen 1970	13 039	173	4 252	17 464
Prognosen 1971 - 1990				
Erweiterungsbedarf infolge				
- Bevölkerungswachstum	483			
- Absenkung der Wohndichte	1 703			
Wohnungsabgang infolge				
- Abbruch	- 348			- 348
- Umwandlung in Zweitwohnungen	- 815		815	
Ersatzbedarf infolge				
- Abbruch	348			
- Umwandlung in Zweitwohnungen	724			
Erhöhung des Leerwohnungsbestandes		130		
Wohnungsproduktion	3 258	130	4 019	7 407
Bestandesgrössen 1990	15 134	303	9 086	24 523

Quelle: Eigene Berechnungen unter Ziffer 422, 423 und 424.

werte (jährlich 165 Wohnungen) auch in Zukunft erreicht werden. In den Fremdenverkehrsgemeinden dagegen zeichnet sich auch in den nächsten Jahren ein ausgeprägter Wohnungsmangel ab. Die qualitative Verbesserung der Wohnverhältnisse sollte in den siebziger oder achtziger Jahren im Oestlichen Berner Oberland Fortschritte machen. Ohne neue Impulse zur Modernisierung der Altwohnungen dürfte aber die Wohnungsausstattung weiterhin wesentlich hinter den entsprechenden kantonalbernischen und schweizerischen Werten zurückbleiben.

Mit dem vorstehenden Prognoseteil ist die dritte Phase im Rahmen der Erarbeitung eines Wohnungskonzepts für die Region Oestliches Berner Oberland abgeschlossen. In einem weiteren und letzten Schritt gilt es nun, die Lage- und Prognoseergebnisse mit den Zielen zu konfrontieren und zur Behebung der sich abzeichnenden Diskrepanzen geeignete Massnahmen vorzuschlagen.

43 Das Wohnungskonzept für die Region Oestliches Berner Oberland aus massnahmenbezogener Sicht

Die Erarbeitung eines ziel- und lageadäquaten Massnahmenkataloges bildet das Kernstück eines regionalen Wohnungskonzepts. Aus dieser Einsicht heraus werden im folgenden die allgemeinen Ziele im Wohnungswesen einer wirtschaftlichen Randregion (85) mit den in der Lageanalyse und in den Prognosen für das Oestliche Berner Oberland ermittelten Situationselementen konfrontiert. Die entsprechende Gegenüberstellung in Uebersichtstafel 8 zeigt den gegenwärtigen bzw. künftigen Zielerreichungsgrad auf. Dabei sind die Massnahmen so zu planen und derart auszugestalten, dass bei deren Durchführung die zukünftige Situation möglichst mit den Zielvorstellungen übereinstimmt. Im folgenden werden die als geeignet in Betracht gezogenen Massnahmen gemäss der unter Ziffer 343 angeführten Unterteilung in informierende, aktivierende und normative Massnahmen gegliedert. Im abschliessenden Ueberblick über das Instrumentarium erfolgt auch eine summarische Schätzung der bei der Realisierung zu erwartenden finanziellen Belastung der öffentlichen Hand.

431 Informierende Massnahmen

Als erster Typ der als zweckdienlich erachteten Vorkehren sind die informierenden Massnahmen zu nennen. Ihre Aufgabe besteht in der Erhöhung der wohnungsmarktbezogenen Transparenz im allgemeinen. An solchen Informationen sind einerseits die Behörden sowie die mit der Planung und Durchführung der regionalen Entwicklungsförderung betrauten Stellen interessiert, anderseits verbessern entsprechende Massnahmen auch die Marktübersicht der Wohnungsanbieter und Wohnungsnachfrager. Erst Dienstleistungen

---

85) Vgl. dazu Ziffer 342.

Uebersichtstafel 8: Zielsetzungen und Zielerreichung im Wohnungswesen des Oestlichen Berner Oberlandes

(Schematische Zusammenfassung)

	Zielsetzungen	Lage	Prognosen
Oestliches Berner Oberland	Absenkung der Wohndichte auf schweizerische Durchschnittswerte	Ziel gesamtregional bereits erreicht	Absenkung der Wohndichte gemäss schweizerischen Durchschnittswerten
	Verbesserung der Wohnungsqualität und Modernisierung der Altwohnungen	Zurückgebliebene Wohnungsausstattung lässt auf Erneuerungsbedarf schliessen	Rückstand bleibt bestehen
	Angemessene Beteiligung der Zweitwohnungsgemeinden an der Einkommenssteuer der auswärtigen Zweitwohnungsinhaber	In der Regel keine Steuerteilungen	Zweitwohnungsbestand wird stark zunehmen; damit Akzentuierung des Problemkreises
	Angemessene Erhaltung von Wohnraum in Händen der Regionsbevölkerung zur Sicherung eines langfristig fliessenden Einkommens durch die Vermietung von Ferienwohnungen	Grosse Nachfrage nach älteren Zweitwohnungen und damit Gefahr, dass weiterhin ältere Gebäude zu Zweitwohnungszwecken verkauft werden	Zweitwohnungsnachfrage wird zunehmen; weitere Verkäufe an Auswärtige
Zentrumsgemeinden	Deckung des Erstwohnungsbedarfs	Wohnungsmangel	Leichte Entspannung auf dem Wohnungsmarkt
	Breites Angebotsspektrum an Wohnungen hinsichtlich - Wohnungsgrösse	Niedriger Kleinwohnungsanteil	Leichte Zunahme des Kleinwohnungsanteils
	- Mietwohnungen	Für städtische Verhältnisse wenig Mietwohnungen	Steigender Mietwohnungsanteil
	- Gemeinnütziger Wohnungsbau	Sehr wenig Aktivität	Unter status-quo-Bedingungen geringe Aktivität
Wohngürtelgemeinden	Preisgünstige Eigenheime	Teilweise hohe Baulandpreise	Infolge grosser Nachfrage nach Zweitwohnungen weiterhin tendenziell steigende Baulandpreise
Agrargemeinden	Anhebung des Wohnungskomforts auf einen Minimalstandard	Stark unterdurchschnittliche Wohnungsausstattung	Rückstand bleibt bestehen
Fremdenverkehrsgemeinden	Wohnraum für touristisches Personal Deckung des Erstwohnungsbedarfs	Wohnungsmangel	Keine Entspannung auf dem Erstwohnungsmarkt zu erwarten
Gemeinden des 2. Sektors und übrige Dienstleistungsgemeinden	Angemessener Personal- bzw. Dienstwohnungsbestand	Situation von Betrieb zu Betrieb verschieden	Leichte Entspannung auf dem Wohnungsmarkt
	Angemessene Wohnungsreserve als Ausgleich für die Nachfrage in den Zentrums- und Fremdenverkehrsgemeinden	Zu kleine Wohnungsreserve	

dieser Art gestatten rationales Handeln auf den verschiedenen Aktionsebenen. Solange der Informationsstand unzulänglich bleibt, wird sich der Rationalitätsgrad der zu treffenden Entscheidungen stark reduzieren (86). Die Uebernahme eines Teils der Informationskosten durch öffentliche und private Institutionen wirkt sich positiv sowohl auf die Investitionstätigkeit im Wohnungssektor als auch auf die Konsistenz der öffentlichen Wohnungsmarktpolitik aus und erhöht somit die vom Wohnungswesen ausgehende Attraktivität für die Wohnsitzwahl der privaten Haushalte.

431.1 Regionale Wohnungsstatistiken und -prognosen

Die an Wohnungsmarktdaten interessierten Kreise können Entscheidungen im Wohnungssektor mit umso grösserer Sicherheit treffen, je mehr sie über Vergangenheit, Gegenwart und Zukunft wissen. Aus diesem Grunde empfiehlt es sich, für die Region statistische Unterlagen bereitzustellen und auszuwerten sowie für deren Verbreitung zu sorgen. Mit den vorliegenden, die Wohnverhältnisse betreffenden Analysen und Prognosen ist ein erster Schritt in dieser Richtung getan. Die entsprechenden Arbeiten stellen jedoch nicht eine einmalige Angelegenheit, sondern eine Daueraufgabe dar, die von einer speziell zu schaffenden regionalen Institution fortzuführen wäre.

Die Wohnungsmarkttransparenz lässt sich auf seiten der Wohnungsersteller durch Angaben über die Wohnbauvorhaben und über den Leerwohnungsbestand sowie durch Informationen bezüglich der Finanzierung und der Bevölkerungsentwicklung und -struktur verbessern, während die Wohnungsnachfrager insbesondere an Daten über die Wohnkosten und über die Anzahl und Zusammensetzung der angebotenen Wohnungen interessiert sind. Den öffentlichen Stellen dienen vor allem Untersuchungen über den quantitativen und qualitativen Wohnstandard sowie Indikatoren über allfällige Mängel der freimarktlichen Wohnungsversorgung.

431.2 Regionale Informationsstelle für Wohnungsfragen

Die Informationsbedürfnisse im Wohnungswesen rechtfertigen die Schaffung einer Institution, welche die oben angeführten Daten liefern kann. Der Aktionsbereich der entsprechenden Stelle muss aber noch weiter gezogen werden und sei mit den folgenden Aufgaben umrissen:

- Auswertung bestehender Arbeiten und Statistiken und - wenn nötig - Ergänzung durch eigene Erhebungen; anschliessend zweckmässige Publikation

86) Vgl. Kleps, K., a.a.O., S. 291.

- Beratung der Privaten, Gemeinden und regionalen Trägerinstanzen in Fragen der Wohnbauförderungs- und -sanierungsmassnahmen von Bund und Kanton

- Wohnungsvermittlung an auswärtige Erstwohnungssuchende, die in die Region ziehen möchten

- Auskünfte an potentielle Investoren im Wohnungsbau

- Mitträgerin von in der Region zu gründenden oder auszubauenden Organisationen des gemeinnützigen Wohnungsbaus

Bei der Errichtung einer solchen Informationsstelle dürfte die Finanzierung das Hauptproblem darstellen. Als mögliche Träger kommen die Planungsverbände - Artikel 86 des bernischen Baugesetzes nennt die Informationsbereitstellung allerdings nicht ausdrücklich als Aufgabe der Regionalplanungsverbände - oder eine zu diesem Zweck speziell zu schaffende Organisation in Frage. Zudem könnte die Informationsstelle für Wohnungsfragen bestehenden Vereinigungen, beispielsweise der Volkswirtschaftskammer des Berner Oberlandes, angegliedert werden, da Wirtschaftsinformationen ohnehin bereits zu deren Tätigkeitsbereich gehören (87). Falls die Institution in erheblichem Umfang eigene Untersuchungen über den regionalen Wohnungsmarkt durchführen würde, dürfte sie allenfalls mit Beiträgen des Bundes gemäss Artikel 25 und 26 des Wohnbau- und Eigentumsförderungsgesetzes rechnen.

431.3 Beratung bei der Erneuerung des Wohnungsbestandes

In unserem System der weitgehend freimarktlichen Wohnungsversorgung liegt die Verantwortung der ständigen Erneuerung der Wohnungen beim Hauseigentümer. Der Wunsch eines jeden Wohnungsnutzers nach verbesserten Wohnverhältnissen sowie das Interesse eines jeden Wohnungseigentümers an einer gesicherten Vermietbarkeit und Rentabilität seines Objektes sollten an sich eine kontinuierliche Erneuerung und Verbesserung der Wohnungsbestände gewährleisten (88). Gewisse Indizien - so der noch nicht sanierte hohe Altwohnungsbestand und die unterdurchschnittliche Wohnungsausstattung - lassen aber darauf schliessen, dass die Bausubstanz in vielen Fällen unzureichend unterhalten wird. Die Deckung dieses Nachholbedarfes an Ersatzinvestitionen sollte jedoch primär mit den Mitteln der Selbsthilfe angestrebt werden.

---

87) Vgl. Jahresbericht 1971/72 der Volkswirtschaftskammer des Berner Oberlandes, S. 12.
88) Zu den Argumenten der Befürworter des marktwirtschaftlichen Prinzips bei der Wohnungserneuerung vgl. Mrosek, H., a.a.O., S. 152.

In jüngster Zeit beginnt man die in den sechziger Jahren unterschätzte Bedeutung der Wohnungsrenovation wiederzuentdecken. So werden etwa die meist zentrale Lage, die organisch gewachsene Umwelt, die Geräumigkeit und die verhältnismässig niedrigen Mietzinse als Vorzüge von renovierten Altwohnungen gepriesen (89). Die Aktualität der Wohnungserneuerung kommt auch darin zum Ausdruck, dass seit Ende der sechziger Jahre unter dem Patronat des Schweizerischen Hauseigentümerverbandes jährlich eine Fachmesse für Altbau-Modernisierung stattfindet. Ebenso schenkt die Wirtschaftspresse dem Problemkreis ihre Aufmerksamkeit (90), und von seiten des Bundes wird die Altwohnungssanierung als Mittel zur Belebung der schlechter ausgelasteten Bauwirtschaft empfohlen (91). Ebenso bildete sich 1975 im Zuge des erwachten Interesses für Altbaumodernisierungen unter dem Namen Prorenova eine schweizerische Vereinigung für Altbaurenovation (92).

Damit die Erneuerung des Wohnungsbestandes tatsächlich durchgeführt wird, ist unter anderem an eine gründliche Beratung der Eigentümer von Altliegenschaften in Renovationsfragen zu denken. Solche Dienstleistungen könnten sowohl einzelne Baufirmen als auch an Wohnungsrenovationen interessierte Wirtschafts- und Berufsverbände - vor allem solche gewerblicher Provenienz - erbringen. Die Beratung hätte sich etwa auf die folgenden Punkte zu beziehen:

- Abklärung der Grundsatzfrage, ob Erneuerung oder Abbruch und Neubau

- Offertstellung für eine Gesamtrenovation

- Zeitbedarf der Renovationsarbeiten

- Auswirkungen auf die amtliche Bewertung der Liegenschaft

- Eventuell kunsthistorische Aufklärung über erhaltenswerte Ortsbilder und Einzelobjekte

---

89) Vgl. Maxinorm AG, Renovieren statt demolieren. Die Renovation von Altbauten, Dietlikon 1972.
90) So zum Beispiel "Aus Alt mach' Neu". Modernisierung, Renovierung, Sanierung von Altbauten, in: Schweizerische Handels-Zeitung, Nr. 8 vom 20.2.1975; Altbaurenovation - Chance für die Bauwirtschaft, in: Finanz und Wirtschaft, Nr. 4 vom 15.1.1975.
91) Vgl. Botschaft des Bundesrates über Massnahmen gegen Beschäftigungs- und Einkommenseinbrüche (vom 30. April 1975), in: Bundesblatt, 127. Jg. (1975), Bd. I, S. 1855 f.
92) Vgl. Raissig, W., Prorenova, eine Vereinigung für Altbau-Renovation, in: Der Schweizerische Hauseigentümer, Nr. 13 vom 1.7.1975.

Angesichts der vielen potentiellen Nachfrager dürfte eine gut geplante und koordinierte Aktion einigen Erfolg haben.

432 Aktivierende Massnahmen

Unter aktivierenden Massnahmen sollen im folgenden alle diejenigen Förderungsvorkehren verstanden werden, die den Wohnungsmarktteilnehmern vor allem seitens der öffentlichen Hand zukommen. Die Gewährung solcher Massnahmen setzt aber Eigeninitiative und Eigenleistungen der Begünstigten voraus, und in der Regel sind mit der Hilfegewährung ganz bestimmte Voraussetzungen und Auflagen verknüpft. Der akzessorische Charakter ergibt sich also daraus, dass die Massnahmen erst wirksam werden, wenn Marktpartner zu handeln gewillt sind; niemand ist gezwungen, sich an Förderungsaktionen zu beteiligen. Die aktivierenden wohnbaupolitischen Vorkehren sind bereits unter Ziffer 33 in den Grundzügen dargelegt worden. In der Folge sollen nur noch jene Instrumente besonders Erwähnung finden, welche im Rahmen des Wohnungskonzepts Oestliches Berner Oberland zur Diskussion stehen.

432.1 Baulanderschliessung

Die Groberschliessung von Bauland umfasst die Versorgung eines zu überbauenden Gebiets mit Erschliessungsanlagen wie Wasser-, Energieversorgungs- und Abwasserleitungen sowie Strassen und Wegen, während die Feinerschliessung den Anschluss der einzelnen Grundstücke an die Hauptstränge der Erschliessungsanlagen beinhaltet (93). Das bernische Baugesetz verpflichtet die Gemeinden, ihr Baugebiet gemäss Erschliessungsrichtplan mit den Basiserschliessungsanlagen auszurüsten (94). Dabei können die Kosten der Groberschliessung teilweise und die Kosten der Feinerschliessung ganz den Grundeigentümern überbunden werden. Trotzdem entstehen für nicht wenige Gemeinden erhebliche finanzielle Belastungen aus der Erschliessungspflicht, so dass die Erschliessungshilfe des Bundes mittels Darlehensvermittlung, -verbürgung und nötigenfalls -gewährung im Umfang der Groberschliessungskosten sehr zu begrüssen ist. Als Darlehensempfänger kommen öffentlich-rechtliche Körperschaften sowie Träger und Organisationen des Wohnungsbaus in Frage (95).

---

93) Zu den Begriffen Groberschliessung und Feinerschliessung vgl. Wohnbau- und Eigentumsförderungsgesetz (vom 4. Oktober 1974), Art. 4.
94) Vgl. Baugesetz (vom 7. Juni 1970), Art. 71.
95) Zur rechtlichen Ausgestaltung der bundesseitigen Erschliessungshilfe vgl. Wohnbau- und Eigentumsförderungsgesetz (vom 4. Oktober 1974), Art. 12 - 20.

Inwieweit die Erschliessung von Bauland im Oestlichen Berner Oberland mit entsprechender Hilfe erfolgen kann, hängt entscheidend vom kommunalen Stand der Erschliessung und der Grösse der ausgeschiedenen Baugebiete sowie vom Vollzug ab. Es ist denkbar, dass rückzahlbare Darlehen zu günstigeren als marktüblichen Bedingungen für die Gemeinden und durch diese zur Groberschliessung verpflichtete Grundeigentümer zu wenig attraktiv sind, zumal Bauland für Zweitwohnungen nicht in den Genuss von Bundeshilfe kommt. Ausserdem ist die Baulanderschliessung für diejenigen Gemeinden nicht aktuell, die nur eine schwache bauliche Entwicklung aufweisen.

432.2 Kommunale Bodenpolitik

Die Bodenpolitik der öffentlichen Hand gilt allgemein als zielkonformes Mittel zur Beeinflussung der Siedlungsstruktur (96). So kann der Kauf und Verkauf von Boden durch die Gemeinden auch in den Dienst der Wohnungspolitik gestellt werden. Durch eine kommunale Bodenpolitik - verbilligte Landabtretung an Einheimische und Träger des gemeinnützigen Wohnungsbaus - erreicht das Gemeinwesen eine Einflussnahme auf die Auswahl der Wohnungsproduzenten. Ob die mit der verbilligten Landabgabe verbundene Umleitung der Grundrente zugunsten solcher Wohnungsnutzer erwünscht ist, muss in den einzelnen Gemeinden durch die Politik entschieden werden.

Im Oestlichen Berner Oberland geht es insbesondere in den Wohngürtel- und Fremdenverkehrsgemeinden darum, den einheimischen Wohnungsproduzenten geeignetes Bauland zu erhalten. Nach dem Wohnbau- und Eigentumsförderungsgesetz kann der Bund interessierten Gemeinden Darlehen zum vorsorglichen Erwerb von Land für den Wohnungsbau vermitteln, verbürgen oder nötigenfalls gewähren (97). Da die Hilfe höchstens 50 Prozent der Landerwerbskosten beträgt und die Verzinsung zu marktüblichen Konditionen zu erfolgen hat, können Gemeinden ohne namhaften eigenen Bodenbesitz auch künftighin nicht in erwünschtem Masse Bodenpolitik betreiben, denn der Landerwerb und eine allenfalls untermarktpreisige Weitergabe von Bauland würden die Gemeindefinanzen zu stark belasten. Wo jedoch öffentlich-rechtliche Körperschaften - Einwohnergemeinden, Burgergemeinden, Allmendgenossenschaften, Bergschaften - bereits in nennenswertem Ausmass Eigentümer von Bauland sind, kann bei der Vergrösserung oder der Weitergabe im Baurecht eine Selektion unter den Wohnungsproduzenten im Sinne wohnungsmarktpolitischer Ziele erreicht werden.

---

96) Vgl. dazu etwa Sottas, C.L., Die volkswirtschaftliche Problematik der schweizerischen Bodenfrage, Diss. Zürich 1965 (gedr. Winterthur 1965), S. 113, sowie Kanton Bern, Programm des Regierungsrates zur Förderung der Wirtschaft, a.a.O., S. 11/17 ff.

97) Vgl. Wohnbau- und Eigentumsförderungsgesetz (vom 4. Oktober 1974), Art. 21 - 24.

432.3 Allgemeine öffentliche Wohnbauförderung und Förderung des Erwerbs von Wohnungs- und Hauseigentum

Die allgemeine öffentliche Wohnbauförderung umfasst alle Massnahmen der öffentlichen Hand, die das Wohnungsangebot direkt erhöhen. Im Gegensatz zur Förderung des sozialen Wohnungsbaus unterstehen die über die entsprechenden Vorkehren anvisierten Wohnungsnutzer keinen Einkommens- und Vermögensobergrenzen; deshalb sind die Wohnungsnutzungspreise in der Regel zum mindesten kostendeckend.

Die Durchführung der öffentlichen Wohnbauförderung lässt sich auf verschiedene Weise bewerkstelligen. An erster Stelle ist wiederum das neue Wohnbau- und Eigentumsförderungsgesetz zu nennen. Aufgrund dieses Erlasses werden den Wohnungsproduzenten sowohl Darlehen für die Restfinanzierung bis zu 90 Prozent der Anlagekosten verbürgt als auch Vorschüsse zur Herabsetzung der Anfangsmietzinse bzw. Anfangseigentümerlasten gewährt, wobei die Vorschüsse gemäss Finanzierungsplan zurückzuerstatten und zum üblichen Satz der zweiten Hypothek zu verzinsen sind (98). Im Oestlichen Berner Oberland müssen die Gemeinden mit erwartetem grossem Wohnungszuwachs dafür sorgen, dass die angebotene Hilfe auch tatsächlich fruktifiziert wird. Verschiedenerorts bedarf es dazu der Schaffung von gesetzlich begünstigten Trägern des Wohnungsbaus wie Wohnbau- und Siedlungsgenossenschaften.

Wo die Gründung solcher Institutionen ausbleibt, müssen die Gemeinden die Initiative ergreifen. Sie haben die zu bildenden Trägergesellschaften durch eine Beteiligung am Eigenkapital oder durch die Gewährung von Darlehen wirksam zu unterstützen. Dabei steht ihnen jederzeit die Möglichkeit offen, sich bei schweizerischen Dachverbänden des gemeinnützigen Wohnungsbaus beraten zu lassen. So hat sich beispielsweise der Schweizerische Verband für das Wohnungswesen die allgemeine Förderung des genossenschaftlichen Bauens und Wohnens zum Ziel gesetzt. Ebenso kann auf die Gründung der Logis Suisse SA, einer gesamtschweizerischen Trägerorganisation zur Fruktifizierung der anlaufenden Bundeshilfe, verwiesen werden. Diese Gesellschaft bezweckt durch Erwerb und Weitergabe von Grundstücken und Liegenschaften sowie durch die Gewährung von Baurechten, Darlehen und Bürgschaften den preisgünstigen Wohnungsbau auf nationaler Ebene zu fördern.

---

98) Ueber die verschiedenen Formen der Bundeshilfe im Wohnungsbau orientiert die folgende Dokumentation: Bundesamt für Wohnungswesen, Provisorische Arbeitsunterlagen. Mietzinsverbilligung und Förderung von Wohnungs- und Hauseigentum, Bern 1975.

Eine weitere Möglichkeit der allgemeinen Wohnbauförderung bestünde in der Eigenproduktion von Mietwohnungen durch die öffentliche Hand. Dieses im marktwirtschaftlichen System eher ungewöhnliche Vorgehen wäre sozusagen die ultima ratio, wenn von privater Seite die Förderungsmassnahmen nicht benützt würden und keine Wohnbaugenossenschaft zum Tragen käme.

432.4 Förderung des sozialen Wohnungsbaus im besonderen

Aus sozialpolitischen Gründen sollten für einkommensschwache Kreise durch die öffentliche Hand verbilligte Wohnungen zur Verfügung stehen. An dieser Stelle ist nochmals daran zu erinnern, dass eine marktgesteuerte Wohnungsversorgung wohl die Wohnungsnachfrage, nicht aber den Wohnungsbedarf als Zwangsbedarf aller Einwohner befriedigt. So räumt auch Kleps - der im übrigen vehement für einen Abbau des wohnungsmarktpolitischen Interventionismus plädiert - ein, dass es immer bestimmte Bevölkerungsschichten geben werde, für die die Mietbelastung (bei freier Mietpreisbildung) eine noch tragbare Grenze überschreitet (99). Zu diesen Kreisen gehören unter Umständen Rentner, Hinterbliebene, junge und kinderreiche Familien mit niedrigem Einkommen sowie Arbeitslose.

Wie bereits unter Ziffer 414.4 ausgeführt, wurde in den letzten 25 Jahren im Oestlichen Berner Oberland in dieser Richtung sehr wenig getan. Mit Ausnahme von Unterseen sind die bundesseitigen Beiträge zur Förderung des sozialen Wohnungsbaus nie beansprucht worden. Nachdem nun mit dem seit 1.1.1975 in Kraft stehenden Wohnbau- und Eigentumsförderungsgesetz die finanzielle Mitbeteiligung von Kanton und Gemeinden entfällt, sollten sich doch vermehrt Träger finden, die mit öffentlichen Mitteln vergünstigte Wohnungen zur Vermietung bringen. Die in nicht rückzahlbaren Zuschüssen des Bundes bestehenden Verbilligungen kommen einerseits Bevölkerungskreisen mit beschränktem Einkommen zu, anderseits erhalten Betagte, Invalide und Pflegebedürftige noch höhere Zuschüsse zur Herabsetzung der Wohnkosten.

432.5 Programm zur Erneuerung bestehender Wohnungen

Die Erneuerung bestehender Wohnungen ist bereits mehrmals als eines der wohnungsmarktpolitischen Hauptprobleme der wirtschaftlichen Randregionen und somit auch des Oestlichen Berner Oberlandes bezeichnet worden. Neben der unter Ziffer 431.3 vorgeschlagenen Beratungstätigkeit muss die öffentliche Hand dort, wo eine gewisse minimale Wohnungsausstattung nicht nur veraltet ist, sondern überhaupt fehlt, direkte Hilfe leisten. Die nur beschränkt zur Verfügung stehenden öffentlichen Mittel bedingen, dass ihr Einsatz in erster Priorität jenen Wohnungsinhabern zugute kommt, deren Wohnungsstandard am niedrigsten ist. Das dürf-

---

99) Vgl. Kleps, K., a.a.O., S. 314.

te vor allem für Wohnungen zutreffen, wo heute noch Bad und übliche sanitäre Installationen, Warmwasserversorgung und praktische Kücheneinrichtungen fehlen und/oder die Belegungsdichte (Personen pro Wohnraum) über 1,5 Personen beträgt. Ein Wohnungserneuerungsprogramm muss also zuerst diese am meisten sanierungsbedürftigen Wohnungen eruieren. Sodann ist für jeden Einzelfall abzuklären, ob die Finanzierung der Wohnungsverbesserung aus eigenen Mitteln zumutbar ist (100). Rechtlich kann sich eine Sanierungsaktion sowohl auf das Bundesgesetz über die Verbesserung der Wohnverhältnisse in Berggebieten als auch auf den Artikel 43 des Wohnbau- und Eigentumsförderungsgesetzes und den Bundesbeschluss über die Erneuerung bestehender Wohnungen stützen. Allerdings ergeben sich beim erstgenannten Erlass durch die Beschränkung des Anwendungsbereiches auf ländliche Verhältnisse im Berggebiet gewisse Lücken, die unter Umständen durch vermehrte kantonale oder kommunale Beihilfen zu schliessen wären. Die sich bisher als hinderlich erwiesene Verpflichtung der Gemeinden, einen Anteil des kantonalen Beitrags zu übernehmen, liesse sich möglicherweise durch eine Revision des entsprechenden kantonalen Erlasses umgehen (101). Die nicht auf das ländliche Berggebiet beschränkte Förderung der Wohnungserneuerung besteht - wie bei den Neubauten - sowohl in einer Finanzierungshilfe durch Vermittlung und Verbürgung von Darlehen als auch in Vorschüssen zur Senkung der Anfangsmieten bzw. der anfänglichen Eigentümerlasten. Ueberdies können die Wohnungseigentümer anstatt Vorschüsse nicht rückzahlbare Kapitalzinszuschüsse beanspruchen (102). Im Rahmen des Programms zur Sicherung der Baukapazität sollen ab 1975 mindestens 5 000 Altwohnungen mit öffentlicher Unterstützung renoviert werden (103). Im Vergleich zum Sanierungsgesetz für Berggebiete ist zu erwähnen, dass die Wohnungserneue-

---

100) Nach Art. 14 der Vollzugsverordnung zum Bundesgesetz über die Verbesserung der Wohnverhältnisse in Berggebieten (Aenderung vom 7. Juli 1976) wird die Einkommensobergrenze auf 26 000 Franken und 3 000 Franken pro Kind und die Vermögensobergrenze auf 80 000 Franken und 10 000 Franken pro Kind festgelegt. Nach Art. 14 der Verordnung über die Bundeshilfe zur Erneuerung bestehender Wohnungen (vom 5. Mai 1976) dürfen mit Kapitalzinszuschüssen verbilligte Wohnungen von jedermann ohne finanzielle Einschränkungen bewohnt werden.

101) So sind die Gemeinden in den Kantonen Tessin und Uri bereits von der Uebernahme eines Beitrags befreit (Auskunft des Bundesamtes für Wohnungswesen); in den betreffenden Kantonen wurden dann auch besonders viele Wohnungen saniert (vgl. Ziffer 333).

102) Bezüglich des Vorgehens zur Erlangung der Bundeshilfe sei auf die folgende Dokumentation verwiesen: Bundesamt für Wohnungswesen, Arbeitsunterlagen zur Erneuerung bestehender Wohnungen, Bern 1975.

103) Vgl. Botschaft des Bundesrates über Massnahmen gegen Beschäftigungs- und Einkommenseinbrüche, a.a.O., S. 1855.

rungsaktion im Einzelfall eine bescheidenere Beitragsleistung ermöglicht.

Im Hinblick auf die Erhaltung langfristig fliessender Einkommen zugunsten der Einheimischen kommt der postulierten Ausdehnung der Wohnungssanierung im Berggebiet auf die sich im Eigentum von einkommensschwächeren Regionsbewohnern befindlichen Ferienwohnungen eine grosse Bedeutung zu (104). Schon vor der Verabschiedung und Inkraftsetzung eines diesbezüglichen Erlasses sollte wenigstens die zeitweise Vermietung der sanierten Erstwohnungen ausdrücklich gestattet werden. Trotz der Bereitschaft des Bundes, die Wohnungserneuerung mit öffentlichen Mitteln zu fördern, bleibt die Wohnungsinstandstellung und -modernisierung im freitragenden Wohnungsbau in erster Linie eine Aufgabe der Hauseigentümer. Es wird deshalb von verschiedener Seite angeregt, die Erneuerung der Altwohnungen zusätzlich durch Steuererleichterungen zu fördern (105). Von dieser Massnahme wird eine ausgesprochene Breitenwirkung erwartet, und der Ausfall eines Teils der bisherigen Steuereinnahmen würde durch eine bessere Auslastung der Kapazitäten und eine zufriedenstellendere Beschäftigungslage in der Bauwirtschaft bald wettgemacht werden. Im gegenwärtigen Zeitpunkt ist noch nicht abzusehen, inwieweit die Kantone bereit sind, ihre Steuergesetze in dieser Richtung zu modifizieren.

Im Oestlichen Berner Oberland, wo die Wohnungsausstattung unter den entsprechenden gesamtschweizerischen und kantonalbernischen Werten liegt und wo auch eine deutliche Ueberalterung der Erstwohnungen zu verzeichnen ist, dürften von den Erneuerungsarbeiten nicht unbedeutende Effekte auf die Bauwirtschaft ausgehen. Unter der Annahme, dass die Hälfte der rund 13 000 Erstwohnungen sanierungsbedürftig sind, ergibt sich bei durchschnittlich 50 000 Franken Renovationskosten pro Wohnung (106) ein Bauvolumen von 325 Mio Franken. An dieser Ueberschlagsrechnung wird klar ersichtlich, dass es sich bei der Wohnungserneuerung in quantitativer Hinsicht um die wohl wichtigste wohnungskonzeptbezogene Massnahme handelt.

---

104) Ueber den Stand des entsprechenden parlamentarischen Vorstosses vgl. Ziffer 312.

105) Für Steuervergünstigungen bei der Wohnungserneuerung sind u.a. der Schweizerische Hauseigentümerverband (vgl. Wirksame Förderung der Altbau-Modernisierung, in: Der Schweizerische Hauseigentümer, Nr. 13 vom 1.7.1975) sowie zehn Grossräte des Kantons Basel-Stadt durch einen entsprechenden parlamentarischen Vorstoss eingetreten.

106) Bezüglich der Renovationskosten nach Wohnungstyp und Art der Erneuerung vgl. Bundesamt für Wohnungswesen, Checkliste Gesamtkosten (vervielfältigt), Bern 1975.

432.6 Wohnbauförderung durch die Arbeitgeber

Die Wohnbauförderung durch die Arbeitgeber bewirkt eine Entlastung der staatlichen Wohnbauförderung. Historisch gesehen, war die Wohnungsversorgung durch die Arbeitgeber eine der ersten Vorkehren privater Sozialpolitik, die viel älter ist als die öffentliche Wohnungsmarktpolitik. Wie Gehrig ausführt, bedeutet das Wohnen in Werkwohnungen immer eine enge, oft nicht besonders geschätzte Bindung an den Arbeitgeber (107). Trotz dieser denkmöglichen psychologischen Belastung sind Betriebs- und Dienstwohnungen für mobilitätsfreudiges Personal, das eventuell nur eine Saison oder einige wenige Jahre den entsprechenden Arbeitsplatz zu besetzen gedenkt, eine grosse Erleichterung und ersparen Umtriebe bei der Wohnungssuche. Neben der Zurverfügungstellung betriebseigener Wohnungen kann sich die Arbeitgeberseite ebenfalls an der Wohnungsselbstversorgung ihres Personals beteiligen (108).

Im Oestlichen Berner Oberland, wo nicht nur mehrere Privatunternehmungen des sekundären und tertiären Sektors, sondern auch der Bund Wohnungsfürsorge betrieben haben und weiter betreiben werden, sollten sich vermehrt auch die touristischen Betriebe der Wohnungsversorgung ihrer Arbeitnehmer annehmen. Die Schaffung von preisgünstigen Wohnungen für das touristische Personal könnte über die von Fremdenverkehrsbetrieben mitzugründenden Trägergesellschaften erfolgen. Als gemeinnützige Wohnbauinstitutionen kämen sie in den Genuss einer Finanzierungshilfe bis zu 95 Prozent der Anlagekosten (109); ebenso könnten sie aufgrund des Wohnbau- und Eigentumsförderungsgesetzes Vorschüsse zur Herabsetzung der Anfangsmietzinse beanspruchen.

433 Normative Massnahmen

Normative Massnahmen haben für alle sich in einem bestimmten Hoheitsgebiet aufhaltenden Rechtssubjekte verbindlichen Charakter. Sie treten in der Form von Geboten und Verboten auf, deren Nichteinhaltung bzw. Uebertretung unter Strafe steht. Auf dem Gebiet des Wohnungswesens bestehen solche Vorschriften vor allem im Bau- und Planungsrecht. So lassen sich beispielsweise sozialhygienische und ästhetische Zielsetzungen nur durch die persönliche Freiheit und das Eigentum beschränkende Baureglemente und Zonenpläne durchsetzen. Weitere im Wohnungswesen re-

---

107) Vgl. Gehrig, L., a.a.O., S. 198.
108) Ueber die verschiedenen Methoden der Wohnungseigentumsförderung durch die Arbeitgeber vgl. Zentralverband schweizerischer Arbeitgeber-Organisationen, Wohneigentumsförderung durch Arbeitgeber und ihre Organisationen, Zürich 1975.
109) Vgl. Verordnung zum Wohnbau- und Eigentumsförderungsgesetz (vom 20. August 1975), Art. 74.

levante normative Elemente enthalten die Gewässerschutzgesetzgebung sowie - in einem weiteren Sinne - die Bundesgerichtspraxis zur Vermeidung der Doppelbesteuerung im interkantonalen Recht.

433.1 Erleichterungen beim Umbau landwirtschaftlicher Gebäude in nichtlandwirtschaftliche Wohnbauten

Die erste Empfehlung besteht in der Befürwortung einer grosszügigen Auslegungspraxis des bernischen Baugesetzes sowie der Gewässerschutzgesetzgebung, was den Umbau von nicht mehr benützten Bauernhäusern und Ställen in Wohn- und Ferienhäuser betrifft. Grundsätzlich dürfen Neubauten nichtlandwirtschaftlicher Art im sogenannten übrigen Baugebiet nicht mehr erstellt werden. Den Neubauten gleichgestellt sind Umbau und Erneuerungen, wenn damit eine Aenderung der Zweckbestimmung verbunden ist (110). Diese im Interesse der Erhaltung des bäuerlichen Grundbesitzes und der Tiefhaltung der Infrastrukturkosten notwendige Beschränkung - durch Ausnahmen zwar etwas gelockert - wies insbesondere im Falle der bestehenden Bauten im übrigen Gemeindegebiet unnötige Härten auf. Bauliche Strukturverbesserungen, aber auch der Rückgang und die Extensivierung der Berglandwirtschaft haben zur Folge, dass nicht wenige landwirtschaftliche Gebäude ohnehin nicht mehr im Sinne ihrer ursprünglichen Zweckbestimmung genutzt werden können. Zudem verändert die Umwandlung von schon bestehenden landwirtschaftlichen Gebäuden in Wohn- und Ferienhäuser das Landschaftsbild in nur geringfügigem Umfang. Selbst eine Vereinigung, die dem Bau von Zweitwohnungen im Berggebiet im allgemeinen kritisch gegenübersteht, befürwortet den Umbau von nicht mehr benützten Bauernhäusern und Ställen in Ferienwohnungen (111).

Das bernische Baugesetz und die ursprüngliche Fassung der Allgemeinen Gewässerschutzverordnung liessen wenig Spielraum für Umbauten ausserhalb der Bauzonen und des vom generellen Kanalisationsprojekt umgrenzten Baugebietes offen (112). Aus diesem Grunde machte sich in den ländlichen und alpinen Regionen sehr bald eine Opposition gegen die Gewässerschutzgesetzgebung bemerkbar. In parlamentarischen Vorstössen wurde eine Lockerung der entsprechenden eidgenössischen Vorschriften verlangt (113).

---

110) Vgl. Zaugg, A., a.a.O., S. 146.
111) Vgl. Schweizerische Stiftung für Landschaftsschutz und Landschaftspflege, Schamserberg - Modell echter, landschaftserhaltender Strukturhilfe, Bern o.J.
112) Vgl. Baugesetz des Kantons Bern (vom 7. Juni 1970), Art. 23, Abs. 3 und Allgemeine Gewässerschutzverordnung (vom 19. Juni 1972), Art. 25 und 27.
113) Vgl. dazu die Motionen Speziali und Ueltschi, in: Amtliches Bulletin der Bundesversammlung. Nationalrat, Jg. 1973, Wintersession, S. 1708 ff.

Die revidierte Allgemeine Gewässerschutzgesetzgebung fasst nun den Begriff des Umbaus nicht mehr so eng auf. Bei Umbauten, die den Wohnraum um weniger als einen Viertel vergrössern, sowie Aenderungen in der Art der Wohnungsnutzung - Erstwohnung wird Zweitwohnung - ist nicht mehr für jeden Einzelfall ein sachliches Bedürfnis nachzuweisen. Ueberdies anerkennt der Bund auch im Fall einer eigentlichen Zweckentfremdung eines Gebäudes - so bei der Umwandlung eines Stalls in eine Ferienwohnung - das sachliche Bedürfnis, wenn ein vom Zerfall bedrohtes landwirtschaftliches Gebäude nur so erhalten werden kann (114).

Es ist zu hoffen, dass diese neue Regelung von den mit dem Vollzug beauftragten Stellen grosszügig gehandhabt wird, damit die gesamtwirtschaftliche Förderung des Berggebietes durch eine glaubhafte Einheitlichkeit der Massnahmen gekennzeichnet ist. Das Oestliche Berner Oberland mit seiner traditionellen Streubauweise ist in besonderem Masse auf eine flexible Behandlung von Ausnahmegesuchen für Umbauten im übrigen Gemeindegebiet angewiesen.

433.2 Angemessenere Beteiligung der Zweitwohnungsgemeinden an den Einkommens- und Vermögenssteuern der auswärtigen Zweitwohnungsinhaber

Diese als Ziel aufgenommenen Vorstösse von Ständerat Leu und den beiden Berner Oberländer Grossräten Bacher und Hari berühren sehr gewichtige steuerrechtliche Fragen. Das seit 1874 in der Bundesverfassung verankerte Doppelbesteuerungsverbot in Artikel 46, Absatz 2 ist bis heute durch kein entsprechendes Bundesgesetz präzisiert worden, obwohl Bestrebungen in dieser Richtung nicht gefehlt haben (115). Das auf der Rechtsprechung des Bundesgerichtes beruhende interkantonale Doppelbesteuerungsrecht besteht aus einem ganzen Komplex von Rechtsnormen, auf die im einzelnen nicht näher eingetreten werden soll (116). Die im

---

114) Vgl. dazu Eidg. Departement des Innern, Erläuterungen zur Aenderung der Allgemeinen Gewässerschutzverordnung (vervielfältigt), Bern 1974.

115) Zu den Bestrebungen zur Kodifizierung des interkantonalen Doppelbesteuerungsrechts vgl. Locher, K., Das interkantonale Doppelbesteuerungsrecht, Die Praxis der Bundessteuern: III. Teil Bd. 5, Basel (Loseblatt-Nachtrag 1974), S. (4) - (19).

116) Zu den interkantonalen Doppelbesteuerungsfragen existiert eine recht umfängliche steuerrechtliche Literatur; vgl. insbesondere Locher, K., a.a.O., Höhn, E., Doppelbesteuerungsrecht. Eine Einführung in das interkantonale und internationale Steuerrecht (Schriftenreihe Finanzwirtschaft und Finanzrecht, Bd. 12), Bern/Stuttgart 1973, sowie Schlumpf, A., Bundesgerichtspraxis zum Doppelbesteuerungs-Verbot, 3. Aufl. Zürich 1963.

vorliegenden Zusammenhang wichtigste Bestimmung ist darin zu sehen, dass für eine Zweitwohnungsgemeinde erst bei mehr als 90 Tagen Aufenthaltsdauer - ohne wesentliche Unterbrechung - ein gewisser Anspruch auf die Einkommens- und Vermögenssteuern des auswärtigen Zweitwohnungsinhabers entsteht (117). Bei einer kürzeren Aufenthaltsdauer - was bei der Mehrzahl der Zweitwohnungen zutreffen dürfte - verbleiben der Zweitwohnungsgemeinde nur die Steuer auf der Liegenschaft und dem Liegenschaftsertrag sowie allenfalls Grundeigentümerbeiträge, Handänderungs- und Grundstückgewinnsteuern, Gebühren und Kurtaxen.

Angesichts der zu erwartenden rapiden Zunahme der Zweitwohnungen in den Berg- und Erholungsgebieten - im Oestlichen Berner Oberland ist aufgrund der Zweitwohnungsprognose bis 1990 mit einem Anstieg der Zweitdomizile von 24 auf 37 Prozent des Gesamtwohnungsbestandes zu rechnen (118) - können diese heute gültigen Normen nicht mehr befriedigen. In Anbetracht des bisherigen Misslingens einer Regelung des Problemkreises auf Gesetzesstufe und der immer noch hängigen Steuerharmonisierung sind Hoffnungen auf eine baldige Aenderung im Sinne einer besseren steuerlichen Erfassung der Zweitdomizilinhaber wohl kaum berechtigt (119). Die Vorstösse verdienen jedoch aus der Sicht der Berggebietsförderung volle Unterstützung. Es ist nun einmal eine Tatsache, dass das Zweitwohnen in bedeutsamer Entwicklung steht, weil die Mobilität vieler Bevölkerungskreise grösser geworden ist, die Freizeit zunimmt und das Realeinkommen längerfristig steigt. Diesem gesellschaftlichen Wandel sollte das interkantonale Doppelbesteuerungsrecht Rechnung zu tragen beginnen, indem beispielsweise die Zweitwohnungsbesitzer nach der tatsächlichen Zahl der Aufenthaltstage am Ferienort steuerlich erfasst werden. Letzlich geht es doch - wie Ständerat Leu ausführte - darum, dass "den Berg-, Erholungs- und Entwicklungsgemeinden jenes Steuersubstrat gegeben wird, das ihnen zukommt und das es ihnen ermöglicht, die Gemeindeaufgaben zu erfüllen und die finanzielle Lage auszugleichen" (120).

434 Zusammenfassung der wohnungskonzeptbezogenen Massnahmen

Die bis anhin im einzelnen dargelegten wohnungskonzeptbezogenen Massnahmen für das Oestliche Berner Oberland sollen im folgenden zusammengefasst und hinsichtlich zweier Realisierungsaspek-

---

117) Vgl. dazu Höhn, E., a.a.O., S. 164 und S. 281.
118) Vgl. Uebersichtstafel 7.
119) Die Einführung einer Minimalsteuer auf Grundeigentum, wie sie im Kanton Bern vorgeschlagen worden ist (vgl. Ziffer 412.7), dürfte im Gegensatz zur hier anvisierten Aenderung des Steuerteilungsrechts keine Dauerlösung des Zweitwohnungsproblems darstellen.
120) Amtliches Bulletin der Bundesversammlung. Ständerat, Frühjahrssession 1974, S. 64.

te präzisiert werden. Als erstes sind die finanziellen Leistungen der öffentlichen Hand und die damit verbundenen Auflagen zu umreissen; hierauf folgt eine summarische Beurteilung der für die Massnahmendurchführung relevanten Träger.

Hinsichtlich der Finanzierung ist zu berücksichtigen, dass die Wohnungsversorgung in einem marktwirtschaftlichen System grundsätzlich Sache der privaten Haushalte und Unternehmungen ist. Im Vergleich zum staatlichen Engagement in den typischen Infrastrukturbereichen zeichnet sich die Wohnbaupolitik durch ihren ausgesprochen subsidiären Charakter aus. Die im Wohnungswesen zur Verfügung stehenden öffentlichen Mittel verkörpern aus der Sicht der Privatwirtschaft nichtmarktliche Leistungen, mit deren Gewährung ganz bestimmte wohnungsbezogene Ziele erreicht werden sollen. In Uebersichtstafel 9 wird der Versuch unternommen, die vorgeschlagenen Massnahmen in bezug auf die staatlichen Unterstützungsmöglichkeiten und der für die Privaten daraus erwachsenden Auflagen synoptisch zu erfassen. Am deutlichsten kommt das komplementäre Verhältnis von öffentlicher Leistung und privater Gegenleistung bei den aktivierenden Massnahmen zum Ausdruck. So steht der allgemeinen Wohnbau- und Eigentumsförderung mittels Bevorschussung und Finanzierungshilfe eine Zweckerhaltungspflicht während 25 Jahren gegenüber (121). Der Bund bewilligt nur in Ausnahmefällen - Arbeitsplatzwechsel, Veränderungen in den persönlichen Verhältnissen - eine vorzeitige Veräusserung einer Liegenschaft zum Marktpreis; bei Mietwohnungen muss sich der Wohnungseigentümer überdies der Mietzinsüberwachung unterstellen. Die gemeinnützigen Wohnbauträger haben ihren nicht gewinnstrebigen Charakter in den Statuten zu verankern (122). Jährliche Beiträge à fonds perdu zur Verbilligung der Wohnkosten - im Hinblick auf sozialpolitische Ziele ein unbedingtes Erfordernis - sind für Bewohner mit beschränktem Einkommen (123) sowie für Betagte, Invalide, Pflegebedürftige, Pflegepersonal und in Ausbildung stehende Personen bestimmt; zudem unterliegen die Eigentümer entsprechender Wohnungen der Mietzinsüberwachung. Die Erneuerung von Altwohnungen wird einerseits durch die beim Wohnungsneubau zur Anwendung gelangenden Vorschüsse, à fonds perdu-Beiträge und Finanzierungshilfen,anderseits aber auch durch Kapitalzinszuschüsse gefördert. Bei Beanspruchung der WEG-Instrumente sind dieselben Auf-

---

121) Vgl. Wohnbau- und Eigentumsförderungsgesetz (vom 4. Oktober 1974), Art. 46.

122) Vgl. Verordnung zum Wohnbau- und Eigentumsförderungsgesetz (vom 20. August 1975), Art. 70.

123) Die entsprechenden Limiten sind wie folgt festgelegt: Beim Stand des Landesindexes der Konsumentenpreise von 163,7 Punkten liegt die Einkommensobergrenze bei 32 000 Franken und 3 000 Franken pro Kind und die Vermögensobergrenze bei 80 000 Franken und 10 000 Franken pro Kind; vgl. Verordnung zum Wohnbau- und Eigentumsförderungsgesetz (vom 20. August 1975), Art. 38 und 39.

Uebersichtstafel 9: Ueberblick über die wohnungskonzeptbezogenen Massnahmen

Massnahmen	Leistungen bzw. Konsequenzen auf seiten der öffentlichen Hand	Auflagen bzw. Konsequenzen auf seiten der Privaten
Allgemeine Förderung des Wohnungsbaus und des Erwerbs von Hauseigentum	Senkung der anfänglichen Eigentümerlasten bzw. Mietzinse um mindestens 20 % (1); Finanzierungshilfe bis zu 90 % der Anlagekosten	Zweckentfremdungs- und Veräusserungsverbot; Mietzinsüberwachung
Förderung von Trägern des gemeinnützigen Wohnungsbaus	Direkte Beteiligung oder Darlehen; Finanzierungshilfe bis zu 95 % der Anlagekosten	Verzicht auf Gewinnstrebigkeit
Förderung des subventionierten Wohnungsbaus	Senkung der anfänglichen Eigentümerlasten bzw. Mietzinse um mindestens 30 % (2) oder 40 % (3); Finanzierungshilfe bis zu 95 % der Anlagekosten	Zweckentfremdungs- und Veräusserungsverbot; Nutzung nur durch ausgewählte Personenkreise; Mietzinsüberwachung
Erneuerung bestehender Wohnungen		
- mit WEG-Instrumenten	Leistungen wie oben	Auflagen wie oben
- mit Kapitalzinszuschüssen	Jährliche Kapitalzinszuschüsse von 2 % der Gesamterneuerungskosten während 6 Jahren; Finanzierungshilfe bis zu 90 % der Erneuerungskosten	Begrenzte Zweckerhaltungspflicht
Verbesserung der Wohnverhältnisse in Berggebieten	Beiträge bis zu 50 %, höchstens aber 20 000 Franken pro Wohnung; in Ausnahmefällen bis zu 75 % der anrechenbaren Kosten	Zweckerhaltungspflicht; Einholung einer Bewilligung für vorübergehende Vermietung einzelner unbenutzter Räume
Kredithilfe an Ferienwohnungen in Berggebieten	Leistungen noch offen	Auflagen noch offen
Steuererleichterungen für Wohnungserneuerungen	Umschichtungen in den Steuereinnahmen	Auflagen noch offen
Wohnbauförderung durch die Arbeitgeber	Finanzielle Leistungen, wenn öffentliche Hilfe beansprucht wird	Auflagen je nach Unterstützungsvariante
Intensivierung der Baulanderschliessung	Zurverfügungstellung anfangsverbilligter Darlehen; anfänglicher Zinssatz 2/5 des Durchschnittsatzes für 1. Hypotheken, erst nach 10 Jahren marktüblicher Zinssatz; Finanzierungshilfe	Koordination mit der Ortsplanung; Grundeigentümerbeiträge
Intensivierung der Bodenpolitik	Je nach Landabgabepreis	Zweckgebundene Nutzung des Baulandes
Schaffung einer regionalen Informationsstelle	20 000 Franken jährlich (Schätzung)	Träger erwarten konzeptgerechtes Verhalten
Beratung der Hauseigentümer in Fragen der Wohnungserneuerung	-	-
Erleichterungen beim Umbau landwirtschaftlicher Gebäude in nichtlandwirtschaftliche Wohnbauten	Partielle Preisgabe landschaftsschutzbezogener Ziele	Erhaltung wertvoller Gebäudesubstanzen
Angemessene Beteiligung der Zweitwohnungsgemeinden an den ordentlichen Steuern der auswärtigen Zweitwohnungsinhaber	Neuverteilung der Steuereinnahmen	Erweiterung der Anmeldepflicht

1) mittels in 25 Jahren rückzahlbaren und verzinslichen Vorschüssen.
2) mittels in 25 Jahren rückzahlbaren und verzinslichen Vorschüssen sowie jährlichen Beiträgen à fonds perdu im Rahmen Zusatzverbilligung I für Bevölkerungskreise mit beschränktem Einkommen.
3) mittels in 25 Jahren rückzahlbaren und verzinslichen Vorschüssen sowie jährlichen Beiträgen à fonds perdu im Rahmen der Zusatzverbilligung II für Betagte, Invalide, Pflegebedürftige, Pflegepersonal und in Ausbildung stehende Personen.

lagen wie bei den Neubauten zu beachten. Die Wohnungserneuerung mittels der beschäftigungspolitisch motivierten Kapitalzinszuschüsse hingegen wird ohne einschränkende Verpflichtungen ermöglicht. So kann sich der Hauseigentümer jederzeit durch Verzicht auf weitere Zuschüsse von der Zweckerhaltungspflicht befreien (124). Die Verbesserung der Wohnverhältnisse in Berggebieten kann durch verhältnismässig hohe einmalige Beiträge erfolgen, die gemeinsam von Bund, Kanton und Gemeinden zu tragen sind (125). Die begünstigten Familien in bescheidenen finanziellen Verhältnissen (126) haben jedoch für 20 Jahre eine öffentlichtrechtliche Eigentumsbeschränkung einzugehen; für eine vorübergehende Vermietung von unbenutzten Räumen bedarf es einer Bewilligung (127). Ein neuer Erlass will künftighin der Bergbevölkerung durch die Ferienwohnungsvermietung ein zusätzliches Einkommen verschaffen; im heutigen Zeitpunkt sind die damit verbundenen Auflagen noch offen. Die allfälligen Steuererleichterungen für Wohnungserneuerungen hätten eine Umschichtung der Steuereinnahmen zur Folge; den mutmasslich höheren Fiskalerträgen aus der Baubranche stünden die um die Vergünstigungen reduzierten Steuereingänge auf seiten der Hauseigentümer gegenüber. Da die Massnahme ausschliesslich beschäftigungspolitisch begründet ist, dürften sich die noch zu stipulierenden Voraussetzungen in engen Grenzen halten. Die Wohnbauförderung durch die Arbeitgeber belastet die öffentlichen Haushalte nur in jenen Fällen, in welchen sie die staatlichen Förderungsmassnahmen beanspruchen. Die erschliessungsbezogenen Leistungen an die Privaten bestehen in einer teilweisen Uebernahme der anfänglichen Zinskosten und in einer Finanzierungshilfe. Die bundesseitige Unterstützung wird an die Bedingung geknüpft, dass die Planung des Erschliessungsgebietes rechtsverbindlich festgelegt ist und dass die Grundeigentümer mindestens 50 Prozent der Groberschliessungskosten zu übernehmen haben (128). Bei der staatlichen Bodenpolitik bemisst sich die Subventionierung nach der Differenz zwischen Abgabepreis und Marktpreis; liegt jener wesentlich tiefer, so müssen weitere Zuteilungskriterien - Ortsansässigkeit, Einkommensverhältnisse, Kinderzahl - herangezogen werden. Die informierenden Massnahmen sind dadurch gekennzeichnet, dass für

---

124) Vgl. Verordnung über die Bundeshilfe zur Erneuerung bestehender Wohnungen (vom 5. Mai 1976), Art. 16.

125) Im Kanton Bern werden die Beiträge im Durchschnitt wie folgt aufgebracht: Bund 50 %, Kanton 33 %, Gemeinden 17 %; vgl. Bundesgesetz über die Verbesserung der Wohnverhältnisse in Berggebieten (vom 20. März 1970), Art. 6, sowie Volksbeschluss über die Bereitstellung finanzieller Mittel für Massnahmen zur Verbesserung der Wohnverhältnisse in Berggebieten (vom 7. Februar 1971).

126) Bezüglich der vorausgesetzten finanziellen Verhältnisse vgl. Ziffer 432.5.

127) Vgl. Bundesgesetz über die Verbesserung der Wohnverhältnisse in Berggebieten (vom 20. März 1970), Art. 13.

128) Vgl. Verordnung zum Wohnbau- und Eigentumsförderungsgesetz (vom 20. August 1975), Art. 4 - 6.

die Privaten keine Verpflichtungen daraus entstehen. Immerhin wird von der Schaffung einer regionalen Informationsstelle erwartet, dass sie die Wohnungsmarktteilnehmer zu einem konzeptgerechten Verhalten animiert. Im Bereich der normativen Massnahmen schliesslich ergeben sich keine direkten finanziellen Auswirkungen. Bei vermehrter Tolerierung von Umbauten ausserhalb des Baugebietes besteht die "Leistung" der Oeffentlichkeit in einer partiellen Preisgabe von Landschaftsschutzzielen. Die Privaten ihrerseits kommen nur dann zu diesem Recht, wenn damit wertvolle Gebäudesubstanzen erhalten werden können. Die anvisierte Aenderung der Steuerteilungsvoraussetzungen beeinflusst die Finanzhaushalte in dem Sinn, als die Agglomerationen Einnahmeneinbussen und die Zweitwohnungskantone und -gemeinden zusätzliche Steuereinnahmen zu verzeichnen hätten. Für die Steuerzahler hätte eine diesbezügliche Revision vermehrte administrative Umtriebe und eine Erweiterung der Anmeldepflicht zur Folge.

Bei der Beurteilung der für die Massnahmendurchführung relevanten Träger ist davon auszugehen, dass sowohl die öffentliche Hand als auch die Privatwirtschaft wichtige Funktionen in der Realisierungsphase zu übernehmen haben. Zwar wird der grösste Teil der aktivierenden Massnahmen primär vom Bund - sekundär auch von Kantonen und Gemeinden - mitgetragen. Im Rahmen des Wohnbau- und Eigentumsförderungsgesetzes stellt insbesondere die Eidgenossenschaft beträchtliche Leistungen in Aussicht. Es ist zu erwarten, dass in Zukunft auch die Kantone und die Gemeinden in angemessener Weise öffentliche Mittel zur Förderung des Wohnungsbaus einsetzen werden. Als Ergänzung zur bundesseitigen Objekthilfe könnten sich jene vor allem der Subjekthilfe zuwenden (129). Die Kantone sind zudem mit vielfältigen Vollzugsaufgaben betraut. Den Gemeinden obliegt insbesondere die Erschliessung und Sicherung von Land für den Wohnungsbau; überdies fällt die Förderung von lokalen Trägern des gemeinnützigen Wohnungsbaus in ihren Aufgabenbereich. Der Beteiligungserfolg an der öffentlichen Wohnbaupolitik hängt aber in entscheidendem Ausmass auch von den privaten Wohnbauträgern ab. Diese bestimmen durch die Beanspruchung der Mittel, inwieweit die angebotenen Förderungsmöglichkeiten ausgeschöpft werden.

Die in der Vergangenheit relativ bescheidene Benützung der aktivierenden Massnahmen zeigt (130), dass die staatlichen Leistungen den Regionsbewohnern im allgemeinen zu wenig attraktiv schienen. Wenn sich diese Haltung in Unkenntnis des tatsächlichen Ausmasses der Hilfe gebildet haben sollte, dann können die vorgeschlagenen informierenden Massnahmen eine bessere Ausnützung des Instrumentariums bringen. Falls die Informationsange-

---

129) Vgl. Botschaft des Bundesrates zum Wohnbau- und Eigentumsförderungsgesetz, a.a.O., S. 714.

130) Bezüglich der in der Vergangenheit beanspruchten Förderungsmittel vgl. Ziffer 414.2 - 414.5.

bote auf regionaler und branchenspezifischer Basis nicht genügen würden, müssten Informationskampagnen auf kommunaler Ebene durchgeführt werden. Die Gemeinden könnten eine Art Vermittlerfunktion zu den kantonalen Amtsstellen übernehmen, indem sie beispielsweise beim Ausfüllen der Gesuche behilflich sind und diese gemeinsam weiterleiten. Als Variante zur besseren Ausschöpfung der öffentlichen Mittel wäre auch die Gründung einer regionalen Selbsthilfe-Organisation für Wohnungserneuerung und Wohnbauförderung in Betracht zu ziehen. Der Vorteil einer solchen erst noch zu schaffenden Institution bestünde in der direkten Auslösung der Bundeshilfe (131). Die von den Gemeinden zu tragende Körperschaft hätte die von Bund und Kanton gewährten Mittel im Sinne einer Umleitstelle innerhalb der Region zu verteilen. Organisatorisch und personell könnte sie mit der oben erwähnten Informationsstelle für Wohnungsfragen verbunden werden. Zwar dürfte in einem Gebiet ohne namhafte Tradition im Bereich des gemeinnützigen Wohnungsbaus mit gewissen Anlaufsschwierigkeiten zu rechnen sein; doch die in Aussicht gestellte Hilfe rechtfertigt neue Wege zu deren Ausschöpfung. Immerhin ist anzunehmen, dass ebenfalls eine gezielte einzelwirtschaftliche Inanspruchnahme der Förderungsmittel - insbesondere durch die Wohnungsselbstversorger und die im lokalen Milieu verwurzelten Wohnbaugenossenschaften - zu einer besseren Ausnützung der Massnahmen führen wird, insbesondere dann, wenn die im nachstehenden Aktionsprogramm skizzierten Vorkehren möglichst rasch verwirklicht werden.

44 Skizze eines Aktionsprogramms

Die wohnungskonzeptbezogenen Massnahmen sollen im folgenden im Hinblick auf die in anderen Entfaltungsbereichen zu verfolgenden Ziele und Massnahmen strukturiert werden. Wie schon erwähnt, bilden die Vorkehren im Wohnungswesen lediglich eine unter mehreren Komponenten des regionalen Entwicklungskonzepts, und die allgemeinen Lebensbedingungen können nur dann nachhaltig verbessert werden, wenn jedes Teilkonzept zum Tragen kommt. Im Vergleich etwa zu den in den Bereichen Verkehr sowie Kultur, Freizeit und Sport vorgesehenen Projekte (132) liegen die wohnungskonzeptbezogenen Massnahmen in recht genereller Form vor. Ihr Realisierungsumfang und -erfolg bestimmt sich sowohl durch die Aktivität der Privatwirtschaft und der Selbsthilfeorganisation als auch durch die in den Finanzplanungen anvisierten Ausgaben für das Wohnungswesen. Obwohl angesichts der rezessiven

---

131) Entsprechende direkte Hilfe wird aufgrund von Artikel 51 des Wohnbau- und Eigentumsförderungsgesetzes ermöglicht.

132) In den beiden Bereichen sind beispielsweise die folgenden Projekte erwähnenswert: Parkhäuser in Lauterbrunnen und Iseltwald, Kongresszentrum Interlaken, Sportzentrum Grindelwald; vgl. Entwicklungsplanung Region Oberland-Ost, Bd. 2, a.a.O., S. 190 ff.

Entwicklung in der Bauwirtschaft die Bereitschaft zur Gewährung öffentlicher Mittel noch zunimmt, dürften bei realistischer Einschätzung vor allem der finanziellen Möglichkeiten nicht sämtliche vorgeschlagenen Massnahmen in allen Gemeinden gleichzeitig verwirklicht werden. Zudem sind auch die Voraussetzungen für den Instrumenteneinsatz innerregional recht verschieden. In Uebersichtstafel 10 wird deshalb der Massnahmenkatalog nach Prioritäten gegliedert. Die Abstufung nach vordringlichen, dringlichen und wünschbaren Vorkehren basiert auf der Bedeutung der einzelnen Instrumente für die Region und die verschiedenen Gemeindetypen im Rahmen des gesamten regionalen Entwicklungskonzepts. Im Sinne einer Realisierungsstrategie sollen die als vordringlich bezeichneten Massnahmen nochmals kurz gewürdigt werden:

- Die regionale Informationsstelle für Wohnungsfragen sollte ihre Tätigkeit möglichst bald aufnehmen, damit insbesondere die völlig neuen Förderungsmöglichkeiten aufgrund des Wohnbau- und Eigentumsförderungsgesetzes sowie der Bundesprogramme zur Erneuerung von Altwohnungen bekannt und ausgeschöpft werden.

- Die Beratung der Hauseigentümer in Fragen der Wohnungserneuerung drängt sich sowohl angesichts des überalterten Erstwohnungsbestandes im Oestlichen Berner Oberland als auch als Arbeitsbeschaffungsmassnahme für die Bauwirtschaft auf.

- Eine gezielte Bodenpolitik sollte in den Fremdenverkehrs- und Wohngürtelgemeinden dafür sorgen, dass auch Einheimische wieder besser Bauland erwerben können. Durch eine entsprechende Intervention der Gemeinwesen dürfte der Interessengegensatz zwischen ortsansässigen und auswärtigen Wohnungsnachfragern wesentlich entschärft werden.

- Die quantitative Wohnbauförderung hat in erster Linie in den Fremdenverkehrsgemeinden einzusetzen. Die Zunahme der Arbeitsplätze im Tourismus, die vermehrte Zuwanderung von arbeitsplatzunabhängigen Bevölkerungsschichten - zum Beispiel Rentner und Freierwerbende - sowie die grosse Nachfrage nach Zweitwohnungen lassen auch in Zukunft keine Entspannung auf dem Wohnungsmarkt erwarten.

- Die gemeinnützigen Wohnbauträger sind vor allem in den Zentrumsgemeinden zu fördern, damit vermehrt preisgünstige und mit öffentlichen Mitteln verbilligte Wohnungen zur Vermietung kommen. Die Schaffung eines Wohnungsangebotes für Bevölkerungskreise mit beschränktem Einkommen, wie kinderreiche Familien, Betagte und Invalide, gehört zum Aufgabenkreis zumindest eines zentralen Ortes.

- Im ganzen Oestlichen Berner Oberland ist die Erneuerung des Erstwohnungsbestandes ein vordringliches Problem. Die Altbaurenovation kann einerseits im ländlichen Berggebiet mittels ansehnlicher Unterstützungsbeiträge aufgrund des Sanierungsgesetzes erfolgen, anderseits bieten das Wohnbau- und Eigentums-

Uebersichtstafel 10: Dringlichkeitsordnung der wohnungskonzeptbezogenen Massnahmen im Oestlichen Berner Oberland

Massnahmen A = vordringlich B = dringlich C = wünschbar	Region insgesamt	Zentrumsgemeinden	Wohngürtelgemeinden	Fremdenverkehrsgemeinden	Agrargemeinden	Uebrige Gemeinden
Informierende Massnahmen						
Schaffung einer regionalen Informationsstelle	A					
Beratung der Hauseigentümer in Wohnungserneuerungsfragen	A					
Ausbau der regionalen Wohnungsmarktstatistik	B					
Aktivierende Massnahmen						
Intensivierung der Baulanderschliessung		B	B	B	C	C
Intensivierung der Bodenpolitik		B	A	A	C	C
Allgemeine Wohnbauförderung		B	B	A	C	B
Förderung von Trägern des gemeinnützigen Wohnungsbaus		A	B	B	C	B
Förderung des subventionierten Wohnungsbaus		A	C	B	C	B
Erneuerung bestehender Wohnungen		A	A	A	A	A
Verbesserung der Wohnverhältnisse in Berggebieten		C	B	B	A	A
Kredithilfe für Ferienwohnungen in Berggebieten		C	B	A	A	A
Wohnbauförderung durch die Arbeitgeber		B	C	A	C	A
Steuererleichterungen für Wohnungserneuerungen	B					
Normative Massnahmen						
Erleichterungen beim Umbau landwirtschaftlicher Gebäude in nichtlandwirtschaftliche Wohnbauten	B					
Angemessene Beteiligung der Zweitwohnungsgemeinden an den ordentlichen Steuern der auswärtigen Zweitwohnungsinhaber	A					

förderungsgesetz sowie der Bundesbeschluss über die Wohnungserneuerung finanzielle Hilfe in verschiedenen Formen. Die für einkommensschwache Hauseigentümer trotz öffentlichen Wohnungserneuerungsmassnahmen immer noch beträchtlichen Renovationskosten können bei entsprechenden organisatorischen Vorkehren überdies durch eigene Arbeitsleistungen gesenkt werden. Das ist insbesondere dort gut möglich, wo Genossenschaften für landwirtschaftliches Bauen existieren (133). Für die Bauern werden zudem willkommene Nebenerwerbsmöglichkeiten geschaffen, da solche Selbsthilfeorganisationen nur wenige hauptberuflich tätige Bauhandwerker anstellen.

- Das 1975 in verwaltungsinterner Vorbereitung stehende Bundesgesetz über Kredithilfe für Ferienwohnungen in Berggebieten sollte möglichst rasch verabschiedet werden. Die Verwirklichung der im Rahmen des gesamtwirtschaftlichen Entwicklungskonzepts für das Berggebiet in Aussicht gestellten Massnahme brächte eine Entschärfung des Zweitwohnungsproblems, weil einkommensschwache Regionsbewohner dann nicht mehr faktisch gezwungen wären, ihre nicht mehr besetzten, renovationsbedürftigen Wohnungen zu verkaufen.

- In den Gemeinden des 2. Sektors und in den Dienstleistungsgemeinden mit grösseren Betrieben (z. B. Kraftwerkanlagen, Krankenanstalten) ist die Mithilfe der Arbeitgeber bei der Wohnungsversorgung der Betriebsangehörigen sehr wichtig. Jene meist eher kleinen Gemeinden ausserhalb der Zentren charakterisieren sich durch einen engen Wohnungsmarkt, so dass neu eingestelltes Personal nicht ohne weiteres eine Wohnung findet.

- Die angemessene Beteiligung der Zweitwohnungsgemeinden an den ordentlichen Steuern der auswärtigen Zweitwohnungsinhaber stellt ein zentrales Postulat der vorliegenden Studie dar. Aller Voraussicht nach nehmen die Zweitdomizile weiterhin stark zu. Damit geht in vielen Gemeinden - besonders in den strukturschwächeren - eine Verdrängung der ortsansässigen Bevölkerung einher; solche Orte verlieren immer mehr an Steuersubstrat. Mit den bescheidenen Liegenschaftssteuern und den sonstigen Einnahmen von den Zweitwohnungsbesitzern lassen sich die nicht kleiner werdenden Gemeindeaufgaben auf die Dauer kaum bewältigen.

Mit der vorstehenden Schwerpunktsetzung haben die Arbeiten am regionalen Wohnungskonzept Oestliches Berner Oberland ihren Abschluss gefunden. Es ist versucht worden, für öffentliche Stellen und Private eine bis anhin fehlende Entscheidungsgrundlage

---

133) Eine solche Selbsthilfeorganisation besteht bereits im Oberhasli. Sie besorgt insbesondere den gemeinsamen Einkauf von Baumaterial und übt die Bauleitung aus.

in wohnungsmarktpolitischen Fragen bereitzustellen. Ob die unterbreiteten Empfehlungen in der Praxis dann auch auf Beachtung stossen, bleibt zwar vorerst ungewiss; doch nehmen im gegenwärtigen Zeitpunkt, der sich durch eine gewisse Unsicherheit im Wohnungswesen kennzeichnet, die Informationsbedürfnisse allgemein zu. Die vorliegende empirische Untersuchung dürfte denn auch für den Teilbereich Wohnungswesen im Rahmen der in zahlreichen Bergregionen in Bearbeitung stehenden Regionalentwicklungskonzepte zweckdienliche Anregungen enthalten.

5 SCHLUSSBETRACHTUNGEN

51 Fazit des Wohnungskonzepts Oestliches Berner Oberland

Die Arbeiten am Wohnungskonzept Oestliches Berner Oberland haben sowohl die positiven als auch die negativen Aspekte im Wohnungswesen einer wirtschaftlichen Randregion hervortreten lassen. Als Vorteile erweisen sich vor allem die landschaftlichen Schönheiten, die niedrige Behausungsziffer, die erstaunlich günstige Wohndichte, der hohe Anteil an Eigentümerwohnungen sowie die im Vergleich zu den grossstädtischen Agglomerationen relativ günstigen Mietpreise. All diese Faktoren verkörpern für die Wohnsitzwahl natürlicher Personen eine nicht unbedeutende Attraktivität. Der diesbezüglichen Standortgunst stehen aber auch weniger günstige Elemente gegenüber. Diese manifestieren sich besonders in der zurückgebliebenen Wohnungsausstattung, im überalterten Erstwohnungsbestand, in der Tatsache, dass Jungverheiratete und Zuzüger nur mühsam eine Wohnung finden, sowie im erschwerten Erwerb von Liegenschaften und Bauland durch die einheimische Bevölkerung. Gerade im Zusammenhang mit dem letzterwähnten Punkt zeigt sich, dass das Zweitwohnungsphänomen in der Region auch Probleme schafft.

Aus dieser summarischen Lagebilanz geht hervor, dass das Wohnungswesen durchaus ein geeignetes Instrument zur Erreichung regionalpolitischer Ziele darstellen kann, wenn das Wohnungskonzept einmal zum Tragen kommt. Die diesbezüglichen Empfehlungen zielen insbesondere auf die Verbesserung der Wohnungsqualität und auf die Wohnbauförderung in Gemeinden mit zunehmender Bevölkerung ab. Im Wissen um die gewichtigen Einwände gegen Verbote jeder Art im Zusammenhang mit den Zweitdomizilen (1), sollte die Zweitwohnungsfrage vor allem durch eine Aenderung der Steuergesetzgebung einer allseits befriedigenden Lösung zugeführt werden.

Die bis anhin relativ schlechte Ausschöpfung der wohnbaupolitischen Massnahmen im Oestlichen Berner Oberland gibt gleichsam auch einen Hinweis auf den regionalpolitischen Stellenwert der entsprechenden Vorkehren. Es wird deutlich belegt, dass sie in der Vergangenheit nur sehr beschränkt als spezifisch raumordnungspolitisch orientierte Instrumente gelten konnten. Wohl vermochten sie in Einzelfällen die Wohnverhältnisse und somit auch die allgemeinen Lebensbedingungen zu verbessern, doch wurden sie zu sporadisch und zu ausgeprägt vom jeweiligen zufälligen Bedarf her beansprucht, als dass sie die Existenzverhältnisse nachhaltig beeinflussten. In diesem Sachverhalt kommt die

1) Zur rechtlichen Problematik derartiger Vorschriften vgl. Meyer, M., Die Rechtsetzung der bernischen Gemeinden im Baurecht, Diss. Bern 1974 (gedr. Bern 1975), S. 44 f.

Notwendigkeit einer umfassenden regionalen Entwicklungsförderung - repräsentiert in einem Regionalentwicklungskonzept - besonders deutlich zum Ausdruck. Obwohl die Wohnbaupolitik durchaus strukturpolitische Impulse geben kann, sind diese bisher weitgehend ausgeblieben, weil die grossen Linien der regionalen Förderungspolitik gefehlt haben. Mit dem Vorliegen der entsprechenden Grundlagen gewinnen also die wohnbaubezogenen Instrumente aus regionalwirtschaftlicher Optik an Bedeutung.

52 Folgerungen für die Regionalpolitik

Die Verbesserung der Wohnverhältnisse wird im System der Berggebietsförderung als eines der Instrumentalziele angeführt (2). Lässt sich diese Einordnung nach der nun abgeschlossenen Untersuchung immer noch aufrechterhalten? Die Verwirklichung des Wohnungskonzepts wird in vielen Fällen durch die Regionsbewohner selbst bestimmt, und zwar durch ihr Verhalten auf dem Wohnungsmarkt und durch ihre Teilnahme bei politischen Entscheidungen im Wohnungswesen. Die zentrale Bedeutung der privatwirtschaftlichen Handlungen im Hinblick auf die Entfaltung eines regionalen Wohnungskonzepts kommt insbesondere in der Tatsache zum Ausdruck, dass der Wohnungssektor in der Schweiz von 1975 zum stark überwiegenden Teil freimarktlich organisiert ist und sich somit einer direkten staatlichen Beeinflussung entzieht. Im Gegensatz zu den klassischen Infrastrukturbereichen (Verkehr, Schulwesen, Versorgung und Entsorgung), in welchen die öffentliche Hand die für die Regionalpolitik wesentliche Standortwahl trifft, ist eine entsprechende Einflussnahme über die Wohnungsmarktpolitik recht gering. Es fehlt ganz einfach die Manövriermasse: Auch wenn der Bund in den Jahren 1975 und 1976 den Bau von je 5 000 Wohnungen fördern und zudem 5 000 Wohnungen erneuern lassen will, so erreichen die mit Bundeshilfe neuerstellten Wohnungen trotzdem erst 12 bis 15 Prozent der im gleichen Zeitraum erwarteten Wohnungsproduktion. Ueberdies stehen bei den solchermassen geförderten Wohnungen nicht regionalpolitische Kriterien, sondern die Behebung des Mangels an preisgünstigen Wohnungen und die Belebung der Bauwirtschaft im Vordergrund (3). Obwohl das Wohnungswesen an sich einen wichtigen Standortfaktor verkörpert - der Bedarf an Wohnraum ist zwingend -, lässt sich die diesbezügliche Entwicklung aus raumordnungspolitischer Sicht doch nur in sehr beschränktem Ausmass steuern (4).

---

2) Vgl. Arbeitsgruppe Stocker, Grundlagen, a.a.O., S. 236.
3) Vgl. Botschaft des Bundesrates über Rahmenkredite für den Wohnungsbau und die Raumplanung (vom 3. März 1975), in: Bundesblatt, 127. Jg. (1975), Bd. I, S. 1231.
4) Zum Verhältnis von Raumplanung und Wohnbaupolitik vgl. Fischer, G./Kobelt, H., Raumplanung und Wohnbaupolitik, in: R. Bindella (Hrsg.), Schweizerische Wohnungswirtschaft in Gegenwart und Zukunft, Bern/Stuttgart 1975, S. 90 ff.

Die Einstellung der Regionsbewohner zum Wohnungskonzept ist bei der Realisierung der von der öffentlichen Hand zu tragenden Massnahmen fast ebenso entscheidend wie im privatwirtschaftlichen Bereich. Das gilt insbesondere für die von der Region und den Gemeinden zu planenden und durchzuführenden Vorkehren. Aus der Sicht eines regionalen Entwicklungskonzepts sind die übergeordneten eidgenössischen und kantonalen Erlasse weitgehend als Daten aufzufassen, die höchstens durch parlamentarische Vorstösse und Eingaben beeinflusst werden können. Aus diesem Grunde ist es aus regionalpolitischer Optik ausserordentlich wichtig, dass sich wohnbaupolitische Ideen auf Gemeindeebene zu entfalten vermögen. Es hat sich in der Vergangenheit immer wieder gezeigt, dass die Nutzbarmachung der von Bund und Kantonen gewährten Hilfe meistens nur dann möglich ist, wenn die Gemeinden sich der Wohnungsfrage annehmen. In jenen Gemeinden, in denen man sich der Wohnbaupolitik gegenüber gleichgültig oder ablehnend verhält, sind in der Regel auch die Anstrengungen der übergeordneten Gebietskörperschaften vergeblich. Zwar entfällt bei dem 1975 in Kraft getretenen Wohnbau- und Eigentumsförderungsgesetz die direkte Gemeindebeteiligung. Deren Haltung bleibt aber indirekt immer noch entscheidend für die Fruktifizierung der Bundeshilfe, und zwar bei der Schaffung der planerischen und erschliessungsmässigen Voraussetzungen, bei der Unterstützung von gemeinnützigen Wohnbauträgern, in der Bereitschaft zur Uebernahme administrativer Aufgaben und nicht zuletzt bei der Aufklärung der Bevölkerung über die bestehenden Förderungsmöglichkeiten. Die wirtschaftlichen Randregionen sind daher aufgerufen, alle in ihrer Macht stehenden Vorkehren zu treffen, damit das vorhandene Instrumentarium möglichst optimal genutzt wird. Es läge nicht im Sinne der regionalen Entwicklungspolitik, wenn die wohnbaupolitischen Förderungsmassnahmen ausgerechnet an der Haltung der Regionsbewohner scheitern würden (5).

Die bisherigen Ausführungen machen deutlich, dass das Wohnungswesen aus regionalpolitischer Sicht zwar generell als Instrument gelten kann. Das wohnbaupolitische Instrumentarium verkörpert ein Potential, das von den wirtschaftlichen Randregionen nicht ungenutzt bleiben darf. Da beim bisherigen Massnahmeneinsatz die regionale Bedeutung kaum beachtet worden ist und die Wohnbaupolitik - mit Ausnahme des Sanierungsgesetzes für das ländliche Berggebiet - nicht gezielt Vorleistungen für die teilräumliche Harmonisierung der Lebensbedingungen angestrebt hat, müssen die Randgebiete von sich aus um ihren Anteil an den gebotenen Förde-

---

5) An dieser Stelle sei - stellvertretend für andere ähnliche Fälle - die Prättigauer Gemeinde Klosters erwähnt, die den preisgünstigen Wohnungsbau für Einheimische mit öffentlichen Mitteln fördern wollte. Die Vorlage wurde jedoch vom Souverän - wenn auch knapp - abgelehnt; in dieser Fremdenverkehrsgemeinde wurde der gemeinnützige Wohnungsbau somit im August 1974 noch nicht als Gemeindeaufgabe anerkannt (Auskunft der Gemeindeverwaltung Klosters).

rungsmöglichkeiten bemüht sein; andernfalls können sich aus der entsprechenden Politik sogar agglomerative Tendenzen ergeben.

Die Vorkehren im Wohnungswesen verkörpern aus der Sicht der Regionalpolitik also nicht zentrale, aber doch wichtige flankierende Massnahmen. Dass sie zum Tragen kommen, setzt mehr als in andern Bereichen ein volles Engagement der Regionsbewohner voraus. Wenn die noch bestehenden Wohnungsprobleme der wirtschaftlichen Randregionen einmal gelöst sind, kann das Wohnungswesen zu einem bedeutsamen Vorteil der Randgebiete im Vergleich zu den Agglomerationen aufrücken. Regionale Wohnungskonzepte im Rahmen der mehrmals angeführten allgemeinen Förderungsbemühungen sollen den dahin führenden Weg weisen.

53 Ausblick

Bezüglich der künftigen Entwicklung rechtfertigt sich aus der Sicht der wirtschaftlichen Randregionen im Bereich des Wohnungswesens ein gewisser Optimismus. Es gibt nämlich Anzeichen dafür, dass nicht zuletzt über die Zweitwohnungen langfristig ein interregionaler Ausgleich der Einkommensverhältnisse und der Standortgunst in Gang kommt. In diesem Zusammenhang führt Wittmann aus: "Aufgrund der hohen Qualität der natürlichen Umwelt einerseits und der zunehmenden Verbesserung der Verkehrsverbindungen anderseits, zeichnet sich ein Trend ab, in touristischen Regionen zu wohnen und in den industriellen Agglomerationen zu arbeiten. Für eine wachsende Zahl von Freiberuflichen schaffen darüber hinaus die Art des Berufes und die Fernmeldetechnik die Möglichkeit, vom ursprünglichen Ferienort aus die Geschäfte zu erledigen. Angesichts solcher Trends ist sicher zu erwarten, dass die touristischen Regionen allmählich ihre saisonalen Probleme überwinden, indem sie nicht zuletzt vermehrt zum Wohnsitz beruflich hochqualifizierter und finanziell kräftiger Schichten werden und daher günstige Zukunftserwartungen haben." (6) Da ebenfalls die Zahl der Rentner ansteigt, wird die arbeitsplatzunabhängige Wohnsitzwahl immer bedeutungsvoller. Die zunehmende Freizeit und die grössere Unabhängigkeit vom Arbeitsplatz werden in Zukunft den Unterschied zwischen Erst- und Zweitwohnsitz allmählich verwischen. Eine Voraussetzung dazu ist allerdings die rechtliche Formulierung und Anerkennung eines neuen Status von Gemeindebürgern mit doppeltem Wohnsitz.

Wie bereits erwähnt, gibt es anderseits viele kritische Stimmen gegen die Zweitwohnungen; so wird immer wieder die These vertreten, der Zuwachs an Zweitdomizilen zerstöre letztlich die natürlichen Vorzüge der wirtschaftlichen Randgebiete, indem die Landschaft durch die grössere Wohnbautätigkeit ihren ursprünglichen Reiz verlöre. Der Gedanke, dass in den Bergregionen

---

6) Wittmann, W., a.a.O., S. 283.

stadtähnliche Siedlungen entstehen, mag tatsächlich auf den ersten Blick befremdlich sein, doch fehlt unseres Wissens bis anhin der empirische Nachweis - jedenfalls für schweizerische Verhältnisse -, dass die mit einer lebhaften Bautätigkeit verbundene Veränderung des Landschaftsbildes die Zweitwohnungsinteressenten davon abhält, eine solche Gemeinde für ihren Freizeitwohnsitz zu wählen. So betrachtet und unter der Voraussetzung, dass die bestehenden planungs- und baurechtlichen Mittel konsequent eingesetzt werden, dürfte die prognostizierte bauliche Expansion in den wirtschaftlichen Randregionen durchaus zu verkraften sein. Wenn wir Küng folgen und annehmen, die Gesellschaft entwickle sich in Richtung einer Kulturgesellschaft, die materielle Werte weniger hoch einschätzen wird als die gegenwärtige Konsumgesellschaft (7), dann dürfte ein Wohnsitz in ländlichen und alpinen Regionen für weite Bevölkerungskreise noch attraktiver werden. Die reichliche Freizeit wird bei vielen den Wunsch wecken, im Erholungsgebiet zu wohnen und dort - fernab aller Hektik des Grossstadtlebens - der Musse zu pflegen. Eine solche etwas romantisch scheinende Zukunftsvision mag zeigen, dass sich - zumindest längerfristig gesehen - eine gewisse Harmonisierung der Lebensbedingungen abzeichnet. Heute sind aber die wirtschaftlichen Randregionen noch so stark im Rückstand, dass ihnen mit allen sich bietenden regionalpolitischen Massnahmen geholfen werden muss, eine Angleichung der Existenzverhältnisse zu erreichen.

---

7) Vgl. Küng, E., Wohlstand und Wohlfahrt. Von der Konsumgesellschaft zur Kulturgesellschaft (St. Galler wirtschaftswissenschaftliche Forschungen, Bd. 28), Tübingen 1972, S. 183.

LITERATURVERZEICHNIS

A. Bücher und Einzelschriften

Angelini, T., Entwicklungsperspektiven des schweizerischen Wohnungsbaus (Eidg. Forschungskommission Wohnungsbau/Der Delegierte für Wohnungsbau. Schriftenreihe Wohnungsbau, Bd. 27 d), St. Gallen/Bern 1974.

Atteslander, P., Methoden der empirischen Sozialforschung (Sammlung Göschen, Bd. 4229), 2. Aufl., Berlin/New York 1971.

Baasch, K., Probleme der Wohnhygiene in der Stadt Zürich, Diss. Zürich 1970 (gedr. Zürich 1970).

Bächtold, R., Der moderne Wohnungs- und Siedlungsbau als soziologisches Problem, Diss. Freiburg i.Ue. 1964 (gedr. Basel 1964).

Bächtold, V., Der Schweizer Markt. Analyse und Prognose (Teil IV: Regionales Volkseinkommen 1973), Bern 1975.

Berger, F., Das Wohnungswesen in der Schweiz (Wirtschaftsbulletin der Kantonalbank von Bern, Nr. 17), Bern 1973.

Bickel, W., Die Volkswirtschaft der Schweiz. Entwicklung und Struktur, Aarau/Frankfurt a.M. 1973.

von Borries, H.W., Oekonomische Grundlagen der westdeutschen Siedlungsstruktur (Veröffentlichungen der Akademie für Raumforschung und Landesplanung, Bd. 56), Hannover 1969.

Bridel, B., Probleme der Infrastrukturversorgung. Empirische Untersuchung über die infrastrukturelle Versorgungslage der Planungsregion Schwarzwasser BE, Seminararbeit an der Rechts- und wirtschaftswissenschaftlichen Fakultät der Universität Bern (vervielfältigt), Bern 1972.

Brösse, U., Ziele in der Regionalpolitik und in der Raumordnungspolitik. Zielforschung und Probleme der Realisierung von Zielen, Berlin 1972.

Dini, M., Die primären Förderungsvoraussetzungen des Bundes als Ansatzkriterien regionaler Entwicklungsbestrebungen im Kanton Wallis. Verifikation einer Methode und Versuch einer kritischen Würdigung, Diss. Bern 1974 (gedr. Brig 1975).

Doerig, H.U., Der staatliche Einfluss auf die regionale Verteilung von Bevölkerung und Wirtschaft, unter besonderer Berücksichtigung der zentral- und gliedstaatlichen Industriepolitik im Kanton St. Gallen, Diss. St. Gallen 1967 (gedr. Zürich 1968).

Duwendag, D., Methoden und Determinanten einer Wohnungsbedarfs-, Kosten- und Mietprognose für die Bundesrepublik Deutschland bis 1975, Münster (Westf.) 1970.

Fischer, G., Berechnung und Vorausschätzung regionaler Volkseinkommenszahlen in der Schweiz 1950 - 1980 (Struktur- und regionalwirtschaftliche Studien des Schweizerischen Instituts für Aussenwirtschafts- und Marktforschung an der Hochschule St. Gallen für Wirtschafts- und Sozialwissenschaften, Bd. 3), St. Gallen 1969.

Fischer, G., Praxisorientierte Theorie der Regionalforschung. Analyse räumlicher Entwicklungsprozesse als Grundlage einer rationalen Regionalpolitik für die Schweiz (St. Galler wirtschaftswissenschaftliche Forschungen, Bd. 29), Tübingen 1973.

Flückiger, H., Gesamtwirtschaftliches Entwicklungskonzept für das Berggebiet, Bern 1970.

Gaudard, G., Les disparités économiques régionales en Suisse, Fribourg 1973.

Gehrig, L., Die öffentliche Wohnbauförderung in einer marktwirtschaftlichen Ordnung, Diss. St. Gallen 1964 (gedr. Winterthur 1965).

Giersch, H., Allgemeine Wirtschaftspolitik, Wiesbaden 1961.

Gurtner, P., Alternativmodelle der Wohnbauförderung. Ein Systemvergleich zwischen der Objekt- und der Subjekthilfe (Eidg. Forschungskommission Wohnungsbau/Der Delegierte für Wohnungsbau. Schriftenreihe Wohnungsbau 24 d), Bern 1973.

Höhn, E., Doppelbesteuerungsrecht. Eine Einführung in das interkantonale und internationale Steuerrecht der Schweiz (Schriftenreihe Finanzwirtschaft und Finanzrecht, Bd. 12), Bern/Stuttgart 1973.

Hornung, D./Tanner, E., Bestrebungen zur Verbesserung der Wohnverhältnisse im Oberen Emmental. Analyse der getroffenen Massnahmen und der einwirkenden Träger. Schriftliche Arbeit an der Rechts- und wirtschaftswissenschaftlichen Fakultät der Universität Bern (vervielfältigt), Bern 1973.

Institut für Orts-, Regional- und Landesplanung, Industriestandorte, Untersuchung zur räumlichen Ordnung der Industrie in der Schweiz (vervielfältigt), Zürich 1967.

Itin, P., Auswirkungen von Verkehrsinvestitionen auf die Entwicklung einer Region am Beispiel der Gemeinden zwischen dem Autobahnkreuz N 1/N 2 bei Härkingen und der Zufahrt bei Oensingen, Basel/Bern 1974.

Jansen, P.G., Infrastrukturinvestitionen als Mittel der Regionalpolitik (Beiträge zur Raumplanung, Bd. 3), Gütersloh o.J.

Jochimsen, R., Theorie der Infrastruktur. Grundlagen der marktwirtschaftlichen Entwicklung, Tübingen 1966.

Jöhr, W.A./Singer, H.W., Die Nationalökonomie im Dienste der Wirtschaftspolitik, 2. erw. Aufl., Göttingen 1964.

Kleps, K., Wohnungsmarktpolitik in der Schweiz. Grundlagen und Grundzüge einer rationalen wohnungsmarktpolitischen Konzeption (Berner Beiträge zur Nationalökonomie, Bd. 9), Bern/Stuttgart 1969.

Krippendorf, J., Die Landschaftsfresser. Tourismus und Erholungslandschaft - Verderben oder Segen?, Bern/Stuttgart 1975.

Küng, E., Wohlstand und Wohlfahrt. Von der Konsumgesellschaft zur Kulturgesellschaft (St. Galler wirtschaftswissenschaftliche Forschungen, Bd. 28), Tübingen 1972.

Laage, G./Herr, M.W., Die Wohnung von heute für Ansprüche von morgen. Definition eines deutschen Wohnungsstandards (Schweizerische Zentralstelle für Baurationalisierung. Schriftenreihe zum Wohnungsbau, Nr. 2), Zürich 1972.

Lauschmann, E., Grundlagen einer Theorie der Regionalpolitik (Taschenbücher zur Raumplanung, Bd. 2), 2. Aufl., Hannover 1973.

Leuenberger, A., Die Region Oberes Emmental. Oekonomische Grundlagen für Regionalpolitik und Regionalplanung, Diss. Bern 1972 (gedr. Bern 1972).

Locher, K., Das interkantonale Doppelbesteuerungsrecht, Die Praxis der Bundessteuern: III. Teil, Bd. 5, Loseblattwerk, Basel (Loseblatt-Nachtrag 1974).

Lowinski, L., Grundlagen, Zielsetzungen und Methoden der Wohnungspolitik in der sozialen Marktwirtschaft, Köln-Braunsfeld 1964.

Markwalder, A., Die Regionalisierung in Theorie und Praxis. Grundlagen und Anwendungsbeispiel Westliches Berner Oberland, Diss. Bern 1973 (gedr. Bern 1974).

Maxinorm AG, Renovieren statt demolieren. Die Renovation von Altbauten, Dietlikon 1972.

Meyer, M., Die Rechtsetzung der bernischen Gemeinden im Baurecht, Diss. Bern 1974 (gedr. Bern 1975).

Meylan, J./Gottraux, M./Dahinden, P., Schweizer Gemeinden und Gemeindeautonomie, o.O. 1972.

Mrosek, H., Die sozialökonomische Bedeutung der Instandsetzung und Modernisierung des Altbauwohnungsbestandes unter besonderer Berücksichtigung der Verhältnisse in Nordrhein-Westfalen (Institut für Siedlungs- und Wohnungswesen der Westfälischen Wilhelms-Universität Münster, Sonderdruck 58), Münster (Westf.) 1972.

Müller, J.H., Methoden zur regionalen Analyse und Prognose (Taschenbücher zur Raumplanung, Bd. 1), Hannover 1973.

Müller, J.H., Wirtschaftliche Grundprobleme der Raumordnungspolitik, Berlin 1969.

Müller-Neuhof, H., Ausmass, Ursachen und Auswirkungen der Abwanderung von Arbeitskräften aus dem nordhessischen Zonenrandgebiet. Möglichkeiten und Grenzen regionalstatistischer Analysen, Diss. Marburg 1969 (gedr. Clausthal-Zellerfeld 1970).

Münch, D., Ziele, Massnahmen und Ergebnisse staatlicher Wohnungsmarktpolitik in Europa (Institut für Siedlungs- und Wohnungswesen der Westfälischen Wilhelms-Universität Münster, Sonderdruck 41), Münster (Westf.) 1967.

von Planta, P./Müller, K., Die Förderung wirtschaftlich bedrohter Bergregionen durch eine aktive Entwicklungspolitik (Veröffentlichungen des Seminars für Agrarpolitik und Agrarrecht an der Hochschule St. Gallen für Wirtschafts- und Sozialwissenschaften, Bd. 6), Winterthur 1971.

Planungsverband Jungfrau/Planungsverein Oberer Brienzersee-Haslital, Region Oberland-Ost. Entwicklungsplanung, Bd. 1: Lageanalyse; Bd. 2; Entwicklungskonzept, bearbeitet von der Kantonalen Planungsgruppe Bern. Abteilung Konzeptstudien sowie der Infraconsult AG Bern, o.O. 1975.

Planungsverband Region Oberes Emmental, Entwicklungskonzept, bearbeitet von der Kantonalen Planungsgruppe Bern. Abteilung Konzeptstudien sowie vom Atelier 5 Bern, o.O. 1974.

Reichhardt, H., Statistische Methodenlehre für Wirtschaftswissenschafter, Düsseldorf 1969.

Rentsch, H., Die volks- und fremdenverkehrswirtschaftlichen Auswirkungen einer Autostrasse Lauterbrunnen-Wengen, Diss. Bern 1973 (gedr. Trimbach-Olten 1974).

Schlumpf, A., Bundesgerichtspraxis zum Doppelbesteuerungs-Verbot, 3. Aufl., Zürich 1963.

Schmid, J., Die wirtschaftlichen und sozialen Auswirkungen der Wohnbausanierungen in Berggebieten unter besonderer Berücksichtigung der wirtschaftlichen Struktur- und Entwicklungsprobleme, Diss. Freiburg i.Ue. 1962 (gedr. Zürich 1962).

Schröder, D., Strukturwandel, Standortwahl und regionales Wachstum (Prognos Studien 3), Stuttgart 1968.

Schweizerische Bankgesellschaft (Hrsg.), Die grössten Unternehmungen der Schweiz im Jahre 1973, Zürich 1974.

Schweizerische Stiftung für Landschaftsschutz und Landschaftspflege, Schamserberg - Modell echter, landschaftserhaltender Strukturhilfe, Bern o.J.

Sieber, H., Bodenpolitik und Bodenrecht (Berner Beiträge zur Nationalökonomie, Bd. 15), Bern/Stuttgart 1970.

Sottas, C.L., Die volkswirtschaftliche Problematik der schweizerischen Bodenfrage, Diss. Zürich 1965 (gedr. Winterthur 1965).

Staedeli, H.P., Die Stadtgebiete der Schweiz. Ein Beitrag zum Problem der Abgrenzung städtischer Gebiete, Diss. Zürich 1969 (gedr. Zürich 1969).

Steiner, H., Das Grundrecht der Unverletzlichkeit der Wohnung, Diss. Bern 1959 (gedr. Zürich 1959).

Stocker, P./Risch, P., Einkommenslage und Wirtschaftsstruktur des Kantons Bern. Wachstumspolitische Lageanalyse und Skizze eines Förderungsprogramms (Berner Beiträge zur Nationalökonomie, Bd. 7), Bern/Stuttgart 1968.

Storbeck, D., Die wirtschaftliche Problematik der Raumordnung. Eine Untersuchung über Notwendigkeit, Ziele und Mittel der Raumordnung im System der Marktwirtschaft (Volkswirtschaftliche Schriften, H. 47), Berlin 1959.

Surber, B./Amiet, R./Kobert, H., Das Brachlandproblem in der Schweiz (Bericht Nr. 112 der Eidg. Anstalt für das forstliche Versuchswesen), Birmensdorf 1973.

Weber, A., Methoden und Probleme einer Wohnungsbedarfsprognose für die Stadt Bern sowie eine summarische Bedarfsvorausschätzung bis 1980. Diplomarbeit an der Rechts- und wirtschaftswissenschaftlichen Fakultät der Universität Bern (vervielfältigt), Bern 1972.

Wieting, R.G./Hübschle, J., Struktur und Motive der Wanderungsbewegungen in der Bundesrepublik Deutschland (unter besonderer Berücksichtigung der kleinräumigen Mobilität), Untersuchung der Prognos AG im Auftrag des Bundesministers des Innern, Basel 1968.

Wittmann, W., Wohin geht die Schweiz? Strategien des Ueberlebens, München 1973.

Zaugg, A., Kommentar zum Baugesetz des Kantons Bern (vom 7. Juni 1970), Bern 1971.

Zentralverband schweizerischer Arbeitgeber-Organisationen, Wohneigentumsförderung durch Arbeitgeber und ihre Organisationen, Zürich 1975.

B. Aufsätze und Manuskripte

Allemann, H., Konjunkturpolitik und strukturelle Anpassung, in: Neue Zürcher Zeitung, Nr. 218 vom 20./21.9.1975.

"Aus Alt mach' Neu". Modernisierung, Renovierung, Sanierung von Altbauten, in: Schweizerische Handels-Zeitung (Zürich), Nr. 8 vom 20.2.1975.

Altbaurenovation - Chance für die Bauwirtschaft, in: Finanz und Wirtschaft (Zürich), Nr. 4 vom 15.1.1975.

Bahlburg, M., Zur Regionalpolitik des "mittleren Weges", in: Raumforschung und Raumordnung (Köln), 30. Jg. (1972), S. 127 - 129.

Bodenmann, H., Aktuelle politische Probleme der Raumplanung in der Schweiz, in: Werdende Raumplanung (Schriftenreihe zur Orts-, Regional- und Landesplanung, Bd. 19), Zürich 1974, S. 9 - 14.

Bommeli, R., Interventionen der öffentlichen Hand, vorab des Bundes, im Wohnungsbau seit 1942, in: Wirtschaft und Recht (Zürich), 13. Jg. (1961), S. 50 - 63.

Breuer, H., Wohnungswesen, in: Handwörterbuch der Raumforschung und Raumordnung, 2. Aufl., Hannover 1970, Sp. 3832 - 3849.

Fischer, G., Leitbilder in Raumplanung und Wirtschaftspolitik, in: Wirtschaftspolitische Mitteilungen (Zürich), Jg. XXX (1974), H. 12.

Fischer, G./Kobelt, H., Raumplanung und Wohnbaupolitik, in: R. Bindella (Hrsg.), Schweizerische Wohnungswirtschaft in Gegenwart und Zukunft, Bern/Stuttgart 1975, S. 81 - 99.

Flückiger, H., Der Bund und das Leitbild "CK-73", in: Raumplanung Schweiz. Informationshefte des Delegierten für Raumplanung (Bern), H. 3 und 4, 1975.

Gächter, E., Bodenpreise für Bauland in der Region Bern (Erhebung 1973), in: Berner Beiträge zur Stadt- und Regionalforschung, Jg. 1973, H. 1, S. 36 - 48.

Ganser, K., Zweitwohnungen, Konflikt Individuum - Gemeinwesen, in: H. Wichmann (Hrsg.), Die Zukunft der Alpenregion?, München 1972, S. 124 - 137.

Giersch, H., Das ökonomische Grundproblem der Regionalpolitik, in: H. Jürgensen (Hrsg.), Gestaltungsprobleme der Weltwirtschaft. Festschrift für Andreas Predöhl zum 70. Geburtstag, Göttingen 1964, S. 386 - 400.

Gurtner, P., Bundeshilfe zur Erneuerung von Altwohnungen (vervielfältigtes Vortragsmanuskript), Roggwil 1975.

Gurtner, P., Das neue Wohnbau- und Eigentumsförderungsgesetz. Entstehung und Inhalt, in: R. Bindella (Hrsg.), Schweizerische Wohnungswirtschaft in Gegenwart und Zukunft, Bern/ Stuttgart 1975, S. 23 - 55.

Hansmeyer, K.H., Ziele und Träger regionaler Wirtschaftspolitik, in: Beiträge zur Regionalpolitik (Schriften des Vereins für Socialpolitik, N.F., Bd. 41), Berlin 1968, S. 36 - 60.

Hess, W., Das neue Wohnbauförderungskonzept des Bundes. Funktionsweise und Würdigung, in: Handwerk und Gewerbe (Bern), Jg. 1974, S. 102 - 120.

Huggler, K., Tourismus und Eigentumswohnungen, in: Echo von Grindelwald, Nr. 76 vom 20.9.1974.

Jürgensen, H., Antinomien in der Regionalpolitik, in: Jahrbuch für Sozialwissenschaft (Göttingen), Bd. 14 (1963), S. 401 - 413.

Jürgensen, H., Regionalpolitik, in: W. Ehrlicher u.a. (Hrsg.), Kompendium der Volkswirtschaftslehre, Bd. 2, 3. Aufl., Göttingen 1972, S. 272 - 294.

Kritische Thesen zum Bau von Zweitwohnungen, in: Neue Zürcher Zeitung, Nr. 30 vom 19.1.1974.

Lendi, M., Vorwort zu "Die Leitbilder und ihre Anwendung", in: Die Leitbilder und ihre Anwendung (Schriftenreihe zur Orts-, Regional- und Landesplanung, Bd. 16), Zürich 1973, S. 4 - 7.

Marx, D., Probleme der Zielformulierung und des Instrumenteneinsatzes einer gesamtwirtschaftlich orientierten Regionalpolitik, in: Jahrbuch für Sozialwissenschaft (Göttingen), Bd. 23 (1972), S. 145 - 165.

Mühlemann, F., Die Zukunft der Berggebiete im Lichte der Leitbilder, in: Die Leitbilder und ihre Anwendung (Schriftenreihe zur Orts-, Regional- und Landesplanung, Bd. 16), Zürich 1973, S. 36 - 48.

Neundörfer, L., Soziale Sicherung - Teil der Gesellschaftspolitik, in: F. Greiss u.a. (Hrsg.), Der Mensch im sozio-ökonomischen Prozess, Berlin 1969, S. 245 - 252.

Nydegger, A., Notstand Wohnen? Einleitende Gedanken zum Vortragszyklus, in: Bauen, Wohnen, Leben. St. Gallen 1974, S. 1 - 5.

Partzsch, D., Daseinsgrundfunktionen, in: Handwörterbuch der Raumforschung und Raumordnung, 2. Aufl., Hannover 1970, Sp. 424 - 430.

Raissig, W., Prorenova, eine Vereinigung für Altbau-Renovation, in: Der Schweizerische Hauseigentümer, (St. Gallen), Nr. 13, vom 1.7.1975.

Risch, P., Rückblick und Ausblick im schweizerischen Fremdenverkehr, in: Neue Zürcher Zeitung, Nr. 409 vom 3.9.1971.

Ruppert, K./Maier, J., Der Zweitwohnsitz im Freizeitraum - raumrelevanter Teilaspekt einer Geographie des Freizeitverhaltens, in: Informationen (Bonn-Bad Godesberg), 21. Jg. (1971), S. 135 - 157.

Schneider, H.K., Ueber die Notwendigkeit regionaler Wirtschaftspolitik, in: Beiträge zur Regionalpolitik (Schriften des Vereins für Socialpolitik, N.F., Bd. 41), Berlin 1968, S. 3 - 17.

Schneider, M., Wohnungsbaupolitik, in: Handwörterbuch der Raumforschung und Raumordnung, 2. Aufl., Hannover 1970, Sp. 3821 - 3827.

Schneppe, F., Gemeindetypisierung, in: Handwörterbuch der Raumforschung und Raumordnung, 2. Aufl., Hannover 1970, Sp. 947 - 958.

Seidenfus, H.St., Sektorale Wirtschaftspolitik, in: W. Ehrlicher u.a., (Hrsg.), Kompendium der Volkswirtschaftslehre, Bd. 2, 3. Aufl., Göttingen 1972, S. 206 - 271.

Stocker, P., Die regionalen Entwicklungsunterschiede als Problem der Konjunkturpolitik (vervielfältigtes Vortragsmanuskript), Bern/Basel 1973.

Stocker, P., Regionalpolitik (unveröffentlichtes Vorlesungsmanuskript).

Stocker, P., Studie über die Wiederbelebung der Wirtschaft in den Berg-, Hügel- und Problemgebieten, in: 25. Generalversammlung der CEA. Berichte der Plenarversammlung und der Kommissionen (Veröffentlichungen der CEA, H. 47), Brugg 1973, S. 30 - 37.

Stocker, P., Zielkonflikte der schweizerischen Wirtschaftspolitik (vervielfältigtes Vortragsmanuskript), Bern 1970.

Tromp, M., Bestimmung der touristischen Eignung und der Kapazitätsgrenzen im Rahmen der regionalen Entwicklungskonzepte, dargestellt am Beispiel des Berner Oberland-Ost (unveröffentlichter Dissertationsentwurf).

Zweitwohnungen als Wohlstandsphänomen. Bestandesaufnahme und Lenkungsmöglichkeiten, in: Neue Zürcher Zeitung, Nr. 380 vom 18.8.1974.

C. Experten- und Kommissionsberichte

Arbeitsgruppe des Bundes für Raumplanung, Raumplanung Schweiz. Aufgaben der Raumplanung und Raumplanungsorganisation des Bundes, Hauptbericht, o.O. 1970.

Arbeitsgruppe Stocker, Grundlagen zu den Leitlinien für die Berggebietsförderung (hrsg. vom Eidg. Volkswirtschaftsdepartement), Bern 1972.

Arbeitsgruppe Stocker, Leitlinien für die Berggebietsförderung, o.O. (Bern), provisorische Fassung Januar 1973.

Bericht der Eidgenössischen Expertenkommission für Fragen der Landesplanung (vom 6. Oktober 1967), hrsg. vom Eidg. Departement des Innern, o.O. (Bern) 1967.

Bericht der Eidgenössischen Preiskontrollkommission, Die Förderung des sozialen Wohnungsbaues (Sonderheft Nr. 63 der Volkswirtschaft), Bern 1956.

Bericht der Eidgenössischen Wohnbaukommission, Wohnungsmarkt und Wohnungsmarktpolitik (Sonderheft Nr. 72 der Volkswirtschaft), Bern 1963.

Institut für Fremdenverkehr und Verkehrswirtschaft an der Hochschule St. Gallen, Parahotellerie insbesondere Zweitwohnungen (Kurzfassung), Bericht ausgearbeitet im Auftrag des

Eidg. Justiz- und Polizeidepartements (vervielfältigt), o.O. (St. Gallen) 1975.

Institut für Orts-, Regional- und Landesplanung an der ETHZ, Landesplanerische Leitbilder der Schweiz. Schlussbericht, 3 Bände (Schriftenreihe zur Orts-, Regional- und Landesplanung, Bd. 10 A/10 B/10 C), Zürich 1971.

Planungsatlas Kanton Bern, 3. Lieferung: Historische Planungsgrundlagen, bearbeitet vom Geographischen Institut der Universität Bern. Abteilung für angewandte Geographie (hrsg. vom Kantonalen Planungsamt), Bern 1973.

Studienkommission für Preis-, Kosten- und Strukturfragen, Studien zur Regionalpolitik, Bericht zuhanden des Eidg. Volkswirtschaftsdepartements, Bern 1972.

D. Amtliche Berichte, Botschaften und Publikationen

(Gesetze und Verordnungen werden nur im Text zitiert)

Abteilung für Landwirtschaft, Eidg. landwirtschaftliches Produktionskataster, Abgrenzung der Berggebiete. Kanton Bern, Bern 1972.

Amtliches Bulletin der Bundesversammlung, Nationalrat und Ständerat, verschiedene Sessionen.

Bericht des Bundesrates an die Bundesversammlung über Richtlinien der Regierungspolitik in der Legislaturperiode 1968 - 1971 (vom 15. Mai 1968), in: Bundesblatt, 120. Jg. (1968), Bd. I, S. 1204 - 1248.

- über Richtlinien der Regierungspolitik in der Legislaturperiode 1971 - 1975 (vom 13. März 1972), in: Bundesblatt, 124. Jg. (1972), Bd. I, S. 1025 - 1088.
- über die Richtlinien der Regierungspolitik in der Legislaturperiode 1975 - 1979 (vom 28. Januar 1976), in: Bundesblatt, 128. Jg. (1976), Bd. I, S. 442 - 528.

Botschaft des Bundesrates an die Bundesversammlung betreffend Massnahmen zur Sanierung der Wohnverhältnisse in Berggebieten (vom 27. April 1951), in: Bundesblatt, 103. Jg. (1951), Bd. II, S. 1 - 10.

- zum Bundesgesetz über die Raumplanung (vom 31. Mai 1972), in: Bundesblatt, 124. Jg. (1972), Bd. I, S. 1453 - 1534.
- über Investitionshilfe für Berggebiete (vom 16. Mai 1973), in: Bundesblatt, 125. Jg. (1973), Bd. I, S. 1589 - 1639.
- zum Wohnbau- und Eigentumsförderungsgesetz (vom 17. September 1973), in: Bundesblatt, 125. Jg. (1973), Bd. II, S. 679 - 758.
- über Rahmenkredite für den Wohnungsbau und die Raumplanung (vom 3. März 1975), in: Bundesblatt, 127. Jg. (1975), Bd. I, S. 1230 - 1240.

- über Massnahmen gegen Beschäftigungs- und Einkommenseinbrüche (vom 30. April 1975), in: Bundesblatt, 127. Jg. (1975), Bd. I, S. 1834 - 1869.

Bundesamt für Wohnungswesen, Arbeitsunterlagen zur Erneuerung bestehender Wohnungen, Bern 1975.

Bundesamt für Wohnungswesen, Checkliste Gesamtkosten (vervielfältigt), Bern 1975.

Bundesamt für Wohnungswesen, Provisorische Arbeitsunterlagen. Mietzinsverbilligung und Förderung von Wohnungs- und Hauseigentum, Bern 1975.

Eidg. Departement des Innern, Erläuterungen zur Aenderung der Allgemeinen Gewässerschutzverordnung (vervielfältigt), Bern 1974.

Eidg. Justiz- und Polizeidepartement, Raumplanerisches Leitbild der Schweiz CK-73. Eine Grundlage für das Gespräch zwischen Bund und Kantonen, o.O. (Bern) 1973.

Eidg. Volkswirtschaftsdepartement, Gesamtwirtschaftliches Entwicklungskonzept für das Berggebiet. Würdigung der Expertise und Vorschläge zum weiteren Vorgehen (vervielfältigt), Bern 1971.

Eidg. Volkswirtschaftsdepartement, Die Volkswirtschaft, verschiedene Jahrgänge.

Eidg. Zentralstelle für Arbeitsbeschaffung/Eidg. Büro für Wohnungsbau, Die Förderung der Wohnbautätigkeit durch den Bund von 1942 - 1949 (vervielfältigt), Bern 1950.

Kanton Bern, Motion Bacher und Motion Hari, in: Tagblatt des Grossen Rates des Kantons Bern, Jg. 1975, H. 1, S. 21 - 25.

Kanton Bern, Programm des Regierungsrates zur Förderung der Wirtschaft, in: Tagblatt des Grossen Rates des Kantons Bern, Jg. 1974, H. 1, S. 11/1 - 30.

Planungsamt des Kantons Bern, Die Berufspendler im Kanton Bern. Eine Auswertung (provisorischer) Ergebnisse der Eidgenössischen Volkszählung vom 1.12.1970, Bern 1974.

Planungsamt des Kantons Bern, Statistik der Baugebiete im Kanton Bern (Stand Juni 1974), Bern 1974.

Staatsrechnung der Schweizerischen Eidgenossenschaft, verschiedene Jahrgänge.

Uebersicht über die Verhandlungen der Bundesversammlung, Frühjahrssession 1967.

Verwaltung der zentralen Ausgleichsfonds, Lohn- und Verdienstersatzordnung, Tabellen und Ortsverzeichnis. Festsetzung der Tagesentschädigungen, Genf 1944.

Vortrag der Direktion der Finanzen an den Regierungsrat zuhanden des Grossen Rates betreffend das Gesetz vom 29. Oktober 1944 über die direkten Staats- und Gemeindesteuern (Aenderung).

E. Statistiken

Bundesamt für Industrie, Gewerbe und Arbeit, Handbuch der schweizerischen Sozialstatistik 1932 - 1971 (Sonderheft Nr. 85 der Volkswirtschaft), Bern 1973.

Eidg. Statistisches Amt, Arealstatistik der Schweiz 1972, Statistische Quellenwerke der Schweiz, Reihe C 4, H. 488.

- Eidgenössische Volkszählung 1. Dezember 1950, Bd. 5, Kanton Bern, Statistische Quellenwerke der Schweiz, Reihe Ae 5, H. 251.
- Eidgenössische Wohnungszählung 1. Dezember 1950, Statistische Quellenwerke der Schweiz, Reihe Ka 1, H. 277.
- Eidgenössische Wohnungserhebung 1. Dezember 1950, Statistische Quellenwerke der Schweiz, Reihe Ka 2, H. 295.
- Eidgenössische Volkszählung 1. Dezember 1960, Bd. 7, Kanton Bern, Statistische Quellenwerke der Schweiz, Reihe Ag 7, H. 364.
- Eidgenössische Volkszählung 1. Dezember 1960, Bd. 29, Schweiz, Teil III: Wohnungen, Statistische Quellenwerke der Schweiz, Reihe Ag 29, H. 379.
- Eidgenössische Volkszählung 1. Dezember 1960, Bewohnte Gebäude, Wohnungen und Haushaltungen der Gemeinden. Definitive Ergebnisse, Reihe Af 2, Bern 1962.
- Eidgenössische Volkszählung 1970, Bd. 1. Wohnbevölkerung der Gemeinden 1850 - 1970, Statistische Quellenwerke der Schweiz, Reihe Ah 1, H. 467.
- Eidgenössische Volkszählung 1970, Bd. 2, Gemeinden. Demographische Merkmale, Wirtschaftssektoren, Haushaltungen, Statistische Quellenwerke der Schweiz, Reihe Ah 2, H. 476.
- Eidgenössische Volkszählung 1970, Bd. 9, Gemeinden, Gebäude und Wohnungen, Statistische Quellenwerke der Schweiz, Reihe Ah 9, H. 518.
- Eidgenössische Volkszählung 1970, Bd. 11, Schweiz 6. Gebäude und Wohnungen, Statistische Quellenwerke der Schweiz, Reihe Ah 11, H. 537.
- Schweizerisches Ortschaftenverzeichnis 1960.
- Statistisches Jahrbuch der Schweiz, verschiedene Jahrgänge.

Eidg. Steuerverwaltung, Eidg. Wehrsteuer 15. Periode (Steuerjahre 1969/70). Kopfquoten, Bern 1973.

Redressement National (Hrsg.), Schweizerboden. Nutzung, Preise, Eigentum, Steuern, Zürich 1974.

Schweizerische Bankgesellschaft (Hrsg.), Die Schweiz in Zahlen, o.O. (Zürich) verschiedene Jahrgänge.

Statistisches Amt des Kantons Zürich, Gebäude- und Wohnungszählung 1970 (im Vergleich mit den Wohnungszählungen 1950 und 1960), in: Statistische Berichte des Kantons Zürich, 25. Jg. (1974), S. 73 - 146.

Statistisches Büro des Kantons Bern, Die Wohnbautätigkeit in den Gemeinden des Kantons Bern 1951 - 1965 (Sonderhefte des Stat. Büros des Kantons Bern, Nr. 8), Bern 1966.

Statistisches Büro des Kantons Bern, Die Wohnbautätigkeit in den Gemeinden des Kantons Bern 1950 - 1973, Beiträge zur Statistik des Kantons Bern, Produktionsstatistik (Reihe C), H. 3, Bern 1974.

F. Sonstiges

Anzeiger für das Amt Interlaken, 42. Jg. (1974).

Echo von Grindelwald, 81. Jg. (1974).

Der Oberhasler, 99. Jg. (1974).

Jahresbericht 1971/72 der Volkswirtschaftskammer des Berner Oberlandes.

Pressemitteilungen des Amtes für Dokumentation und Information (Bern).

Unveröffentlichte Unterlagen sowie Direktauskünfte der folgenden Stellen:

- Bergbauernschule Hondrich.
- Bundesamt für Wohnungswesen.
- Eidg. Statistisches Amt.
- Gemeindeverwaltungen im Oestlichen Berner Oberland.
- Gemeindeverwaltung Klosters.
- Infraconsult AG, Bern.
- Kantonales Arbeitsamt, Bern.
- Kantonales Meliorationsamt, Bern.
- Kantonale Planungsgruppe Bern, Abteilung Konzeptstudien, Bern.
- Kantonale Steuerverwaltung, Abteilung für amtliche Bewertung, Bern.
- Schweizerisches Institut für Aussenwirtschafts-, Struktur- und Marktforschung an der Hochschule St. Gallen.
- Sekretariat der Bundesversammlung.
- Statistisches Amt der Stadt Bern.
- Statistisches Büro des Kantons Bern.

Anhangtabelle 1: Gebäudebestand und Behausungsziffer im Oestlichen Berner Oberland 1950, 1960 und 1970

Gemeinde	Ständig bewohnte Gebäude			Behausungsziffer[1)]		Gebäudebestand 1970 in % Gebäudebestand 1950
	1950	1960	1970	1960	1970	
(1)	(2)	(3)	(4)	(5)	(6)	(7)
Interlaken	632	685	736	6,5	6,2	116,5
Matten	381	447	516	5,2	5,2	135,4
Unterseen	559	660	729	5,4	5,5	130,4
Brienz	626	623	693	4,5	3,9	110,7
Meiringen	639	692	795	5,3	4,6	124,4
Zentrumsgemeinden	2837	3107	3469	5,4	5,1	122,3
Därligen	90	97	96	3,7	3,1	106,7
Gsteigwiler	96	102	101	3,8	3,1	105,2
Ringgenberg	402	379	494	4,6	3,6	122,9
Niederried	72	55	71	4,8	3,6	98,6
Schwanden	76	81	110	4,4	3,5	144,7
Hofstetten	109	89	119	5,0	3,6	109,2
Wohngürtelgemeinden	845	803	991	4,4	3,5	117,3
Habkern	132	136	139	4,5	4,5	105,3
Saxeten	37	40	32	3,5	3,8	86,5
Agrargemeinden	169	176	171	4,3	4,4	101,2
Leissigen	140	151	155	4,1	3,6	110,7
Oberried	138	144	138	4,1	3,6	100
Brienzwiler	150	150	145	3,5	3,3	96,7
Innertkirchen	238	214	256	5,5	4,1	107,6
Gadmen	128	90	87	5,3	5,4	68,0
Guttannen	62	87	103	4,9	3,8	166,1
Gemeinden des 2. Sektors	856	836	884	4,6	3,9	103,3
Beatenberg	260	251	280	4,4	3,8	107,7
Lauterbrunnen	699	759	820	4,1	3,8	117,3
Grindelwald	692	750	806	4,1	4,0	116,5
Hasliberg	212	236	238	4,3	4,1	112,3
Fremdenverkehrsgemeinden	1863	1996	2144	4,1	3,9	115,1
Wilderswil	370	410	427	4,0	3,7	115,4
Bönigen	382	442	467	4,1	3,7	122,3
Iseltwald	123	123	108	3,5	3,6	87,8
Gündlischwand	56	56	74	5,2	3,9	132,1
Lütschental	66	63	68	3,9	3,3	103,0
Schattenhalb	154	159	159	3,9	3,8	103,2
Uebrige Dienstleistungsgemeinden	1151	1253	1303	4,0	3,7	113,2
Oestliches Berner Oberland	7721	8171	8962	4,7	4,3	116,1
Kanton Bern	118806	133224	149567	6,4	6,4	125,9
Schweiz	672883	759979	856663	6,8	7,0	127,3

1) Die Behausungsziffer ist wie folgt definiert: Quotient aus Bewohner der besetzten Wohnungen über Anzahl ständig bewohnte Gebäude. Mitglieder von Kollektivhaushaltungen (Krankenanstalten, Altersheime, Hotels usw.) und Bewohner von Wohnwagen und Notwohnungen gehen somit nicht in die Behausungsziffer ein.

Quellen: Stat. Quellenwerke der Schweiz, a.a.O., H. 251/277/295/364/518.
Eidg. Statistisches Amt, Eidg. Volkszählung 1. Dezember 1960. Bewohnte Gebäude, Wohnungen und Haushaltungen der Gemeinden. Definitive Ergebnisse, Reihe Af 2, Bern 1962.

Anhangtabelle 2: Wohndichte im Oestlichen Berner Oberland 1960 und 1970

Gemeinde	Bewohner[1]		Bewohner pro Wohnung[2]		Bewohner pro Wohnraum[3]	
	1960	1970	1960	1970	1960	1970
(1)	(2)	(3)	(4)	(5)	(6)	(7)
Interlaken	4486	4551	3,05	2,70	0,73	0,67
Matten	2313	2701	3,11	2,85	0,81	0,73
Unterseen	3591	4024	3,16	2,80	0,82	0,75
Brienz	2816	2736	3,27	2,90	0,78	0,66
Meiringen	3651	3633	3,49	3,08	0,83	0,71
Zentrumsgemeinden	16857	17645	3,21	2,85	0,79	0,70
Därligen	355	299	3,06	2,74	0,87	0,68
Gsteigwiler	383	312	3,61	2,76	0,89	0,62
Ringgenberg	1755	1767	3,05	2,82	0,75	0,64
Niederried	264	254	3,22	2,95	0,76	0,69
Schwanden	354	388	3,19	2,92	0,79	0,68
Hofstetten	441	431	3,29	2,97	0,76	0,63
Wohngürtelgemeinden	3552	3451	3,16	2,85	0,78	0,65
Habkern	618	621	3,96	3,76	0,93	0,89
Saxeten	139	123	3,48	3,15	1,01	0,87
Agrargemeinden	757	744	3,86	3,65	0,94	0,89
Leissigen	613	556	3,10	2,74	0,79	0,69
Oberried	592	492	3,25	2,86	0,78	0,74
Brienzwiler	518	480	2,96	2,74	0,73	0,60
Innertkirchen	1187	1048	3,74	3,28	0,85	0,68
Gadmen	481	471	3,70	3,60	0,94	0,81
Guttannen	428	394	3,79	3,34	0,91	0,75
Gemeinden des 2. Sektors	3819	3441	3,43	3,08	0,83	0,71
Beatenberg	1105	1076	3,46	3,12	0,84	0,77
Lauterbrunnen	3081	3127	3,23	3,05	0,86	0,76
Grindelwald	3058	3235	3,25	3,07	0,86	0,82
Hasliberg	1018	978	3,47	3,54	0,77	0,72
Fremdenverkehrsgemeinden	8262	8416	3,30	3,12	0,85	0,78
Wilderswil	1632	1576	3,06	2,81	0,83	0,69
Bönigen	1822	1738	3,34	3,04	0,88	0,74
Iseltwald	426	387	2,96	2,95	0,81	0,70
Gündlischwand	289	285	3,21	3,24	0,89	0,75
Lütschental	244	222	3,30	3,08	0,99	0,83
Schattenhalb	613	597	3,48	3,11	0,90	0,74
Uebrige Dienstleistungsgemeinden	5026	4805	3,22	2,98	0,86	0,73
Oestliches Berner Oberland	38273	38502	3,25	2,95	0,82	0,72
Kanton Bern	856539	950657	3,35	2,99	0,89	0,80
Schweiz	5167318	6011229	3,27	2,93	0,86	0,79

1) Wohnbevölkerung abzüglich Mitglieder von Kollektivhaushaltungen und Bewohner von Wohnwagen und Notwohnungen.

2) Bewohner in Wohnungen dividiert durch Anzahl besetzte Wohnungen.

3) Bewohner in Wohnungen dividiert durch Anzahl Wohnräume in besetzten Wohnungen.

Quellen: Stat. Quellenwerke der Schweiz, a.a.O., H. 364 / 518.
Stat. Jahrbuch der Schweiz 1964, S. 59.

Anhangtabelle 3: Besetzte Wohnungen nach Zimmerzahl im Oestlichen Berner Oberland 1970

Gemeinde	1- und 2-Zimmerwohnungen		3-Zimmer-Wohnungen		4-Zimmer-Wohnungen		5- und mehr-Zimmer-Wohnungen		Total besetzte Wohnungen
	absolut	in %	absolut	in %	absolut	in %	absolut	in %	
(1)	(2)	(3)	(4)	(5)	(6)	(7)	(8)	(9)	(10)
Interlaken	282	16,8	547	32,5	482	28,6	372	22,1	1683
Matten	172	18,2	324	34,1	245	25,9	206	21,8	947
Unterseen	299	20,8	536	37,4	313	21,8	287	20,0	1435
Brienz	158	16,7	246	26,0	218	23,1	323	34,2	945
Meiringen	152	12,9	305	25,8	333	28,2	391	33,1	1181
Zentrumsgemeinden	1063	17,2	1958	31,6	1591	25,7	1579	25,5	6191
Därligen	17	15,6	34	31,2	24	22,0	34	31,2	109
Gsteigwiler	23	20,4	29	25,7	30	26,5	31	27,4	113
Ringgenberg	74	11,8	176	28,1	157	25,1	219	35,0	626
Niederried	17	19,8	18	20,9	18	20,9	33	38,4	86
Schwanden	20	15,0	26	19,5	40	30,1	47	35,4	133
Hofstetten	14	9,7	34	23,4	33	22,8	64	44,1	145
Wohngürtelgemeinden	165	13,6	317	26,2	302	24,9	428	35,3	1212
Habkern	38	23,0	40	24,2	39	23,6	48	29,2	165
Saxeten	18	46,2	7	17,9	6	15,4	8	20,5	39
Agrargemeinden	56	27,5	47	23,0	45	22,0	56	27,5	204
Leissigen	30	14,8	71	34,9	55	27,1	47	23,2	203
Oberried	42	24,4	55	32,0	43	25,0	32	18,6	172
Brienzwiler	23	13,1	53	30,3	28	16,0	71	40,6	175
Innertkirchen	22	6,9	66	20,6	83	25,9	149	46,6	320
Gadmen	21	16,0	27	20,6	34	26,0	49	37,4	131
Guttannen	11	9,3	22	18,6	41	34,7	44	37,4	118
Gemeinden des 2. Sektors	149	13,3	294	26,3	284	25,4	392	35,0	1119
Beatenberg	97	28,1	109	31,6	57	16,5	82	23,8	345
Lauterbrunnen	250	24,4	294	28,7	247	24,1	233	22,8	1024
Grindelwald	248	23,5	397	37,7	227	21,5	182	17,3	1054
Hasliberg	20	7,2	58	21,0	75	27,2	123	44,6	276
Fremdenverkehrsgemeinden	615	22,8	858	30,0	606	25,1	620	27,1	2699
Wilderswil	112	20,0	158	28,3	138	24,6	152	27,1	560
Bönigen	77	13,5	152	26,6	156	27,3	186	32,6	571
Iseltwald	21	16,0	35	26,7	44	33,6	31	23,7	131
Gündlischwand	9	10,2	20	22,7	36	41,0	23	26,1	88
Lütschental	30	41,7	11	15,3	17	23,6	14	19,4	72
Schattenhalb	24	12,5	59	30,8	54	28,1	55	28,6	192
Uebrige Dienstleistungsgemeinden	273	16,9	435	26,9	445	27,6	461	28,6	1614
Oestliches Berner Oberland	2321	17,8	3909	30,0	3273	25,1	3536	27,1	13039
Kanton Bern	66611	21,0	113759	35,8	72604	22,8	64781	20,4	317755
Schweiz	477064	23,3	644986	31,4	475768	23,2	452665	22,1	2050483

Anmerkung: Wohnungen mit halben Zimmern sind der nächstunteren Kategorie zugerechnet.

Quelle: Stat. Quellenwerke der Schweiz, a.a.O., H. 518.

Anhangtabelle 4: Wohnungsausstattung im Oestlichen Berner Oberland 1960 und 1970

(Prozentsatz der besetzten Wohnungen mit dem entsprechenden Komfortmerkmal)

Gemeinde	Eigenes Bad oder Dusche		Fern-, Zentral- oder Etagenheizung		Warmwasserversorgung		Eigene Toilette mit Wasserspülung 1)	Vollautomatische Waschmaschine 1)	Durchschnittliche Wohnungsausstattung 2)
	1960	1970	1960	1970	1960	1970	1970	1970	1970
(1)	(2)	(3)	(4)	(5)	(6)	(7)	(8)	(9)	(10)
Interlaken	71	85	57	74	78	93	98	82	86
Matten	49	70	28	55	58	82	90	70	73
Unterseen	47	72	31	58	57	84	91	74	76
Brienz	42	69	20	43	53	81	79	69	68
Meiringen	57	75	26	53	65	85	85	70	74
Zentrumsgemeinden	55	76	35	59	64	86	90	74	77
Därligen	24	55	8	27	32	67	47	57	51
Gsteigwiler	24	47	8	22	35	66	57	58	50
Ringgenberg	45	69	17	40	55	77	84	67	67
Niederried	38	62	9	35	44	77	62	62	60
Schwanden	27	62	12	37	39	75	67	71	62
Hofstetten	37	70	10	26	55	79	57	68	60
Wohngürtelgemeinden	37	64	13	35	48	75	72	66	62
Habkern	12	28	8	15	15	39	26	52	32
Saxeten	18	15	3	5	20	28	13	31	18
Agrargemeinden	13	26	7	13	16	37	24	48	30
Leissigen	40	73	11	40	57	88	85	77	73
Oberried	27	47	5	12	32	61	49	63	46
Brienzwiler	27	57	10	30	37	71	46	57	52
Innertkirchen	41	63	13	30	51	71	69	62	59
Gadmen	13	27	3	13	14	37	31	32	28
Guttannen	42	69	8	15	43	78	86	44	58
Gemeinden des 2. Sektors	33	57	9	26	42	70	63	59	55
Beatenberg	36	56	23	43	47	71	59	62	58
Lauterbrunnen	44	70	34	58	55	84	82	71	73
Grindelwald	42	67	26	52	46	77	77	68	68
Hasliberg	27	50	12	22	32	61	47	63	49
Fremdenverkehrsgemeinden	40	65	27	50	48	77	74	68	67
Wilderswil	32	66	15	38	43	79	82	66	66
Bönigen	39	67	21	42	48	81	76	63	66
Iseltwald	23	53	8	28	29	69	67	44	52
Gündlischwand	27	61	10	38	33	69	56	66	58
Lütschental	7	47	3	18	8	56	40	43	41
Schattenhalb	20	44	5	26	23	54	39	43	41
Uebrige Dienstleistungsgemeinden	30	62	14	37	40	74	69	57	60
Oestliches Berner Oberland	44	68	26	48	53	79	79	68	68
Kanton Bern	59	78	50	71	69	87	88	75	80
Schweiz	63	81	50	74	74	90	93	76	83

1) 1970 erstmals erhoben.

2) Summe der Spalten 3, 5, 7, 8 und 9 dividiert durch 5.

Quellen: Stat. Quellenwerke der Schweiz, a.a.O., H. 364/379/518.
Eidg. Statistisches Amt, Volkszählung 1970, Wohnungen, Tabelle 4 (teilweise unveröffentlicht); Volkszählung 1970. Gebäude und Wohnungen, Tabelle 1.51 (teilweise unveröffentlicht).

Anhangtabelle 5: Besetzte Bauwohnungen nach Bauperiode im Oestlichen Berner Oberland 1970

Gemeinde	Vor 1947 erbaut		Von 1947 bis 1960 erbaut		Nach 1960 erbaut		Total
	absolut	in %	absolut	in %	absolut	in %	
(1)	(2)	(3)	(4)	(5)	(6)	(7)	(8)
Interlaken	1035	61,8	345	20,6	294	17,6	1674
Matten	595	63,6	124	13,2	217	23,2	936
Unterseen	825	57,6	291	20,3	317	22,1	1433
Brienz	673	71,3	126	13,3	145	15,4	944
Meiringen	792	67,7	216	18,5	162	13,8	1170
Zentrumsgemeinden	3920	63,7	1102	17,9	1135	18,4	6157
Därligen	85	78,0	14	12,8	10	9,2	109
Gsteigwiler	100	88,5	5	4,4	8	7,1	113
Ringgenberg	437	70,0	94	15,1	93	14,9	624
Niederried	58	67,5	13	15,1	15	17,4	86
Schwanden	89	67,5	13	9,8	30	22,7	132
Hofstetten	111	77,1	16	11,1	17	11,8	144
Wohngürtelgemeinden	880	72,9	155	12,8	173	14,3	1208
Habkern	139	84,2	14	8,5	12	7,3	165
Saxeten	31	79,5	8	20,5	—	—	39
Agrargemeinden	170	83,3	22	10,8	12	5,9	204
Leissigen	148	73,3	22	10,9	32	15,8	202
Oberried	138	80,7	22	12,9	11	6,4	171
Brienzwiler	145	82,9	7	4,0	23	13,1	175
Innertkirchen	239	74,7	51	15,9	30	9,4	320
Gadmen	106	81,5	14	10,8	10	7,7	130
Guttannen	81	68,6	27	22,9	10	8,5	118
Gemeinden des 2. Sektors	857	76,8	143	12,8	116	10,4	1116
Beatenberg	270	79,2	43	12,6	28	8,2	341
Lauterbrunnen	780	77,4	110	10,9	118	11,7	1008
Grindelwald	773	73,9	144	13,8	129	12,3	1046
Hasliberg	212	77,1	28	10,2	35	12,7	275
Fremdenverkehrsgemeinden	2035	76,2	325	12,2	310	11,6	2670
Wilderswil	398	71,7	77	13,9	80	14,4	555
Bönigen	423	74,1	83	14,5	65	11,4	571
Iseltwald	123	93,9	3	2,3	5	3,8	131
Gündlischwand	74	84,1	3	3,4	11	12,5	88
Lütschental	65	90,2	4	5,6	3	4,2	72
Schattenhalb	151	78,6	14	7,3	27	14,1	192
Uebrige Dienstleistungsgemeinden	1234	76,7	184	11,4	191	11,9	1609
Oestliches Berner Oberland	9096	70,2	1931	14,9	1937	14,9	12964
Kanton Bern	175787	55,9	68534	21,8	70174	22,3	314501
Schweiz	1052558	52,1	439172	21,8	525735	26,1	2017465

Quelle: Eidg. Statistisches Amt, Volkszählung 1970. Gebäude und Wohnungen, Tabelle 1.52 (unveröffentlicht).

Anhangtabelle 6: Besetzte Wohnungen nach Besitzverhältnis im Oestlichen Berner Oberland 1970

Gemeinde	Eigentümerwohnungen[1]		Mietwohnungen		Uebrige Wohnungen[2]		Total
	absolut	in %	absolut	in %	absolut	in %	
(1)	(2)	(3)	(4)	(5)	(6)	(7)	(8)
Interlaken	436	25,9	1013	60,2	234	13,9	1683
Matten	382	40,3	521	55,0	44	4,7	947
Unterseen	517	36,0	841	58,6	77	5,4	1435
Brienz	598	63,3	294	31,1	53	5,6	945
Meiringen	603	51,1	448	37,9	130	11,0	1181
Zentrumsgemeinden	2536	41,0	3117	50,3	538	8,7	6191
Därligen	79	72,5	24	22,0	6	5,5	109
Gsteigwiler	88	77,9	18	15,9	7	6,2	113
Ringgenberg	429	68,5	177	28,3	20	3,2	626
Niederried	54	62,8	23	26,7	9	10,5	86
Schwanden	97	73,0	20	15,0	16	12,0	133
Hofstetten	107	73,8	29	20,0	9	6,2	145
Wohngürtelgemeinden	854	70,4	291	24,0	67	5,6	1212
Habkern	126	76,4	19	11,5	20	12,1	165
Saxeten	29	74,4	2	5,1	8	20,5	39
Agrargemeinden	155	76,0	21	10,3	28	13,7	204
Leissigen	127	62,6	65	32,0	11	5,4	203
Oberried	115	66,9	42	24,4	15	8,7	172
Brienzwiler	125	71,5	37	21,1	13	7,4	175
Innertkirchen	184	57,5	82	25,6	54	16,9	320
Gadmen	95	72,5	19	14,5	17	13,0	131
Guttannen	78	66,1	8	6,8	32	27,1	118
Gemeinden des 2. Sektors	724	64,7	253	22,6	142	12,7	1119
Beatenberg	219	63,5	87	25,2	39	11,3	345
Lauterbrunnen	639	62,4	290	28,3	95	9,3	1024
Grindelwald	659	62,5	325	30,8	70	6,7	1054
Hasliberg	209	75,7	47	17,0	20	7,3	276
Fremdenverkehrsgemeinden	1726	64,0	749	27,7	224	8,3	2699
Wilderswil	349	62,3	187	33,4	24	4,3	560
Bönigen	408	71,5	151	26,4	12	2,1	571
Iseltwald	90	68,7	24	18,3	17	13,0	131
Gündlischwand	53	60,3	11	12,5	24	27,2	88
Lütschental	59	81,9	3	4,2	10	13,9	72
Schattenhalb	132	68,7	46	24,0	14	7,3	192
Uebrige Dienstleistungsgemeinden	1091	67,6	422	26,1	101	6,3	1614
Oestliches Berner Oberland	7086	54,4	4853	37,2	1100	8,4	13039
Kanton Bern	101339	31,9	190151	59,8	26265	8,3	317755
Schweiz	575373	28,1	1315260	64,1	159850	7,8	2050483

1) Inklusive Stockwerkeigentümerwohnungen.

2) Genossenschafter-, Pächter-, Dienst- und Freiwohnungen.

Quelle: Stat. Quellenwerke der Schweiz, a.a.O., H. 518.
Eidg. Statistisches Amt, Volkszählung 1970. Gebäude und Wohnungen, Tabelle 1.51 (teilweise unveröffentlicht).

Anhangtabelle 7: Durchschnittliche Jahresmietpreise im Oestlichen Berner Oberland 1970

Gemeinde	Mietwohnungen		Durchschnittlicher Jahresmietpreis Fr.
	absolut	in % der besetzten Wohnungen	
(1)	(2)	(3)	(4)
Interlaken	1152	68,4	2386
Matten	541	57,1	2110
Unterseen	864	60,2	2069
Brienz	301	31,9	1829
Meiringen	494	41,8	2155
Zentrumsgemeinden	3352	54,1	2176
Därligen	24	22,0	1181
Gsteigwiler	18	15,9	1560
Ringgenberg	117	28,3	1826
Niederried	23	26,7	1718
Schwanden	20	15,0	2134
Hofstetten	29	20,0	1388
Wohngürtelgemeinden	291	24,0	1725
Habkern	19	11,5	1530
Saxeten	2	5,1	.1)
Agrargemeinden	21	10,3	1530
Leissigen	65	32,0	1664
Oberried	42	24,4	1359
Brienzwiler	37	21,1	1383
Innertkirchen	82	25,6	1590
Gadmen	19	14,5	1012
Guttannen	8	6,7	.1)
Gemeinden des 2. Sektors	253	22,6	1479[2)]
Beatenberg	87	25,2	1862
Lauterbrunnen	290	28,3	2556
Grindelwald	325	30,8	2847
Hasliberg	47	17,0	2289
Fremdenverkehrsgemeinden	749	27,7	2585
Wilderswil	187	33,4	1862
Bönigen	151	26,4	1779
Iseltwald	24	18,3	1420
Gündlischwand	11	12,5	.1)
Lütschental	3	4,2	.1)
Schattenhalb	46	24,0	1540
Uebrige Dienstleistungsgemeinden	422	26,1	1760[2)]
Oestliches Berner Oberland	4833	37,2	2100
Kanton Bern	190151	59,8	2610
Schweiz	1315260	64,1	2869

1) Weniger als 10 Wohnungen mit Angabe des Mietpreises.

2) Zur Durchschnittsberechnung wird für die Gemeinden ohne Mietpreisangaben das beim entsprechenden Gemeindetyp tiefste Mietpreisniveau angenommen.

Quellen: Stat. Quellenwerke der Schweiz, a.a.O., H. 518/537.

Anhangtabelle 8: Neugebaute Wohnungen im Oestlichen Berner Oberland 1950 bis 1973

Gemeindetyp	1950	1951	1952	1953	1954	1955	1956	1957	1958	1959	1960	1961	1962	1963	1964	1965	1956	1967	1968	1969	1970	1971	1972	1973	Total
Zentrumsgemeinden	89	88	59	77	70	114	96	44	30	32	37	169	112	155	174	60	106	57	90	100	68	115	104	106	2152
Wohngürtelgemeinden	14	12	12	17	22	18	13	13	9	9	8	25	24	13	18	16	16	15	21	23	21	10	31	31	411
Agrargemeinden	1	2	2	1	1	1	1	3	1	3	4	—	1	3	8	3	8	6	9	5	14	7	9	6	99
Gemeinden des 2. Sektors	21	12	6	10	4	11	9	10	5	9	8	14	11	13	20	13	12	12	10	14	14	18	13	15	284
Fremdenverkehrsgemeinden	37	67	31	26	39	61	54	25	34	37	49	89	107	62	98	41	76	91	69	120	85	139	110	148	1695
Uebrige Dienstleistungsgemeinden	6	15	7	10	14	11	9	6	4	20	21	35	19	23	20	13	18	62	26	23	18	5	13	32	430
Oestliches Berner Oberland	168	196	117	141	150	216	182	101	83	110	127	332	274	269	338	146	236	243	225	285	220	294	280	338	5071

Quellen: Statistisches Büro des Kantons Bern, Die Wohnbautätigkeit in den Gemeinden des Kantons Bern 1951 bis 1965 (Sonderhefte des Stat. Büros des Kantons Bern, Nr. 8), Bern 1966.
Die Wohnbautätigkeit im Kanton Bern 1950 bis 1973, a.a.O.
Direktauskünfte des Stat. Büros des Kantons Bern.

Anhangtabelle 9: Erstwohnungsbedarfs- und Zweitwohnungsprognosen für das Oestliche Berner Oberland 1971 bis 1990

Gemeinde	Erweiterungsbedarf infolge			Ersatzbedarf infolge		Total	Zweitwohnungsprognose (Zuwachs 1971/90)		Wohnungsbestand 1990	
	Bevölkerungszunahme	Absenkung der Wohndichte	Erhöhung des Leerwohnungsbestandes	Abbruch	Umwandlung von Erst- in Zweitwohnungen	Erstwohnungsbedarf	Umwandlung von Erst- in Zweitwohnungen	Zweitwohnungsproduktion	Erstwohnungen	Zweitwohnungen
(1)	(2)	(3)	(4)	(5)	(6)	(7)	(8)	(9)	(10)	(11)
Interlaken	48	263	26	35	19	391	19	58	2 034	143
Matten	130	145	15	20	16	326	16	61	1 246	139
Unterseen	120	220	19	32	31	422	31	124	1 811	291
Brienz	18	150	11	24	71	274	71	176	1 135	507
Meiringen	23	200	19	25	21	288	21	197	1 432	298
Därligen	-	-	1	3	-	4	20	19	91	70
Gsteigwiler	-	-	2	3	-	5	13	26	102	72
Ringgenberg	31	101	6	15	29	182	29	184	773	363
Niederried	-	1	1	3	10	15	10	53	89	120
Schwanden	29	21	3	4	14	71	14	59	187	135
Hofstetten	-	12	1	3	5	21	5	44	160	65
Habkern	-	12	-	6	16	34	16	124	182	245
Saxeten	-	-	-	1	2	3	7	17	34	47
Leissigen	-	14	3	7	24	48	24	111	221	254
Oberried	-	-	-	5	6	11	16	61	166	144
Brienzwiler	-	3	3	5	12	23	12	36	181	90
Innertkirchen	-	-	6	7	4	17	10	38	320	91
Gadmen	-	-	-	3	-	3	11	18	121	55
Guttannen	-	3	-	2	-	5	-	10	125	17
Beatenberg	-	21	-	15	58	94	58	272	377	727
Lauterbrunnen	22	163	2	38	134	359	134	676	1 233	1 655
Grindelwald	9	170	8	41	145	373	145	803	1 256	1 950
Hasliberg	40	45	1	11	40	137	40	491	366	818
Wilderswil	13	85	3	13	27	141	27	143	670	272
Bönigen	-	73	-	13	18	104	18	59	658	147
Iseltwald	-	-	-	5	11	16	19	87	125	199
Gündlischwand	-	1	-	2	3	6	3	21	93	45
Lütschental	-	-	-	2	-	2	5	9	68	27
Schattenhalb	-	-	-	5	8	13	21	42	181	100
Oestliches Berner Oberland	483	1 703	130	348	724	3 388	815	4 019	15 437	9 086

Quellen: Eigene Berechnungen unter Ziffer 422 und 423; Entwicklungsplanung Region Oberland-Ost, Bd. 2, S. 46; Stat. Quellenwerke der Schweiz, a.a.O., H. 518.

For the avoidance of doubt, input of the whole or any part of this publication
into any generative artificial intelligence model, chatbot, program, software or technology
is expressly prohibited without the prior written consent of the publisher.

Printed by
CPI books GmbH, Leck

FSC
www.fsc.org
MIX
Papier | Fördert gute Waldnutzung
FSC® C083411

Kolibri 360 GmbH
Ferdinand-Jühlke-Straße 7
99095 Erfurt, Deutschland
produktsicherheit@kolibri360.de